Ferdinand Ritter von Seyfried

Rückschau in das Theaterleben Wiens seit den letzten fünfzig Jahren

Ferdinand Ritter von Seyfried

Rückschau in das Theaterleben Wiens seit den letzten fünfzig Jahren

ISBN/EAN: 9783741167133

Hergestellt in Europa, USA, Kanada, Australien, Japan

Cover: Foto ©Andreas Hilbeck / pixelio.de

Manufactured and distributed by brebook publishing software (www.brebook.com)

Ferdinand Ritter von Seyfried

Rückschau in das Theaterleben Wiens seit den letzten fünfzig Jahren

Rückschau

in das

Theaterleben Wiens

seit den

letzten fünfzig Jahren

von

Ferdinand Ritter von Seyfried.

Wien, 1864.
Selbstverlag des Verfassers.

Seinem werthen Freunde

Herrn

August Grube,

k. k. Hoflithographen,

gewidmet

Inhalt.

	Seite
Vorwort	IX
I. Graf Palffy und das Kinderballet in seinem Theater an der Wien	1
II. Doppeltes Glück und Ende	7
III. Ein Theaterdirector, wie er sein soll	16
IV. Carlo Balochino und Bartolomeo Merelli	28
V. Franz Holbein von Holbeinsberg	36
VI. Julius Cornet — Carl Eckert	41
VII. Das alte Leopoldstädter-Theater, auch „Casperl-Theater" genannt	47
VIII. Director Carl Carl (Carl von Bernbrunn) als Pächter des Theaters an der Wien	54
1. Das neudecorirte Theater	65
2. Carl und Bosco	67
3. Carl und Raimund	69
4. Carl und Clement	70
5. Doppelter Sinn eines Komödientitels	73
6. Der Komiker Wenzel Scholz als Blitzableiter Carl's gegen den Unmuth des Publicums	77

— VI —

Seite

7. Director Carl und seine Contracte. 80
8. Director Carl und die Corruption der Presse 83
IX. Director Carl als Käufer des Leopoldstädter-Theaters; Renovation dieser Bühne; das Interimstheater im Odeon; das neue Carltheater; Direction Carl. — Nestroy, — Grauer, — Lehmann, — Treumann. 86
X. Director Carl Carl (biographische Skizze) 101
XI. Franz Pokorny als Eigenthümer und Director des Theaters an der Wien; — Theater-Gäste; — Sommertheater; — Alois Pokorny; — Friedrich Strampfer; — Die Maskenbälle . . . 110
XII. Das Theater in der Josephstadt 120
XIII. Das Theater am Franz Josephs-Quai (Treumann-Theater). 127
XIV. Therese Krones 134
XV. Ein Universalgenie 142
XVI. Wenzel Scholz 148
XVII. Joseph Staudigl, k. k. Hofopern- und Hofkapellsänger . . . 153
XVIII. Wilhelm Kunst 160
XIX. Des Komikers Johann Grün Lebensübergänge 164
XX. Seltsame Wandlung der Stimme bei einem Sänger 171
XXI. Ein nie Alternder 176
XXII. Ein Chamäleon 180
XXIII. Ein Komiker mit einer einzigen Rolle 183
XXIV. Eine Sängerin mit nur Einer Rolle 187
XXV. Ida Bräuning-Wohlbrück-Schuselka. — Dr. Schuselka . . . 190
XXVI. Ein Veteran unter den Prosaisten 201
XXVII. Ein leidenschaftlicher Raucher 205
XXVIII. Nicolaus Hurteur 208
XXIX. Nehmt ein Exempel d'ran 210
XXX. Rossini auch ein großer — Sänger 213
XXXI. Donizetti componirt mit der rechten und linken Hand zugleich. 217
XXXII. Die Extreme berühren sich 219
XXXIII. Die Pferdekomödie im Theater an der Wien und die Sicherheitsschauer 225
XXXIV. Eine englische Pantomime in Wien 231
XXXV. Schattenbilder aus dem Künstlerleben 235
 1. Wie man sich in der Kunst eines gefährlichen Nebenbuhlers entledigt. . . . . —
 2. Eine in Erfüllung gegangene Prophezeiung 238

XXXVI. Raimund's Nachahmer. 242
XXXVII. Concertgeber von Einst und Jetzt. 247
XXXVIII. Vom Ballet im k. k. Hofoperntheater, seinen Choreographen, ersten Tänzern und Tänzerinnen. 253

Miscellen.

1. Kaiser Franz entscheidet über das Schicksal eines neuen Theaterstückes. . 257
2. Ein prophetischer Bühnenleiter. 258
3. Eine Schicksalsoper für das Gattenpaar Grünbaum. 261
4. Künstler-Eigenthümlichkeiten. 264
5. Ein verschneites Gastspiel — Eine samaritanische Künstlerin. 266
6. Ein Jeder sei sich „Mannes" genug. 270
7. Wie man früher eine Primadonna heranbildete. 273
8. Ein früheres Komikerkleeblatt. 275
9. Reitzenberg bricht Löwe die Bahn. 276
10. Italienische Knauserei. 277
11. Ein gutmüthiger Blaubart. 279
12. Ferdinand Raimund als Tyrann. 280
13. Ein Schütz, der trifft. 282
14. Ein ganz origineller Trinkvirtuose. 283
15. Nur practisch! oder die Kunst ein volles Concert zu erzielen. . . . 284
16. Ein Gedächtnißheld. 287
17. Ein unsichtbarer Theaterdirector. 288
18. Ein Statist als — Held. 291
19. Unnatürliche Grausamkeit einer Mutter. 292
20. Der Mann seiner Frau. 294
21. Ein weißer Rabe. 296
22. Groß als Künstler und als — Esser. 298
23. Gelehrte Pudel. 299
24. Alles wiederholt sich. 300
25. Ein verdächtiges Mäcenatenthum. 302
26. „König Lear" um Einen Gulden Wiener-Währung. 304
27. In der guten alten Zeit. 306
28. Ein Jubiläum und ein Theaterball. 307
29. Baden bei Wien eine Provinzialstadt. 308
30. Eine erste Aufführung. 310
31. Was das kleine Josephstädter-Theater zu leisten vermochte. 313
32. Eine Vorstellung entfällt. 314

— VIII —

	Seite
33. Mißverständniß	316
34. Ein tiefgesunkenes Theater	317
35. Theater oder Spital?	319
36. Ein Theaterzettel wird zum Lügner	321
37. Eine Assecuranz für ein langes Leben	323
38. Wo der Starke auch schwach wird	325
39. Eine Partie-Piquet	329
40. Scharfe und zahme Witze	332

Vorwort.

Ein beinahe fünfzigjähriger, fast täglicher Besuch der Theater hat Verfasser dieser „Rückschau" die Bühnen Wiens und deren Mitglieder genau kennen gelehrt, und bei dem regen Interesse, welches derselbe von zartester Jugend an für das Theater empfunden, ihn vielleicht vor Vielen in den Stand gesetzt, nach fast einem Halb-Jahrhundert etwas über die Wiener Bühnen, die Wiener Theaterverhältnisse und Kunstcelebritäten überhaupt erzählen zu können.

Plaudereien über Erlebtes und Gesehenes sollen den Inhalt dieses Buches bilden, das keinen andern Werth für sich in Anspruch nimmt, als daß Alles, was darin gesagt wird, auf Wahrheit basirt und von dem Verfasser wirklich erlebt wurde.

Findet das Buch einen freundlichen Anklang, erhält es vielleicht noch eine neue Folge, denn der Stoff ist groß, und der Verfasser weiß noch so Manches zu erzählen, was anregen oder belehren könnte.

Wien, im September 1864.

Der Verfasser.

I.

Graf Palffy
und das Kinderballet in seinem Theater an der Wien.

Wenn man einen Rückblick in die Theaterverhältnisse Wiens vor mehr als 40 Jahren wirft, so nimmt darin das Kinderballet im Theater an der Wien, ob seiner Eigenthümlichkeit, eine so hervorragende Stelle ein, daß solches schlechterdings nicht übersehen werden kann.

Der kunstsinnige Eigenthümer dieser Bühne, Se. Excellenz Graf Ferdinand Palffy ab Erdöd, k. k. Kämmerer und geheimer Rath, hatte durch seine Munificenz dieses Privattheater auf eine Höhe der Bedeutung gebracht, daß es die Concurrenz mit den beiden Hoftheatern nicht zu scheuen brauchte. Sein Schauspiel nahm einen anständigen Rang ein, sich, was die Wahl der Stücke, sowie die darstellenden Kräfte betrifft, bescheiden dem Hofburgtheater unterordnend; seine Oper, welche Tenore wie Jäger, Haitzinger, Rauscher, einen Buffo wie Spitzeder, einen Bassisten wie Seipelt, einen Bariton wie Schütz, dann Primedonnen wie die Schütz, Spitzeder,

Betty Vio, Josephine Demmer u. s. w. besaß, nahm schon einen ersten Rang ein; — eine Art Specialität, ein Unicum in Wien, so wie damals in ganz Deutschland, bildete aber das weltberühmt gewordene Kinderballet, das auf einer Schaar allerliebster bildungsfähiger und tüchtig geschulter Kinder, drastischer Mimen, überraschender Grotesktänzer beruhte, und an Friedrich Horschell einen genialen, erfindungsreichen Balletmeister, an Hermann Neefe einen Decorationsmaler besaß, wie damals in Wien und Oesterreich kein zweiter zu finden, an Lucca Piazza aber einen Garderobier, dessen Costume für die ganze Theaterwelt maßgebend genannt wurden; an A. Roller endlich den ersten und berühmtesten Maschinisten.

Nimmt man dazu des Directors, eines echten Cavaliers, an das Unerschöpfliche grenzende Freigebigkeit, der das Kinderballet als seine Lieblingsschöpfung betrachtete, und stets mit vollen Händen große Summen daran verschwendete, um es immer auf das Feinste herauszuputzen, dann darf man sich über das enorme Glück nicht wundern, welches sein Kinderballet gemacht hatte, für das die drei im fixen Engagement stehenden Compositeure und Capellmeister: Ignaz Ritter von Seyfried, Franz Roser und Philipp Riotte die anmuthigsten Musiken schrieben, und das in seiner kleinen Truppe Kinder zählte, aus denen in der Folge in des Wortes strengster Bedeutung Große geworden sind, wofür wir nur die Namen Fanny und Therese Elsler, Angioletta Mayer und Therese Heberle anführen wollen.

Auch die Wirdisch, Scherzer und Baseg waren Mitglieder des Horschelt'schen Kinderballets, dessen Schöpfungen, wie „Chevalier Dieppe auf dem Jahrmarkte," „Waldmädchen," „Berggeist," „Silberschlange," „Feuernelke" der Direction die überreichsten Einnahmen verschafften. Wer sich noch des kühnen Grotesktänzers Michael La Roche, dessen wirbelnde Kreiselbewegungen ihm noch von keinem Großen nachgemacht wurden, oder des putzigen Sigmund de Luppi, des unnachahmlichen Chevaliers in der Pantomime, dieses originellen Kindes mit dem uralten Gesichte erinnert, der kann sich noch in der Rückerinnerung des Lächelns kaum erwehren.

Horschelt hielt strenge Zucht bei seinen Kindern, die ihn wie einen Vater liebten, und wurde in dieser Beziehung von seiner strengen Schwester auf das beste unterstützt; er war aber auch seinen Kleinen mit der Liebe eines Vaters zugethan, kannte sie auf das Genaueste und konnte bei den Proben überzeugt sein, daß seinen Anordnungen unverdrossen Genüge geleistet werde.

Bei den Generalproben eines neuen Balletes waren immer einige Fäßer Bier und eine Masse geselchter Würstel (schon damals eine Lieblingsspeise der Wiener) in Bereitschaft, damit nur die Kleinen alle bei guter Laune erhalten blieben, und siehe da, die Generalproben glichen an Präcision stets einer ersten Vorstellung. Der brave Horschelt bestritt das aus Eigenem, obwohl die Choreographen damals noch nicht, wie etwa jetzt Rota und Borri, 20,000 fl. für Inscenesetzung eines Ballets erhalten, dessen Ausstattungskosten noch überdieß Tausende verschlingen.

Bei Proben und Vorstellungen herrschte die strengste Zucht, Sitte und Ordnung; was später gesündigt wurde, und in der That die Auflösung des Kinderballets vom moralischen Standpuncte aus wünschenswerth gemacht, das gehört auf andere Rechnung; Horschelt und sein Regime gab nie den geringsten Anlaß hiezu. — Aber der Cynismus einiger Feinschmecker, an der Spitze der berüchtigte Fürst K......, war so groß, daß man endlich den Auflassungsbeschluß des Kinderballets über Antrag Ihrer Majestät der Kaiserin als berechtigt anerkennen mußte.

Horschelt übersiedelte mit einigen seiner besten Eleven nach München, wo er in dem kunstsinnigen König Max einen gar mächtigen Protector fand, dem er als Gesellschafter bald unentbehrlich werden sollte. Horschelt galt in Wien für den besten Billardspieler und da dieses Spiel als entsprechende Leibesübung für den dicken König von demselben eifrigst gepflegt wurde, erwuchs unserm Künstler dadurch eine sehr ergiebige Einnahmsquelle, denn eine Partie mit dem König wurde nie unter einem Ducaten gespielt, und da Horschel ob seiner Gewandtheit in demselben täglich Meister war, was übrigens seinen gemüthlichen Partner nicht im Geringsten genirte, schied er stets von ihm als "Friedrich mit der vollen Tasche", da immer eine große Anzahl königlicher Goldfischse in dieselbe gewandert war.

Auch der Maler Neefe, Horschelt's intimster Freund, verließ bald nach Auflösung des Kinderballets das heitere Wien, dessen Bewohner die zwei stets Arm in Arm wandelnden Busenfreunde mit echtem Wiener Humor das „Harlequin=Gefrorne" nannten, denn Horschelt hatte brennrothes, Neefe fast weißes Flachshaar; jener zog fort, um sich in dem gastlichen München bald eine zweite Heimat zu schaffen, letzterer um nur zu bald in Manuheim jene Geistesstörung zu erfahren, welche die Farben der Decorationen bei Malern so häufig erzeugen; er wurde zwar wieder geheilt, erlitt aber noch manche Rückfälle.

Der arme Horschelt aber, der sich ein so warmes Nest in München bereitet und es zu einem hübschen Vermögen gebracht hatte, sollte nur zu bald erblinden! So kam der Mann, dessen Genie in dem Kinderballete dem Publicum oft so entzückende Augenweide verschafft hatte, selbst um das köstlichste Gut, das Sehvermögen. Er lebt seit mehreren Jahren in München in Pension, aber zum Glück als Hausherr im behaglichen Wohlstande.

Von seinen Söhnen wurde unseres Wissens einer Maler, der andere mittelmäßiger Tänzer; das Genie des Vaters wollte sich nicht vererben, und Friedrich Horschelt war ein Genie, das Herrliches schuf, obwohl er in seiner Erziehung arg vernachlässigt wurde; so erhielt er beispielweise erst im reifen Mannesalter Unterricht im Schreiben und in der Stylübung durch den Vater des Ver=

faſſers dieſer „Rückſchau", und ſein Lehrer war immer glücklich, wenn er, was jahrelang in raſcher Aufeinanderfolge
geſchah, die beſt formulirten, von derbem Humor gewürz-
ten Briefe ſeines großen Schülers erhielt.

II.
Doppeltes Glück und Ende.

In den Zwanzigerjahren, als Grillparzer seine historische Tragödie: „König Ottokar's Glück und Ende" geschrieben, welche zuerst im Hofburgtheater, dann aber auch im Theater an der Wien gegeben wurde, näherte sich der seit Jahren zweifelhafte Zustand der letzteren Bühne der Catastrophe, welche in der That bald darauf eintreten sollte, und das Directorium Palffy erreichte mit der letzten Vorstellung von „König Ottokar's Glück und Ende" für unbestimmte Zeit sein wirkliches Ende, nachdem es dem Unternehmen an Glück nicht gefehlt hatte, denn sowohl die Oper, als das Kinderballet und auch eine Serie biblischer Dramen, als: „Abraham," „Noah," „die Makkabäer," mit der melodramatischen Musik des gediegenen Compositeurs Ignaz Ritter von Seyfried waren höchst ergiebige Einnahmsquellen für diese Bühne, die damals noch immer ein wahres Volkstheater, vorzugsweise von dem Volke besucht war, was die, in den Zwanzigerjah-

ren hundertmal vorgekommenen Fälle beweisen, daß vor
Cassaeröffnung der ganze geräumige Hof von Einlaßsu=
chenden stundenlang belagert wurde.

Freilich sorgte auch des gräflichen Eigenthümers
echter Cavaliersinn dafür, dem Publicum Außerordentli=
ches zu bieten, wozu die vortreffliche Räumlichkeit des
Theaters, auf dem sich mit Leichtigkeit achtzig Pferde und
Hunderte von Menschen bewegen konnten, die schönste
Gelegenheit darbot; — wo wurde seither Aehnliches gebo=
ten wie in „Noah", wo in der Scene, als die Bühne das
Paradies darstellte, Graf Palffy allabendlich über hun=
dert Gulden auf das Verbrennen wohlriechender Spece=
reien verwendete? — Wohl eine Viertelstunde lang be=
wegte sich der Krönungszug in Schiller's „Jungfrau
von Orleans", an welchem mit aller Bequemlichkeit vier=
hundert Personen theilnehmen konnten, ohne daß die Mas=
sen auf der Bühne sich im Geringsten genirten.

Wie schon erwähnt, trat die Sperrung des schönsten
Theaters Wiens mit der Aufführung von Grillparzer's
„König Ottokar's Glück und Ende" ein und es war ein weh=
müthiges Gefühl, das alle Anwesenden an jenem düsteren
Abende beschlichen hatte, an welchem sowohl den Schauspie=
lern als auch Vielen aus dem Publicum die Thränen in die
Augen traten. War es doch bekannt, daß Hunderte, welche
vom Theater lebten, auf's Unbestimmte erwerbslos geworden,
so wie man auch wußte, daß die armen Mitglieder seit mehr
als Jahresfrist mit ihren Gagen im Rückstande waren. So
tief war ein Kunstinstitut gesunken, das in seiner Blüthe=

zeit von den Hoftheatern beneidet und diesen auch gefähr=
lich geworden war, daß die Tageseinnahmen bei guter
Aufführung guter Stücke oft keine zehn Gulden betrugen!
Bekanntlich war an diesem Verfalle nur die unglückselige
Leidenschaft der Spielwuth seines Eigenthümers, des Gra=
fen Palffy, Schuld. Wenn demungeachtet dieser Mann,
der Tausende in einer Nacht verspielte und dessen Leicht=
sinn für so viele Familien verderbenbringend wurde, von
der auf so harte Prüfung gestellten Gesellschaft noch immer
Gegenstand der ausdrucksvollsten Verehrung geblieben, so
konnte man daraus entnehmen, welch' schönen Charakter,
welch' edles Herz der Verirrte besessen haben mußte. So
war es auch.

Schreiber dieser Zeilen ist aus jener Drangperiode
nur Ein Fall roher Willkür, an dem Manne verübt,
der so viele Familien unglücklich gemacht hatte, bekannt.
Es war dieß der Held der damaligen Gesellschaft, der
kurze Zeit vorher von Linz hierhergekommene Schauspie=
ler Moriz R., der erst jüngst in Berlin als Pensionist
der königl. Bühne vom Schauplatze seines Wirkens zurück=
getreten ist.

Nachdem schon monatelang der Gesellschaft die Gage
tropfen=, das ist guldenweise ausbezahlt worden war, und
die Rückstände sich schon auf Tausende beliefen, da gelü=
stete es dem erwähnten Helden auch einmal, an seinem
Director sein Müthchen zu kühlen und diesem aus Rache
einen Scandal zu machen. Das Café Giacomuzzi im
großen Jägerhause an der Wien, damals von Königer,

diesem armen, vom Gesichtsschmerze auf das Martervollste
geplagten Manne, betrieben, bildete den gewöhnlichen Ver=
sammlungsort der armen Schauspieler.

Eines Morgens, als der Graf von der Stadt in
einem offenen Wagen nach Hause fuhr, fiel der Hi=
strione, der von Weitem schon die blaugelbe Livrée des
Grafen erkannt hatte, an der Ecke der Wienstraße den
Pferden der gräflichen Equipage in die Zügel, brachte die=
selben mit seiner eisernen Faust zum Stehen, und verlangte
von dem im Wagen sitzenden Cavalier in brutalster Weise
die Bezahlung der Rückstände. Mit bewundernswerther
Ruhe, und ganz seine höhere Stellung verrathend, lud der
Beleidigte den Schauspieler zu sich in den Wagen, um ihn
in seine nur vier Häuser weit entfernte Wohnung (Thea=
tergebäude) zu begleiten, wo er sich mit Allem zahlbar
machen könne, was er dort vorfinden würde. Ueber solche
Milde erstaunt, zog sich der Angreifer ganz verdutzt zurück
und Palffy hatte von ihm nichts mehr zu befürchten. Daß
R. ein wilder, aufbrausender Geselle war, vor dem man
sich hüten sollte, bewies dieser in einem anderen Falle,
wo er auf der Probe mit einem Collegen, Herrn Basson,
in Streit gerathen war, den er damit kurzweg schlichtete,
daß er seinem Gegner einen Finger abbiß.

R. hatte die Marotte, alle seine Rollen im Zimmer
auf= und abgehend, nur mit dem Hemde bekleidet (wenn
es draußen auch noch so kalt war), einzustudieren, und es
gewährte einen absonderlichen Eindruck, den athletisch ge=
bauten Mann, dessen fast ganzer Körper mit schwarzem

Flaum bedeckt war, einherstolzieren zu sehen, dem Bären nicht unähnlich, der sich in aufrechter Stellung bewegt.

Pallfy's Herz war ein so edles, daß er sich noch jahrelang darüber Vorwürfe machte, seine Polizeianzeige habe eines seiner vorzüglichsten Mitglieder, Küstner, in den Tod gejagt.

Josef Reichel, genannt Küstner, Vater der nachmaligen k. k. Hofschauspielerin Minna Reichel, war ein gar merkwürdiges Talent. Ein grauser Intriguant wie Sir Gottlieb Kocke in der „Parteiwuth", böser Krollo im gleichnamigen Stücke, Strömborst in der „Waisen aus Genf" war er wieder in niedrig komischen Rollen, wie Bürgermeister in der „Zeche", als Nachtwächter in Meisl's „Kirchtag in Petersdorf" u. s. w. von unwiderstehlich wirkender drastischen Komik. Nach des k. k. Hofschauspielers Ochsenheimer Tod konnte nichts den Uebertritt Küstner's in das Hofburgtheater hindern, wenn nicht ein bindender Contract, wie jener mit dem Grafen Palffy, bestanden hätte. Um dieses Hinderniß zu beheben, scheute Küstner nicht vor einer Fälschung zurück, und da der Graf, durch diese Handlungsweise gereizt, später Küstner klagte, was für diesen eine Vorladung zum Criminalgerichte zur Folge hatte, da machte der ehrgeizige Künstler, der solche Schande nicht überleben wollte, seinem Dasein durch einen Pistolenschuß am Glacis nächst dem Verbrennhause ein schnelles Ende. In der Tasche des Selbstmörders fand man noch die verhängnißvolle criminelle Vorladung.

Etwas mochte auch an der vom Grafen Palffy
gemachten Klage gekränkte Eitelkeit mit im Spiele gewe=
sen sein, denn Küstner galt als der begünstigte Verehrer
der schönen Schauspielerin Fanny Botta, der auch Se.
Excellenz, ohne jedoch zu reussiren, ihre Huldigungen dar=
brachte. Was frägt ein Künstlerherz nach Adelsbrief und
Ahnen, nach Rang und Würden? So war es auch hier
der Fall. Der arme Künstler erhielt den Vorzug vor dem be=
neideten Cavalier, und diese Bevorzugung sollte für Er=
steren verhängnißvoll werden. Küstner's jäher Tod war
der Wurm, der lange an dem Herzen des edlen Grafen
nagte, und dieses nimmer zur Ruhe kommen lassen wollte.

Aber auch die Botta sollte etwas von des Geschickes
Tücken erfahren. Nach Küstner's Tod die Favoritin des
Bankiers Parish, nahm ihre Herrlichkeit zugleich mit dem
Sturze besagten Hauses Parish=Fries ein rasches Ende.
Unter den Gläubigern dieses Bankerotiers fanden sich hier
sehr geachtete Künstler mit großen Summen (bei 40,000 fl.)
beschädigt, welche, wie beispielsweise das Tänzerpaar Ro=
zier und Bretél, ihre Ersparnisse verlieren sollten, die sie
sich in des Wortes strengster Bedeutung im Schweiße ihres
Angesichtes erworben hatten.

Palffy überlebte die Katastrophe, welche Hun=
derte in das Unglück gestürzt hatte, unangefochten von
den zahlreichen durch ihn Beschädigten, allgemein geliebt.
Wie sehr Palffy die Gunst des Allerhöchsten Hofes
genoß, dafür spricht wohl ein Beispiel am besten, daß
bei Gelegenheit, als Se. Excellenz einmal durch Nach=

lässigkeit von dessen Kammerdiener im Schwefelkasten dem Ersticken nahe waren, Ihre Majestät die Kaiserin durch länger als eine Woche täglich nach dem Befinden des Patienten sich erkundigen ließ. Unter den älteren Damen Wiens grassirte die Verehrung für den Grafen Ferdinand Palffy fast epidemisch. Einen Ehrgeiz besaß Palffy, zu dessen Eigenthümlichkeiten es gehörte, in jeder Jahreszeit, auch bei Sturm und Kälte, auf der Gasse stets baarhaupt zu gehen — welcher die echte Cavaliersnatur verrieth.

Er hatte zu einer Zeit, wo sein Theater schon arg im Verfall war, den in ganz Deutschland berühmten Komiker Wurm für eine Serie von Gastrollen zu sehr hohem Honorar gewonnen. Wurm kam und spielte im Theater an der Wien vor leeren Bänken; dieß genirte den Künstler gar gewaltig, er ging zum Grafen und drang in diesen, im eigenen und im Interesse seiner argbedrängten Gesellschaft, deren Gagen schon in bedenkliche Stockung gerathen waren, von einer Fortsetzung des kostspieligen Gastspiels um so lieber Umgang zu nehmen, indem dabei weitaus nicht das Honorar für den Gast einging. Alles umsonst, der Graf beharrte mit eisernem Willen auf der strengsten Einhaltung seiner, dem Wurm gemachten schriftlichen Zusage. Ganz Aehnliches können wir noch aus dieser Zeitperiode von der berühmten, erst jüngst verstorbenen Schauspielerin Carolina Lindner von Frankfurt am Main sagen. Diese Dame weinte in des Grafen Gemächern, daß sie ein so hohes Honorar aus der erschöpften Theatercasse ziehen sollte, welche die engagirten Mitglieder schon seit Monaten darben ließ; es war Alles vergeblich, des Grafen unbeugsamer Wille wegen pünktlicher Erfüllung eingegangener schriftlicher Verbindlichkeiten blieb ungerührt.

Ein ganz eigenthümliches Licht auf den Charakter des Grafen wirft auch noch jener Zug von Großmuth, mit der er dem später in Irrsinn verfallenen Schauspieler Klein, der sich erboten, auch er wolle einmal den König Ottokar spielen, in den Tagen, wo des Grafen Unternehmen schon gewaltig der Neige zuging, noch eine prachtvolle vollständige Rüstung um 600 Gulden anschaffen ließ, die er dem Künstler, mit dessen Darstellung er sehr zufrieden war, nach der Vorstellung zum Geschenke machte.

Bevor wir das Capitel vom Grafen Palffy schließen, können wir einen eigenthümlichen Zug von Eitelkeit des Verblichenen nicht verschweigen, der ein Schlaglicht auf dessen sonst so schönen Charakter warf. Er konnte es nicht über's Herz bringen, zu seinem Namensfeste (19. October) nicht sich selbst dadurch zu fetiren, daß er an diesem Tage immer ein neues Stück mit glanzvoller Ausstattung in Scene setzen ließ, welches dann auch gewöhnlich wie man in der Theatersprache zu sagen pflegt, „einschlug" und nicht selten monatelang gegeben wurde. Dahin gehören beispielsweise: „Timur, der Tartarchan," nach dem Englischen von Joseph Ritter von Seyfried bearbeitet (ein Stück, welches in drei Tagen fertig wurde), oder „Der Wolfsbrunnen," in welchem der Thierdarsteller

Herr Mayerhofer (nicht zu verwechseln mit dem noch lebenden pensionirten k. k. Hofschauspieler Hrn. Mayer, der damals im Theater an der Wien im Fache der Väterrollen mit großem Erfolge wirkte, und wie Heurteur, Rüger, Lucas, Schmidt, die Zeiner, Nolte, Verstl und Beckmann später in das k. k. Hofburgtheater übertrat) in der Rolle des Wolfes excellirte, sowie später in dem Stücke: „Der Leopard und der Hund." Freilich zeigte sich bei solchen Gelegenheiten wieder des Grafen Munificenz darin, daß er seiner ganzen Gesellschaft, die ihm an diesem Abende immer eine großartige Nachtmusik darbrachte, ein splendides Souper bot.

III.

Ein Theaterdirector, wie er sein soll,

war Louis Duport, seiner Zeit zugleich der erste Tänzer Wiens, der als solcher noch bis jetzt von keinem Zweiten, auch nicht einmal von Jul. Perrot, erreicht wurde. Wer hätte in späteren Zeiten in diesem kleinen, dünnen, vergilbten Männchen, das bei der angestrengtesten Arbeit von einem Schälchen Milch den Tag über leben konnte, den berühmten Tänzer Duport, den Abgott der Balletfreunde zur Congreßzeit, vermuthen können?

Duport war auf sonderbare Weise zur Theaterdirection gekommen. Seine vielfachen Erfahrungen im Leiten einer Bühne für Opern und Ballete, seine erprobte Redlichkeit und Sparsamkeit lenkten zuerst den Blick des damaligen Impresario und Millionärs Domenico Barbaja aus Neapel auf ihn, der im Jahre 1822 die beste italienische Operngesellschaft mit einer Fodor, Colbran-Rossini, Eckerlin, mit einem David, Lablache, Ambrogi, Botticelli und als Compositeur mit einem

Gioachimo Rossini nach Wien kam und hier zuerst den Sinn für italienische Musik weckte. Barbaja, der als Pächter des großen San Carlo=Theaters in Neapel, dann noch anderer Bühnen in Italien blieb, setzte zu seinem alter ego in Wien den gewandten Duport ein, der sich gar bald ganz unentbehrlich zu machen wußte, und dem es ein Leichtes wurde, nach Gallenberg's Fall und der Un= haltbarkeit der kostspieligen Hofregie unter des biedern und sachkundigen Friedrich Treitschke's Leitung, den Pacht des k. k. Hofoperntheaters ausschließlich für deutsche Oper und Ballet mit einer damals noch mehr als splendiden Subvention jährlicher 75.000 Gulden C.=M., jetzt kaum ausreichend für die geforderte Jahresgage einer übermüthigen und dünkelhaften Primadonna, zu übernehmen und dabei reich zu werden.

Verfasser, der in einem Zeitraume von fast 50 Jah= ren gar manche Theaterdirectoren kennen zu lernen Gele= genheit hatte, muß gestehen, daß ihm Duport, was Ra= tionalität und Geschäftsgeist anbelangt, noch immer als unerreichtes Muster dasteht. Einige von seinen Grundsä= tzen, die noch heutzutage Giltigkeit haben, sollen das Be= hauptete bestätigen; Duport sah mit profetischem Auge das später schrankenlos steigende Begehren der Künstler nach exorbitanten Gagen voraus, und machte es sich als Leiter der ersten Opernbühne Wiens und Oesterreichs zum Grundsatze, diesem Gagenschwindel dadurch zu begegnen, daß er junge bildungsfähige Talente heranzog, die eben, weil sie noch in der Bildung begriffen waren, bescheiden sein mußten. Beweise hiefür: Staudigl und die Fischer-Achten in der Oper, die Schlanzowski im Ballet, vieler Anderer gar nicht zu gedenken. Dann war es Duport's Grundsatz, kein Mitglied als unentbehrlich erscheinen zu lassen, was er dadurch erreichte, daß er alle Partien in Opern drei- bis vierfach besetzen ließ. Freilich folgte in der Besetzung dem Löwen gar oft eine Maus, doch da er von dem Grundsatze nicht abging, gewöhnte sich das Publicum auch hier an das Neue, das sich für die Direction bestens bewährte. Uebrigens hat es Duport bewiesen, daß man mit eiserner Consequenz beim Publicum Alles ausrichten kann, und er hat dieses Publicum zu lenken verstanden wie kein Zweiter. Während es seit Jahren Gebrauch gewesen war, ein Stück, sei es Oper oder Ballet, nur wenn es neu war, zweimal nach einander zu geben, ließ er einmal im Fasching zehnmal nach einander das damals Furore machende Ballet: „Die Maskerade im Theater" aufführen, und Niemandem, auch von den Abonnenten wurde das Ding zu rund; freilich schimpften die Abonnenten weidlich, allein Duport wußte recht gut, daß die Abonnenten immer schimpfen, aber doch wieder abonniren.

Später freilich brachte diese eiserne Consequenz Duport zum Falle, denn er wollte wie früher mit dem Publicum nun auch mit seiner vorgesetzten Behörde, dem Oberstkämmereramt, umspringen, und da hatte sich der sonst so kluge Mann verrechnet. Er wollte dem Publicum par force seine Favorittänzerin Helene Schlanzowski als prima ballerina aufdringen, und die Schülerin machte ihrem Meister darin große Ehre, daß es für ihre Bravour durchaus keine Schwierigkeiten gab. Was man im Tanze leisten konnte, leistete Helene, die sich mit schlangenähnlicher Gewandtheit drehte und wendete, die wie keine Zweite mit der Leichtigkeit der Gazelle sprang, pirouettirte und deren Muskeln durch unablässige Uebung eine erstaunliche Kraft gewonnen hatten; aber die Schlanzowski war nicht schön, sie war keine Ausländerin, kam zumal nicht von Paris, ihr fehlte somit der Freipaß zu einer prima ballerina in Wien; Duport beachtete das nicht, er vermeinte wie stets auch hier durch Beharrlichkeit zu siegen, doch die Hofpartei war nicht wie das Publicum, das er nach seinem Willen leiten konnte. Duport hatte den Grafen Stefan Zichy, er hatte den damals allmächtigen Minister Nadasdy gegen sich, und mußte unterliegen. Balochino und Merelli sollten seine Nachfolger werden.

Duport lebte fortan in Wien, wo er sich in der Stadt, Annagasse, ein schönes Haus angekauft hatte, übersiedelte erst später wieder nach seinem Vaterlande, woselbst er vor etlichen Jahren in vollkommener Blindheit gestorben ist. Er hinterließ ein bedeutendes Vermögen und den Ruf eines Theaterdirectors, von dem die andern lernen konnten.

Helene Schlanzowski, aus der Duport wirklich eine große Tänzerin gemacht hatte, vermälte sich später mit dem mittelmäßigen Tänzer Grabowsky, reiste nach

Italien, erwarb sich in Neapel ein paar schöne Paläste, welche aber in dem Schreckensjahre 1848 im Mai der Herd der Revolutionäre geworden sind, in denen in gräßlichster Weise genietzelt und geschlachtet wurde. Aber es bewährte sich hier, daß sich Duport's Seherblick auch bei ihr nicht getäuscht hatte. Die Schlanzowski erreichte, was eben einer Tänzerin erreichbar ist; übertroffen ist sie noch heute von Keiner, aber die Grazien waren nicht an ihrer Wiege gestanden.

Duport arbeitete mit Primedonnen und Tenoren ersten Ranges, die wie die Ernst, Sophie Löwe, Wild und Binder nicht über 4000 Gulden Gage bezogen. Und was leisteten diese Künstler? Staudigl sang im Engagement Rollen wie Sarastro für eine Gage von nur 600 Gulden! — Unbeugsam war Duport in dem Grundsatze, Künstler, die zu engagiren keine Aussicht war, nie zu einem Gastspiele zuzulassen, weil ein solches in allen Fällen zu nichts führen könnte. War nämlich der Gast besser als die eigenen hierorts engagirten Künstler, wozu also diese in ihrer Werthschätzung von Seite des Publicums noch verkleinern; waren aber unsere Mitglieder besser, wozu an einen überflüssigen Gast das Geld verschwenden, welches sich im Geschäfte vortheilhafter anwenden ließ? In hundert Fällen haben sich Duport's angedeutete Maxime als richtig bewährt; er schloß sein Unternehmen mit der Aufführung der „Jüdin", worin Clara Heinefetter, Breiting und Staudigl sangen, aber alle zu Jahresgagen, die jetzt den Monatsgagen erster Künstler nahekommen.

Erfinder der Zehntausend-Gulden-Gagen war erst Duport's Nachfolger in der Directionsführung, der Italiener Carlo Balochino, den es sichtbar mit Stolz erfüllte, drei Primedonnen — die Hasselt-Barth, Stöckl-Heinefetter und Lutzer — zugleich in einer Oper zu beschäftigen (wie in „Don Juan" und „Hochzeit des Figaro"), von denen jede die Riesengage von 10.000 fl. für 9 Monate bezog. Der Theaterzettel vermerkte auch immer mit fetter Schrift: „Unter Mitwirkung der Hasselt-Barth, Stöckl-Heinefetter und Lutzer!" Er ahnte nicht, daß, einmal die Schranken überschritten, dem Dünkel und der Habsucht nicht mehr zu begegnen sein könnte, und daß nur zu bald Künstler Forderungen stellen würden, welche die Direction eines Hoftheaters in einer Großstadt wie Wien nur zu belächeln, nicht aber zu gewähren vermag.

Beweis dafür das Begehren einer Jahresgage von 90.000 fl. (!) mit drei Monaten Urlaub, wie solches factisch von Frln. Tietjens und Frau Csillagh gestellt wurde. Erstere kam unter Cornet im Jahre 1853 von Brünn nach Wien, wo sie, wenn wir nicht irren, mit 3000 fl. Gage zum ersten Male am 12. Juni 1853 als Mathilde im „Tell" auftrat. Frau Rosa Csillagh trat zuerst noch unter Holbein's Direction am 22. August 1850 als Fides im „Propheten" auf, nachdem sich Pester Israelitinnen des armen Judenmädchens erbarmt hatten, und solchem auf ihre Kosten Singunterricht ertheilen ließen.

Duport hat dieß Alles auf Kosten des Institutes thun lassen, und er hielt viele Jahre den erfahrnen Meister Cicimarra in festem Engagement, welcher des Directors Eleven unentgeldlich unterrichten mußte, wodurch Duport jedoch diese sich für etliche Jahre dem Institute zu dem billigsten Honorar sicherte. Wir werden noch Gelegenheit finden, in unserer „Rückschau" mehrfach auf diesen merkwürdigen Mann zurückzukommen, von dem Hunderte von Anecdoten circuliren, die aber nur seinem edlen Herzen Gerechtigkeit widerfahren lassen.

Was soll man z. B. dazu sagen, wenn ein altes, kümmerlich aussehendes Männchen, wie Duport war, beim Anblicke eines Sängers, Diskant's, der in der Operette: „Bär und Bassa," an einem schwülen Juliabende, in der schweren Bärenmaske steckend, sich fast zu Tode schwitzte, und kaum das durchnäßte Hemd vom Leibe brachte, wenn zu einem solchen Künstler ganz unbedeutenden Ranges sein feinfühlender Director herantritt und mitleidsvoll zu ihm in seiner Redeweise sagt: „Warten ein Bischen, meine liebe Diskant, werden dir gleich helfen," dann in sein Cabinet geht, das eigene trockene Hemd vom Leibe zieht, und es dem Sänger darreicht mit den Worten: „Da nehmen das, wird dir wohlthun." Es gehörte zu Duport's lieben Manieren, Mitglieder, denen er geneigt war, zu dutzen. Der alte, damals schon fast 70jährige Mann hielt es aber nicht der Mühe werth, für sich nach Hause um ein frisches Hemd zu schicken und ging ohne Hemd heim.

Auch war Duport gleich Staudigl ein so wüthender Anhänger der Homöopathie, daß er in dieser Heilmethode auf das Eifrigste dilettirte; doch befolgte er dabei ganz eigenthüm-

liche Heilmanieren. Wollte bei einem renitenten Sänger, wie
z. B. Hermann Breiting einer war, das erste Pülverchen von
Arnicakügelchen nicht verfangen, griff Duport nochmals
in die Westentasche und das zweite Papierl, das er aus
derselben zog, war eine Fünfziger= oder Hunderter=Bank=
note, jenachdem der Fall einer plötzlich abzuändernden
Vorstellung von Belang war, und siehe da, dieses Wun=
dermittel wirkte immer. Durfte ein Doctor, ein Naturarzt,
wie Duport war, nicht stolz auf solche Kuren sein?

Einen ganz eigenthümlichen Zug von Duport, den
wir in einem Capitel, das von ihm spricht und ihn in sei=
nen Sonderbarkeiten zu schildern versucht, nicht verschwei=
gen dürfen, bildete die Art und Weise, wie er es verstand,
auf das Artigste Jemanden eine Bitte zu versagen, so zwar,
daß die Gewährung derselben unzukömmlich erschienen, oder
zum Nachtheile des Ersuchenden ausgefallen wäre. Ein
Beispiel wird auch hier die Sache aufklären und zwar ein
Beispiel aus des Verfassers dieser „Rückschau" eigenem
Leben. Demselben gelüstete am „fetten Donnerstag" um's
Jahr 1830 herum die Redoute zu besuchen, und er sprach
deßhalb seinen Vater, der damals Kanzleidirector und
Oeconomierath im Hofoperntheater war, um ein Billet
an; allein dieser fühlte sich an jenem Tage unwohl und
besuchte gar nicht die Kanzlei. „Die Sache wird sich übri=
gens leicht machen," sprach mein Vater, „gehe zu Duport
und ersuche ihn um ein Redoutebillet, das er Dir um so
weniger verweigern wird, als ich ohnedem die mir gebüh=
renden 6 Redoutenbillets nicht habe abholen lassen." —

Gesagt, gethan; in einer Stunde besuchte ich schon Duport in seiner ganz einfachen Kanzlei, und stellte in meines Vaters Namen und dessen Unpäßlichkeit meldend, an ihn die Bitte um ein Redoutebillet. „Was fallen Ihnen ein, der arme Vater krank und der Sohn wollen ihn verlassen und die Redoute besuchen, das können gar nicht Ihr Ernst sein. Gehen darum nach Hause, bleiben bei krankem Vater, mit ihm plaudernd, und ihm die Zeit vertreibend, nicht aber ihn verlassen, um in die Redoute zu gehen. So müssen ein braver Sohn, wie Sie sind, handeln." Was war da zu thun? Duport hatte wie tausendmal, so auch dieses Mal Recht. Ich erkannte recht wohl den Schelm, der sich hinter diese schlaue Entschuldigung barg, aber solchen Gründen ließ sich nicht leicht etwas entgegnen. Ich war auf das Artigste von der Welt abgewiesen und Duport hatte seine Redoutekarte erspart. Das ist freilich nur eine Kleinigkeit, wird manch' werther Leser denken, aber im Großen und Ganzen, das ganze Jahr hindurch nach solchen Grundsätzen gehandelt, das gibt dann schon eine Summe von Ersparnissen, die nicht zu unterschätzen sein dürfte.

Duport's Klugheit und sein berechnender Sinn regten ihn oft zu den sonderbarsten Handlungen an, machten ihn einmal sogar zum Heiratsvermittler. Wie schon erwähnt, war Duport einer derjenigen, welche Staudigl's Riesentalent, als sich dieses noch in Embryoform zeigte, richtig erkannten und sein öconomischer Sinn studierte auf Mittel, diesen Künstler an Wien zu fesseln, und dazu schien ihm dessen Verheiratung an eine junge Choristin,

Frl. H., ganz geeignet. War hierdurch doch der erste Schritt geschehen, den nachher so berühmten Künstler, dem nur zu bald die ganze Welt offen stehen sollte, an Wien zu knüpfen, indem er ihm verhalf, hier eine Familie zu begründen. Dieselben Motive spornten Duport später an, so ganz unter der Hand dahinzuarbeiten, Staudigl in die Hofcapelle zu bringen, welche Stelle dereinst ihm und seiner Familie eine Pension bieten sollte. So ingeniös wurde Duport, wo es sich im Hintergrunde um seinen eigenen Vortheil handelte. Doch muß man es dem Manne zur Ehre nachsagen, daß er zur Erreichung solcher Zwecke unmoralische Mittel stets verschmähte.

Ganz anders handelte in ähnlichen Fällen einer seiner Nachfolger in der Directionsführung, Julius Cornet, der minder scrupulös, es sich zur Devise gemacht hatte: „Der Zweck heiligt die Mittel." Auch hierfür wird ein Beispiel am erläuterndsten wirken. Es war kurz vor Ausgang des Contracts des Sängers Steger am k. k. Hofopernthater, als daselbst Halevy's „Jüdin" neu in die Scene gesetzt wurde und Steger reussirte sowohl als Sänger wie auch als Schauspieler in der Partie des fanatisirten Juden Eleazar, daß ein noch nie gemachtes Furore seine nach jeder Richtung eminente Leistung krönte. Nun galt's den Sänger, dessen Actien binnen Kurzem so bedeutend gestiegen waren, für längere Zeit dem Institute zu erhalten. Cornet wußte, daß Steger ein Auge auf die hübsche und üppige Tänzerin Frl. X., von ihren Collegiunen allgemein die „schwarze Nettel" genannt, geworfen hatte. Diesen Umstand

benützend, mußte es Cornet einzuleiten, daß Steger an
einem schönen Vormittage eine Spazierfahrt zum Lusthause
im Prater machte, so wie er weiter darauf bedacht war,
daß ihm das theure Bild der „schwarzen Nettel" auf dem
Wege nach dem Lusthause begegnen mußte. Steger traf
wohl mit der holden Syrene zusammen, doch hatte die
Liebe den Sänger nicht so blind gemacht, daß er darüber
seinen Vortheil aus dem Auge gelassen hätte. Die ihm
gelegte Falle war doch gar zu plump; unser Sänger ließ
sich nicht fangen. Ein ähnliches Mittel hätte Duport nie
angewendet.

Und nun, ehe wir die kleine Skizze schließen, noch eine
Bizarrerie, welche nicht verfehlen wird Duport zu charak=
terisiren. Er haßte die Abonnenten gründlich und ver=
säumte nichts, was diese ärgern konnte, denn er wollte sich
derselben, wenn es nur gegangen wäre, um jeden Preis
entäußern. Sein richtiger Tact überzeugte ihn, daß die
Abonnenten dem Theater in doppelter Beziehung, in ma=
terieller, wie in moralischer, schadeten; für ihn waren sie
Schmarotzer, denen der Theaterbesuch zu wohlfeil gemacht
war, oder wüthende Raisonneurs, die der häufige Thea=
terbesuch blasirt gemacht hatte und die über Alles schimpf=
ten, was wiederum nur ein nachtheiliges Licht auf das
Theater werfen konnte. Wenn andere Pächter darüber
erfreut waren, die Liste ihrer Abonnenten anwachsen zu
sehen, die sie fälschlich als den wahren Capitalsstock ihres
Unternehmens betrachteten, kostete Duport jeder Zuwachs
eines einzigen Sperrsitz=Abonnenten immer einen schweren

Seufzer, denn ein gutgeleitetes Theater schien ihm ohne Abonnenten einträglicher als mit denselben. Endlich war es ihm gelungen, die Abonnements für den Eintritt abzuschaffen, weiter konnte er es jedoch nicht bringen. Sein Groll gegen die Abonnenten war auch Mitursache, daß er so gerne Beneficen an Mitglieder zweiten und dritten Ranges bewilligte, wobei es ihm frei stand, das Abonnement aufzuheben. So find auch unter seiner Direction nie Fälle vorgekommen, daß den Abonnenten eine Serie von Vorstellungen über die stipulirten 300 im Jahre zugestanden worden wäre; er hätte diesen lieber einige Vorstellungen abgezwickt, wenn es sich nur hätte thun lassen.

  Hier können wir jedoch nicht verschweigen, daß Duport rücksichtslos Opern, wie z. B. „die Ballnacht", „Robert der Teufel", in der That bis zum Ekel ableiern ließ, wodurch er sich mit Recht im Publicum Gegner zuzog.

IV.

Carlo Balochino und Bartolomeo Merelli

waren Louis Duport's unmittelbare Nachfolger in der Direction des Hofoperntheaters, welche von diesem eine wohlorganisirte Gesellschaft für Oper und Ballet und ein mannigfaches, reiches Repertoir übernahmen, mit der Verpflichtung, während der drei Monate: April, Mai, Juni, eine italienische Oper und ein Ballet mit hervorragenden ersten Mitgliedern zu unterhalten.

Sie begannen ihr Unternehmen im Jahre 1836 mit Rossini's „Mosè" („Il nuovo Mosè") in würdiger Weise, denn Marini war ein so gewaltiger Bassist, wie man seit Lablache keinen gehört hatte; allein so groß seine Stimme, so groß waren auch seine Unarten. Er, der falsch singen konnte wie nach Noten, nahm nicht Anstand auf der Bühne auszuspeien, ohne sich auch nur umzuwenden. Ausgezeichnet war auch der hohe Tenor Pedrazzi, der später, im Jahre 1848, politisch compromittirt, auf eine Festung kam. Die treffliche Tadolini und der Buffo Frezzolini waren die Zierden der ersten italienischen Gesellschaft Balochino's, der zuletzt in Mailand das große Theater alla Scala leitete und die Verfügung traf, daß Merelli in Mailand zurückbleiben sollte, während er in Wien die Theaterleitung führen würde. Das hieß den Bock zum Gärtner machen, denn diese Einrichtung kostete Balochino viel Geld, da Merelli nicht öconomisch sein konnte, und ihm so zu sagen das Geld durch die Finger rollte.

Wien mußte gar häufig die Verluste von Mailand decken, und während der alte Herr (Balochino kam nahe an 70 Jahre alt nach Wien) hier musterhaft wirthschaftete, knauserisch wie die Italiener in der Regel, lebte sein Compagnon in Mailand in Saus und Braus, und sendete nichts nach Wien als unbezahlte Wechsel. Ging sein Geschäft gut, was zuweilen vorkam, dann fuhr er mit Vieren; ging es schlecht, dann wurde wieder ein kostbares Bild oder eine Statuette verkauft, denn Merelli hatte sich in besseren Zeiten eine bedeutende Sammlung werthvoller Kunstschätze erworben. Von Balochino kam das dunkle Gerücht von Italien herüber, er sei früher seines Zeichens ein Schneider gewesen. Ehrenvoll genug für ihn, wenn er es von so untergeordneter Stellung zu der eines sehr wohlhabenden Impresario bringen konnte; soviel ist gewiß, daß sich Balochino auf das Anschaffen von Stoffen für die Costume vortrefflich verstand, und daß jedes Bändchen, jedes Schnürchen, jedes „Flinserl" für die goldgestickten Kleider durch ihn dem Garderobier zugestellt wurde.

Merelli kam immer nur zu Anfang der italienischen

Oper nach Wien, die Gesellschaft zu übergeben, Rechnung zu schließen, den Gewinn einzustreichen und reiste dann wieder nach Italien, wo er auf eigene Faust arg wirthschaftete. Sein jüngerer Bruder, Luigi, zeitweilig bei Balochino im Kanzleigeschäft verwendet, war vollends unbedeutend und ist bald gänzlich verschollen. Merelli hatte keinen festen Charakter, während Balochino sich durch strenge Gewissenhaftigkeit im Einhalten aller Verpflichtungen, aber auch durch unbeugsamen Starrsinn auszeichnete. „Io pago — io voglio," (ich bezahle, — ich will es) pflegte er zu sagen, und da gab es weiter keine Einwendung mehr, wäre auch jedes Wort vergeblich gewesen.

Freundlich und wohlwollend war Balochino gegen Niemanden, aber auch nie boshaft oder rachsüchtig; er war ein trockener Geschäftsmann, der auf Ordnung sah, aber selbst auch Ordnung hielt. Einen ganz entsetzlichen Respect hatte Balochino vor seinem unmittelbaren Vorgesetzten, dem Oberstkämmerer Grafen Carl von Lanckoronski. In der That war mit diesem Cavalier, der alle Untugenden polnischer Edelleute hatte, nicht gut auszukommen; davon könnte der arme Erl eine Geschichte erzählen, der als Vater einer zahlreichen Familie stets hübsch schweigen mußte, und sich über keine noch so rücksichtslose Behandlung beklagen durfte. Da war es schon ein Anderes bei Steger, dem seine stolze Magyarennatur es nicht zuließ, den Nacken vor einem Tyrannen zu beugen. Steger mußte zwar sein Engagement verlassen und erhielt keine Erneuerung des Contractes, allein er

hatte seine Künstlerehre gerettet, denn Graf Lanckoronski
pflegte mit Künstlern wie mit Sackträgern umzugehen.
Wurde Balochino in's Oberstkämmereramt berufen, da
überkam den alten Mann immer ein Zittern, und er, der
so sehr am Gelde hing, hätte gewiß jede Summe gegeben,
wenn er sich damit den sauren Gang hätte ersparen können.

Diese achtungsvolle Scheu vor dem Oberstkämmerer=
amte vermochte den Starrkopf Balochino's von mancher Ei=
genheit abzubringen, die seiner Stellung als Pächter hätte
gefährlich werden können. So zeigte er nicht übel Lust,
dem Wiener Publicum zuzumuthen, an Einem Abende
zehn Balletacte hinabwürgen zu sollen. Er gab wirklich
mehrere Male an einem Abende Galzerani's zwei fünf=
actige große Ballete: „Der Corsar" und „Die Spanier in
Peru" mit dem trefflichen Mimenpaar Gatté und der
bildschönen Colombon.

Auch die etwaige Hinneigung, die italienische Musik
vorwiegend vor der deutschen zu cultiviren, wurde ihm gründ=
lich benommen, und er nahm häufig Spohr's „Jessonda"
in's Repertoire auf, obschon er sich nach eigenem Geständ=
nisse dabei herzlich langweilte; aber die Scheu, es mit dem
allmächtigen Oberstkämmerer zu verderben, erhielt ihn stets
bei Raison, und bewahrte ihn vor Abwegen, auf die ihn
vielleicht sein individueller Geschmack geleitet haben würde.

Ueberhaupt gehörte die Aengstlichkeit zu Balochino's
Charakterschwäche. Verfasser erinnert sich noch recht gut einer
Vorstellung der „Hugenotten" an einem Sonntag im Som=
mer, mit Hrn. Kreutzer als Raoul, als im ohnedieß leeren

Theater ein blinder Feuerlärm entstanden. Einer Frau im fünften Stock rechts war übel geworden, man rief „Wasser", wodurch man unten glaubte, es sei „Feuer" entstanden. Einige Sätze nur und der langbeinige Balochino, eine echte Pierrotfigur, war trotz seiner 70 Jahre aus seiner Loge im 3. Stock in's Komödiengassel gekommen. Diese Aengstlichkeit bestimmte ihn auch im Jahre 1848, wo der Demagoge Bassist Carl Formes von den Barricaden herab, das große Wort führte und gegen den Fortbestand der italienischen Oper perorirte, von Wien zu fliehen, jedoch nicht ohne zuvor all' seiner Verpflichtungen quitt zu werden. Der Schreier Formes wußte es auch dahin zu bringen, daß für die Stagione 1848 nur die Zetteln am 1. April (Eröffnungstag) gedruckt und angeschlagen, später aber wieder herabgerissen und die Mitglieder, von Balochino vollkommen entschädigt, nach ihrer Heimat geschickt wurden.

Damals sollten die Wiener mit der ersten Coloratursängerin Italiens, der berühmten Barbieri-Nini, bekannt werden, dieser Frau mit der entzückendsten Stimme, der überraschendsten Coloratur, aber zugleich auch mit der unvortheilhaftesten Gestalt. Die Barbieri-Nini kam in Wien über das Singen auf der Probe nicht hinaus, weil eben die Stagione 1848 unmöglich geworden war.

Uebervortheilen konnte Balochino Niemanden, dagegen beschenkte er auch Niemanden, und that überhaupt nichts über seine Pflicht. Nur eines Falles weiß sich Schreiber dieser „Rückschau" zu erinnern, daß Balochino dem Tenor Fraschini freiwillig ein Benefice gestattete, dafür daß jener dreimal nach einander den Ernani mit ungeheurem Erfolg gesungen. Fraschini aber hatte auch eine Brust von Erz und eine Stentorstimme, die schon einen Puff aushalten konnte; so z. B. sang er, als „Lucia" mit ihm zum ersten Male gegeben wurde, die anstrengende Rolle des Edgardo unmittelbar nach einer heftigen Vergiftung durch Schwämme, und Niemand im Publicum sollte merken, daß sich der Sänger sehr unwohl fühlte. Jetzt hat sich Fraschini ein Vermögen von einigen Millionen Francs ersungen, singt aber noch für enorme Gagen in den Hauptstädten Frankreichs und Spaniens, und singt schon über 20 Jahre — Verdi; das will schon was sagen!

Leider war Balochino zu schwach, um dem Wucher mit Künstlern zu steuern, der wie der Sclavenhandel allen Reformen zum Trotz noch heut zu Tage in Italien in vollster Blüthe steht. Taucht in Italien, was noch immer häufig vorkommt, eine prachtvolle Stimme auf, wird diese sofort von einem speculativen Impresario ausgebeutet, der sich der Prachtstimme bemächtigt, diese kunstgerecht ausbilden läßt, dann aber den so appretirten Künstler vertragsmäßig für eine Reihe von Jahren sein eigen nennt, und selben gleich einer Waare an verschiedene Bühnen verkaufen kann.

In dieser Beziehung verstand es Merelli, die Staatsverwaltung auf das Schauerlichste zu beschwindeln. Es wurden immer zweierlei Contracte gemacht: einer mit der Staatsverwaltung, die angebliche, enorm hinaufgeschraubte Gage erheischend, etwa 12,000 Gulden in Lire austriache suonanti, d. i. in vollklingenden Silberzwanzigern; ein anderer mit der, wirklich an das Mitglied zu bezahlenden Gage, im gegebenen Falle statt 12,000 vielleicht 4000 Gulden ausweisend. Die fehlenden 8000 Gulden waren Agentengebühr (!), Sportel für den „vermittelnden" Impresario Merelli. Und so ging es jahrelang fort, man wußte um den Mißbrauch, konnte diesem aber nicht steuern, denn die italienischen Impresarii hielten felsenfest zusammen, und wehe dem Künstler, der sich ihrer Botmäßigkeit und seiner Lebenspflicht gegen dieselben zu entziehen versucht hätte; er konnte gewiß sein, in ganz Italien kein Engagement mehr zu finden. Konnten sich doch damals Künstler wie Debassini, Ronconi, die Medori u. s. w. von dieser Fessel nicht lossagen. So wußte es Merelli zu verhindern, daß Debassini von jenem Zeitpuncte an, wo seine Lehenspflicht an Merelli erlosch, er also den Anspruch auf die volle, von der Staatsverwaltung genehmigte Gage hatte, wieder engagirt wurde. Dalle Sedie trat dann für ihn ein, denn mit diesem konnte sich Merelli noch abfinden, während Debassini bereits flügge geworden war und auf eigenen Füßen stand.

Merelli, der sich im Jahre 1848 als Spion Radetzky's gebrauchen ließ, durfte später einige Jahre hindurch die Grenzen des österreichischen Italiens nicht verlassen. Erst in neuerer Zeit, da er piemontesischer Unterthan geworden, gewann er wieder seine Unabhängigkeit, wurde Unternehmer des Hoftheaters in Turin, ging aber auch hier bald zu Grunde. Anders ist der Charakter von Bartolomeo's

Sohn, Eugenio Merelli, Schwiegersohn des k. k. Hofschauspielers Rettich, der ein ganz tüchtiger Geschäftsmann und reeller Impresario ist.

Balochino starb etliche Jahre, nachdem er von Wien geflüchtet war, auf einer seiner Besitzungen in Italien als Privatmann, im hohen Greisenalter von mehr als 80 Jahren, geachtet von Allen, die Gelegenheit hatten mit ihm zu verkehren — geliebt von Niemanden.

V.

Franz Holbein von Holbeinsberg,

Director des k. k. Hofburgtheaters, übernahm im April 1849 zugleich die Direction des k. k. Hofoperntheaters, das die Stürme des Jahres 1848 gar gewaltig erschüttert hatten und dessen früherer Director (Balochino) geflüchtet war, da ihm die republicanische Regierung, die später Platz gegriffen, nicht frommen wollte. Nachdem in der Folge die Hofburgtheater=Direction Hrn. Dr. Heinrich Laube übergeben worden war, widmete sich Holbein ausschließlich der Leitung des Hofoperntheaters, die er auch bis zu seiner Enthebung von diesem Posten im März 1853, um welche Zeit er Cornet zum Nachfolger erhielt, mit aller Gewissenhaftigkeit im streng öconomischen Sinne geführt hatte.

Holbein war ein vollendeter Hofmann, artig und zuvorkommend gegen Jedermann, freundlich bis ins Extreme, vielleicht nicht immer ganz aufrichtig. Er hatte mehr als 60 Jahre seines vielbewegten Lebens dem Theater gewidmet, wirkte in seiner Jugend als Sänger bei der Bühne und leitete eine Zeit lang das Hoftheater in Hannover, dann das ständische Theater in Prag, wo Holbein in seinem Verhältnisse zur bühnenkundigen Directrice Liebig seine theatralischen Kenntnisse in ersprießlichster Weise bereichern konnte.

Die Bühne dankte ihm eine Menge mitunter wirkungsreicher Stücke, wie z. B. „Fridolin," „der Doppelgänger," „das Tournier zu Kronstein;" auch Kleist's „Käthchen von Heilbronn" wurde viele Jahre in der Holbein'schen, keineswegs mustergiltigen Bearbeitung gegeben. Noch in seinem Greisenalter debutirte er als Verfasser von Balletprogrammen und auch hier hat sich Holbein's practischer Geist bewährt.

Holbein war die Arbeit gewohnt, er arbeitete viele Jahre unablässig und erfreute sich dabei einer eisernen Gesundheit, was jedoch nicht hindern konnte, daß die böse Cholera schnell mit ihm fertig werden sollte. In seiner Jugend muß Holbein ein sehr schöner Mann gewesen sein — Verfasser lernte ihn erst in seinem reifen Mannesalter kennen. Seine vortreffliche Constitution erlaubte ihm auch seine Jugendzeit in ziemlich flotter Weise zu verbringen, ohne dadurch seine Gesundheit zu gefährden, seine geistige Thätigkeit abzuschwächen. Noch in seinem Greisenalter vertrug sein Magen die schwersten Gerichte, konnte so zu sagen Steine verdauen.

Holbein brachte im ersten Jahre seiner Directionsführung an Opern folgende Novitäten zur Aufführung: „Linda von Chamounix" von Donizetti, die „Barcarole" von Auber, „Maria von Rohan" von Donizetti, „der schwarze Domino," von Auber, „der Blitz," von Halevy, „die Zigeunerin," von Balfe, „Haydée" von Auber, „Jolantha" von Hager, „Makbeth" von Verdi, „ein Abenteuer Carl II." von Hoven (Vesque von Püttlingen,) „der Prophet" von Meyerbeer; dann an neuen Ballets: „Der Fischer und sein Mädchen," und „die Waise aus Genf," beide von Ronzani, „Laura" von Holbein selbst und „die fünf Sinne" von Golinelli — das ist vom 9. April 1849 bis Ende März 1850 eilf Opern und vier Ballets, eine Anzahl, für die heut zu Tage mindestens drei Jahre erforderlich wären.

Von dieses Mannes Rührigkeit und Thatkraft gab wohl das eben mitgetheilte Verzeichniß der im ersten Jahre seiner Directionsführung im Hofoperntheater gegebenen Neuigkeiten das beste Zeugniß, und er war, als er neben der Leitung des Hofburgtheaters auch noch jene des Hofoperntheaters mit voller Verantwortlichkeit der öconomischen Gebarung übernahm, bereits ein hoher Sechziger. Holbein war immer streng conservativ und ging darin so weit, daß er von jüngeren Dichtern Deutschlands keine Notiz nehmen wollte, was später auch seine Stelle als Director des Hofburgtheaters unhaltbar gemacht hatte. Er war ein durchaus rechtlicher Charakter, ein Mann, dem sein Vortheil nichts galt, der nur das Gedeihen der ihm anvertrauten Bühne im Auge hatte. Dabei war er äußerst gutmüthigen Charakters, ein Freund und Vater seiner Gesellschaft und seinem warmfühlenden Herzen hatte das sogenannte Theater-Proletariat sehr viel zu danken.

Zu Holbein's Zeiten waren die ersten Mitglieder in der Oper und im Ballet schon sehr gut bezahlt, aber einen schreienden Contrast bildete dagegen das sogenannte Unterpersonale. Das Schicksal dieser unglücklichen Branche von Arbeitern, dieser Parias der Gesellschaft, zu verbessern oder doch so zu gestalten, daß man existiren konnte, was früher nicht der Fall gewesen, war Holbein's schöne Aufgabe. Er führte in beiden Hoftheatern ein, daß der untergeordnetste Hilfsarbeiter, als: Coulissenschieber, Lampenanzünder u. s. w., täglich einen Gulden bezog. Das war für die armen Leute eine wahre Wohlthat, wurde aber auch gebührend anerkannt, denn Holbein ward von denselben vergöttert. Holbein war es auch, der den Bezug von Tantièmen einführte; er war es, der das jährliche Benefice für das untergeordnete Personale durchsetzte und die Statuten für den Pensionsfond entwarf, durchaus Handlungen, die seine Humanität in das schönste Licht stellten.

Daß er aber auch die Fähigkeiten für die tüchtige Inscenesetzung von Stücken besessen, davon lieferten wohl Weber's „Oberon" und der „Profet" den sprechendsten Beweis. Für erstere Oper hatte er den berühmtesten Maschinisten der deutschen Bühne, den Mahler Mühldorfer von Mannheim, nach Wien berufen, und was dieser Mann leistete, dafür geben heute noch die, wiewohl abgebrauchten und etwas vergilbten Decorationen zum „Oberon" das beste Zeugniß.

Holbein starb bald darauf, als er die Direction des Operntheaters an Cornet abgegeben und nur mehr als

Oeconom am Hofburgtheater in Activität war, allgemein betrauert und geliebt. — Er hinterließ eine Witwe, die ihn nur um etliche Jahre überlebte, dann ein paar Söhne, die Zierden der k. k. österreichischen Armee wurden. — Holbein's erste Frau gehörte der Bühne an, und war die berühmte Schauspielerin Renner, eine Soubrette par excellence.

Holbein's reellen, grundehrlichen und uneigennützigen Charakter kann nichts schärfer zeichnen als sein Verhalten nach Genehmigung der von ihm im k. k. Hofburgtheater eingeführten Dichter-Tantièmen. Von diesem Augenblicke an ließ Holbein keines seiner zahlreichen Stücke, und keine seiner dramatischen Bearbeitungen mehr aufführen, streng an seine Devise haltend: „Ehrlich währt am längsten," oder „Der gerade Weg ist der beste." — Sein unmittelbarer Nachfolger am Directionsruder, Dr. Heinrich Laube, ermangelt dagegen nicht, mindestens ein- bis zweimal im Jahre, an Adventsonntagen (notorisch die besten und einträglichsten Theatertage) seinen „Monaldeschi", „Graf Essex," „Carlsschüler" oder die Uebersetzung oder Bearbeitung eines seiner vielen Stücke, z. B. „Cato von Eisen," „Eine vornehme Ehe," u. s. w. aufzuführen, denn dieser Director hat anf seine Fahne geschrieben: „Hilf was helfen kann," oder „Klimpern gehört zum Handwerk."

VI.
Julius Cornet — Carl Eckert.

——

Einen grelleren Contrast konnte es nicht mehr geben, als jenen, den die nunmehr unmittelbar auf einander folgenden Directoren des Hofopernteaters bildeten. Auf Holbein, den geschniegelten Hofmann, Cornet der ungeschlachte, ungeleckte Tirolerbauer. Es schien als wollte der Himmel sagen: „Die Gesellschaft hat gottlos gesündigt, sie bedarf einer Züchtigung, geben wir ihr Cornet zum Director." — Das war ein verschlossener und verdrossener, ein gallichter Charakter, und wie alle Leberkranken sich und der Umgebung zur Last. In so krankhaftem Zustande bedurfte er stets eines Gegenstandes, dem er seine üble Laune fühlen ließ, und er hätte wahrscheinlich, würde ihm einmal dieser Gegenstand gefehlt haben, sich einen Spiegel vorgehalten und sich selbst ins Angesicht gespieen. Damit wollen wir andeuten, daß Cornet ob seiner pikanten Handlungsweise einigermaßen zu entschuldigen war.

Cornet, mit einer kräftigen Tenorstimme begabt,

widmete sich in frühester Jugend der Bühne und zählte schon unter die Zierden der Palffy'schen Oper im Theater an der Wien. Später wurde er selbstständiger Director des Hoftheaters in Braunschweig, dann mit einem Compagnon, Mühling, in Hamburg (im Stadttheater), wo seine Directionsführung gerade in die verhängnißvolle Zeit des Brandes dieser Stadt fiel. Im Jahre nach dieser Katastrofe machten die Directoren die besten und fettesten Einnahmen. So etwas konnte sich nur in der reichen Handelsstadt Hamburg ereignen.

In Hamburg noch waren Cornet's Cortez, Masaniello, Fra Diavolo, Georges Brown („weiße Frau") unerreichte Musterleistungen, wie denn überhaupt sein Talent ein für die Spieloper vorwiegendes war. Jedenfalls hatte sich Cornet, dessen Befähigung zum Opernleiter eine große war, bedeutende Kenntnisse erworben, wohin zuvörderst zählte, daß er jeden nur halbwegs hervorragenden Künstler kannte. Das war die Folge der vielen von ihm unternommenen Reisen.

Auch als Regisseur hatte er sich bedeutende Kenntnisse verschafft und er schien, was man auch immer gegen ihn einwenden mochte, für seinen Posten gewachsen. Cornet verdankt Wien das Engagement der Sänger Beck, Steger, Mayerhofer und Dr. Schmid, der Sängerinnen Titjens, La Grua und Marlow, der Tänzer Frappart und Price. Sein Meisterstück von einer Mise en scène hatte Cornet in Wien durch die Reproduction von Auber's „Stummen von Portici" geliefert, deren Arrangements

nach seiner Angabe noch heut zu Tage genauestens einge=
halten werden.

Cornet sann und grübelte immer, er hatte nicht
Rast noch Ruhe, und wo seine feine Spürnase das
Auftauchen eines jungen Talentes witterte, da war
er schnell hinterher, dasselbe kennen zu lernen. Er war so
zu sagen sein eigener Theateragent, und verwendete einen
großen Theil seines Lebens zu Reisen. Sein Charakter
war ein wenig ansprechender; verschlossen, mürrisch, wort=
karg, hatte er nur spärliche lichte Momente, wo er mit=
theilsam wurde; Freunde wußte er sich keine zu erringen.
Schweifwedelnd und den Servilismus auf die Spitze
treibend nach oben, war er wieder ganz Tyrann nach un=
ten, und hatte es Einer einmal mit ihm verdorben, so war
an ein Vergessen schwer zu denken. Cornet war von Nie=
manden geliebt, von Vielen gefürchtet, nach seinem Falle
von Wenigen betrauert.

Ein Ehrenbeleidigungsproceß, angestrengt durch die
k. k. Hofopernsängerin Frln. Louise Mayer, später verehe=
lichte Dustmann, in dem er in zwei Instanzen verurtheilt
wurde, war die Veranlassung, daß Cornet als Director
des k. k. Hoferntheaters abtreten mußte. Provocirt
wurde dieser Proceß durch einen rohen, pöbelhaften Aus=
druck, eine ganz unmotivirte Schmähung genannter
Künstlerin, welche dem Beleidiger noch obendrein von dem
Bräutigam der Gekränkten, Herrn Dustmann, eine
derbe Maulschelle zugezogen hatte. — So war der grobe
Mann wieder nur das Opfer einer Roheit geworden!

Die Wege der Vorsehung sind oft dunkel, aber — wunderbar!

In Wien trug sich Cornet zuerst mit der Idee, Offenbach's Bouffes Parisiennes im Hofopernlheater einzuführen, aber er drang mit seinem Antrag nicht durch. Wir zweifeln keinen Augenblick, daß sein Gedanke ein practischer und fruchtbarer gewesen wäre, denn von den Mitgliedern der Bouffes Parisiennes hätten die Wiener Sänger und Sängerinnen jedenfalls spielen lernen können.

Hier hat Cornet die ersten glücklichen Versuche zur Pflege der Spieloper gemacht. Wir erinnern dießfalls an die unter seinem Regime neu in Scene gehenden Opern: „Die weiße Frau," „Maurer und Schlosser," „Der Zweikampf auf der Schreiberwiese bei Paris" und müssen versichern, daß das Hofopernlheater nach Duport noch keinen erfahreneren Director besessen hat, als Cornet mit all' seinen Marotten gewesen war.

Er hinterließ eine Witwe, die seit Jahren und noch gegenwärtig in Hamburg eine sehr renommirte Gesangsschule unterhält und Mitglieder für die Bühne ausbildet, dann zwei Töchter, von denen eine bei der Mutter in Hamburg lebt, während die jüngere, Adele, an den Beamten Herrn Passy in Wien verehelicht, gleichfalls eine ganz ausgezeichnete Sängerin geworden und gegenwärtig Professorin am Wiener Conservatorium ist.

Cornet besaß seit vielen Jahren ein Gütchen in seinem Heimatlande Tirol und zog von hier nach Berlin, wohin er durch Cerf eine Berufung wegen der techni-

schen und artistischen Leitung von dessen neuem Victoria=
theater erhielt; dort starb Cornet als Director, mit sich
und der Welt zerfallen, nachdem er etwa zwei Jahre vorher
dem Erblinden nahe gewesen. Er, der alte Galan, hatte die
Schwäche, sich sein Haupthaar und den Backenbart immer
pechschwarz färben zu lassen. Das Gift des angewandten
Färbemittels übte einmal die schädlichste und empfindlichste
Wirkung auf ihn, und seine Rettung erheischte die ganze
Kunst und sorgfältigste Pflege seines Augenarztes, des
Hrn. Dr. Gulz in Wien; auch dadurch schwächte Cornet
sein Augenlicht, daß er von Hamburg her die nicht mehr
abzulegende Gewohnheit des Rauchens besonders starker
Cigarren brachte.

Er hatte zum Nachfolger den Capellmeister und
Operncompositeur Carl Eckert, einen Künstler, der
sich dadurch einen Namen erworben, daß er länger als
ein Jahr der Begleiter der berühmten Henriette Sontag
(Gräfin Rossi) in Amerika gewesen und später der bevor=
zugte Verehrer der Sängerin Csillagh geworden. Eckert
konnte ein ganz tüchtiger Capellmeister sein — die phil=
harmonischen Concerte gaben Zeugniß davon — Theater=
director war er keiner, dazu fehlte ihm jedes Verständniß,
jede Selbstständigkeit; er leitete nicht, er ließ sich von
seinen falschen Freunden leiten, und war nur zu bald auf
Abwege gerathen, so daß er sich gedrungen fühlte, seine
Stelle niederzulegen, worauf er in Stuttgart ein Engage=
ment an Kücken's Seite als Capellmeister annahm.

Ein Beweis großer Eitelkeit war es, daß sich Eckert,

als er schon Theaterdirector war, vorbehielt, drei Opern zu dirigiren „Fidelio," „Tell" und „Die Stumme von Portici". An solchen Abenden verfehlte er nicht, geschniegelt, gebügelt und pomadifirt, in größter Eleganz den Tactierstab zu führen, wobei er sich nicht selten verleiten ließ, die Tempi allzu haftig zu nehmen. Zu seinen noblen Passionen gehörte die Jagd und er vergaß über das Jagen gar häufig die Directionsgeschäfte; so kam es, daß, während er dort mit Richard Lewy jagte, er hier die größten Böcke schoß. — Das Resultat konnte nicht lange ausbleiben.

Eckert verschwand, wie er gekommen war, einem Meteor gleich, und hatte zu seinem Nachfolger den Impresario und Compositeur Matteo Salvi, der sich noch gegenwärtig in seinem saueren Geschäfte als Director der Hofoper abmüht. Im neuen Opernhause am Opernring, welches prachtvoll zu werden verspricht, dafür aber auch Millionen kostet, wird er Gelegenheit haben zu zeigen, was er vermag, wenn es ihm gelingt, sich bis dahin in der sehr wandelbaren Gunst des Oberstkämmeramtes zu erhalten. Vor Kurzem erhielt Salvi das Decret als wirklicher artistischer Director des k. k. Hofoperntheaters, eine Stelle, die er bis dahin nur provisorisch inne hatte.

VII.

Das alte Leopoldstädter Theater, auch „Casperl-Theater" genannt.

Die Worte „das alte Leopoldstädter Theater sei eine Goldgrube" waren mehr als eitle Redensart, es lag ihnen in der That die volle Wahrheit zu Grunde, denn der Begründer und Erbauer dieses Theaters, Carl Marinelli, wurde daran zum reichen Mann und dankte diesem Unternehmen auch seine Erhebung in den Adelsstand.

Wer hätte das dem kleinen, niedrigen und unscheinbaren Hause in der Jägerzeile angesehen, und vollends erst, wenn man in dasselbe durch einen schmalen, niedrigen Gang eingetreten war. Welch' traurigen Anblick gewährte da das düstere, räumlich sehr beengte, unfreundliche und unsaubere Haus, das noch durch keinen Luster erhellt wurde, und dessen Schnürboden sich in einem solchen primitiven Zustande befand, daß die Decorationen nicht wie anderswo herabgelassen, sondern herabgerollt werden mußten — eine Manipulation, welche für die auf der Bühne

Beschäftigten nicht ohne Gefahr war, denn da hieß es behutsam sein, daß Einem nicht eine Decoration mit ihrem schweren Holzrahmen als Einsäumung an den Kopf flog. Dieser Vorgang war auch für die Decorationen von schädlichem Einfluß, welche sich viel schneller als jetzt abnützten; — doch was lag an dem Stückchen Leinwand, auf welchem eben keine Meisterwerke gemalt waren, denn die schmale und niedrige Bühne erheischte nur ganz kleine Decorationen, die, einmal unbrauchbar geworden, ohne große Kosten durch neue ersetzt werden konnten. Und wie wenig Aufwand brauchte dieses kleine Theaterchen für seine Ausschmückung? So viel wie gar keinen, denn was Luxus und Comfort war, davon wußte man in diesem Hause nichts.

Und dennoch hatte dieses unsaubere Theater seine goldene Epoche und ein Stammpublicum wie keine zweite Bühne Wiens. Da gab es Hunderte von wohlhabenden Bürgern, denen es zur süßen Gewohnheit geworden war, allabendlich ihr „Steindl" (so hieß man damals die Ein=Guldenzettel Wiener Währung' oder Anticipations=Scheine), welchen Preis zu jener Zeit ein Eintrittsbillet in's Parterre des Leopoldstädter Theaters hatte, auf die Steintafel des Cassiers hinzulegen, um, wenn auch nur für wenige Minuten in dem Hause der Freude Umschau zu halten, insoweit nämlich das Schauen bei der hier herrschenden beständigen Dunkelheit eine Möglichkeit war. Derlei Gewohnheits=Theaterbesucher füllten eben allein das Haus nicht, trugen jedoch der Casse das ganze

Jahr über recht respectable Summen ein, zumal dieselben auch durch und durch beharrliche Sommergäste waren.

Wagen wir einmal einen Gang in das Innere des Hauses, so werden wir, abweichend von dem Gebrauche in andern Theatern, die Ecksperrsitze im Parterre zum großen Theile von weiblichen Wesen besetzt finden, deren häufig dick mit Schminke belegte Wangen und frech herausfordernde Blicke jedem Besucher, der eben nicht zu den Blöden zählte, die Ueberzeugung aufdringen mußten, diese lebendige Garnirung der Bänke bestehe ausschließlich aus „gefälligen" Damen. In dieser Beziehung hatte das in dem Hause herrschende Chiar' oscuro auch seine volle Berechtigung. Dieses Theater brauchte eben eine solche und keine andere Beleuchtung. Wie hätte auch die stets lauernde Polizei ein Treiben übersehen sollen, ohne dem Publicum gerade Aergerniß zu geben, wenn sich im hellerleuchteten Hause die Ecksitze periodisch leerten und nachher wieder füllten, jenachdem ihre Besitzerinnen in „Geschäftsangelegenheiten" das Theater zeitweilig verlassen mußten, um es später wieder zu besuchen. Es gibt Dinge, die eben kein helles Licht vertragen, und ein solches Ding war das Parterre des alten Leopoldstädter Theaters bis in die Zwanzigerjahre mit seinen Besuchern und stereotypen Besucherinnen.

Doch jetzt haben wir als gewissenhafter Chronist lange genug von der Schale des berühmten alten Leopoldstädter Theaters gesprochen, daß es uns schon vergönnt sein mag, auch des überwiegend besseren Theiles, des Kerns, zu gedenken, der da frisch und saftig war, daß es eine Lust gewährte, davon zu genießen. Das alte Leopoldstädter Theater war die Wiege der echten Wiener Posse, dann der Pantomime. Für erstere schrieben Perinet, Bäuerle, Meisl und Gleich, die drei Letzteren damals noch in der Vollkraft des Schaffungs=vermögens stehend. Die darstellenden Kräfte für die Posse waren echte Elite=Truppen, die ein Ensemble bildeten, das nirgends wieder in gleicher Vollkommenheit angetroffen wurde. Wir brauchen hier nur die Namen Johanna Huber, Therese Krones, Katharina Ennöckl, später ver=ehelichte Bäuerle, Antoinette Jäger, später verehelichte Schick, Ignaz Schuster, Raimund, Korntheuer, Landner, Tomaselli und Fermier zu nennen, fast durch=weg lauter lustige und fidele „Wiener Früchteln", die das große Geheimniß verstanden haben, ihren rosigen Humor gleichwie durch eine galvanische Batterie auf ihre Zuhö=rer einströmen zu lassen, um der vollen Zustimmung älte=rer Theaterbesucher sicher zu sein. Mit solchen Kräf=ten ließ sich schon etwas bilden, und ihnen gelang es auch, dem kleinen unansehnlichen Leopoldstädter Theater eine europäische Berühmtheit zu verschaf=fen, so, daß kein Fremder Wien besuchen zu dürfen glaubte, ohne wenigstens einmal dort eingesprochen zu haben; und wer einmal dort war, der kam gewiß öfter wieder. Für das zweite dort gehegte und gepflegte Genre.

die Pantomime, wirkten in erster Reihe Frau Rainoldi, ein schönes Weib, eine glutäugige, mollete Columbine; ihr Gatte Paolo Rainoldi, ein ingeniöser Balletmeister, und, trotzdem er halb Invalide war, dennoch ein sehr rühriger, ausdrucksvoller Mimiker; der classische, urkomische, breitmäulige Schadetzky mit seinem Siebenmeilenschritte und seiner prägnanten Mimik; endlich der quecksilberne Brinke, dieser arme, so derb durchgeprügelte Chevalier, von dem es uns wundern muß, wie der alte Mann, heute schon ein hoher Achtziger und Pfründner der Gemeinde Wien, noch ein Glied rühren kann.

Das Wiener Publicum hatte aber auch für die ihm in's Herz gewachsene „alte Garde" des Leopoldstädter Theaters eine so große Vorliebe gefaßt, daß viele Mitglieder nicht nur geduldet wurden, sondern noch zu den Lieblingen zählten, die kaum eine Berechtigung für's Komödienspielen hatten und anderswo unmöglich gewesen wären. Hier sei beispielsweise des gar grimmigen Tyrannen Stephanie erwähnt, der vergilbten runzeligen Schack, des steifen Liebhabers Schaffer, *) des uralten, zahnlosen Pantalons Einweg, der den schleppenden Gang dieser italienischen Charaktermaske auch außerhalb der Bühne bei-

---

*) Die Juden nannten Schaffer den schärfsten Spieler, und die Verehrung derselben für den „scharfen Spieler" mag nachfolgende wahrheitsgetreue Aeußerung bestätigen: „Gott's Wunder! Hast'n gsehen sitzen neben dem Raimund? Is er gsessen beim Raimund zur Rechten, hat er geraucht eine feine Cigarre; es haßt immer der Raimund schraibt die Stück. Bai! der Raimund schraibt se, aber der Schaffer dictirt se."

behielt, des alten Gaché, Papa Sartory's (Senior dieser Bühne), der Zeit seines Lebens unverständlich blieb, der Gebrüder Anton und Joseph Schuster und noch manch' Anderer, die Alle nur existiren konnten, weil sie altgewohnte Mitglieder dieses Lieblingstheaters waren.

Durfte es doch Raimund nicht wagen sich des trockenen Liebhabers Schaffer eher zu entledigen, als bis sein Zauberspiel „Die gefesselte Phantasie" einmal dringend die Acquisition einer frischen, jugendlichen Kraft erheischte, und Raimund's Wahl dießfalls auf den jungen, talentvollen Grutsch, Sohn eines Tapeziers von der Wieden, fiel, der die Studien mit dem Dienste Thalia's verwechselte, um nach ein paar Jahren wieder den Dienst der Musen mit dem weit prosaischeren, aber behäbigeren Leben eines Landwirthes und Bürgermeisters in der Brühl zu vertauschen.

Auf Mitglieder von dem Range und der Bedeutung der Genannten paßt genau der Refrain zu den sehr beliebt gewesenen Coupletsstrophen, welche Carl Treumann in Elmar's Posse „Des Teufels Brautfahrt" als Belial sang, und der da hieß:

„Ja damals, da war's für den Teufel noch gut!" Diese Zeiten sind wohl für immer dahin!

Der Flor oder das goldene Zeitalter des alten Leopoldstädter Theaters währte bis in die Epoche, wo Raimund seine poetischen Schöpfungen „Mädchen aus der Feenwelt" und „Alpenkönig und Menschenfeind" dieser Bühne übergab, welche deren Casse viele Tausende eintrugen. Für Raimund'sche Stücke wurde auch auf die Costumes und Decorationen etwas verwendet, eine Rücksicht, welche man bis dahin dort nicht gekannt hatte.

Von dem Momente an, wo der Warschauer Banquier Peter Ritter von Steinkeller, ein aufgeblasener Geldsack, der weder von dem Theater noch von der Behandlung der Künstler etwas verstanden, diese Bühne käuflich an sich gebracht hatte, war ihr Stern verblichen: Korntheuer hatte der Tod hinweggerafft, Raimund und die Krones wußte Steinkeller's barsches, dünkelhaftes Wesen dem Institute, dessen Zierde sie gewesen, zu entfremden. Unter solchen Verhältnissen war es kein Wunder, daß die Sache den Krebsgang ging, und das Leopoldstädter Theater bald um seinen letzten Nimbus gebracht war.

In der Uebergangsperiode wußten sich noch die Komiker Lang, Hausmann und Skutta, die Localsängerin Rohrbeck, der sehr verwendbare Brabbée, Frau von Ribics, geborne Schreiber, dann im Lustspiele Quant und die Peroni, in der Pantomime aber der, mittlerweile auch schon seit ein paar Jahren beim Hoftheater zu München in den Pensionsstand getretene Pantomimenmeister und Darsteller des Harlequins, Johann Fenzl, zur Bedeutung zu erheben; das alte Leopoldstädter Theater hatte aber seine eigenthümliche Position im Wiener Volksleben verloren. Lassen wir darum den Vorhang fallen und schließen wir das Capitel über das alte Leopoldstädter Theater, das aufgehört hatte zu sein.

VIII.
Director Carl Carl (Carl von Bernbrunn) als Pächter des Theaters an der Wien.

Im Sommer des Jahres 1825 kam von Passau herab ein Schifflein mit der weißblauen baierischen Flagge geschmückt gefahren, das ein lustig Völklein aufgenommen hatte, welches dem echten baierischen Bier gar wacker zusetzte. An der Spitze dieses modernen Argonautenzuges stand damals der pensionirte königl. baierische Hofschauspieler und Director Carl Carl, dessen Wahlspruch wohl lautete: „Audaces fortuna juvat" (das Glück ist dem Muthigen hold), denn ein Wagniß war es, in einem in Verfall gerathenen Theater, welches das Wiener Publicum schier vergessen zu haben schien, mit einer Gesellschaft, welche sich nicht einmal annäherungsweise mit der früheren messen konnte, mit einer dürftigen Bibliothek, und vor Allem mit fast leeren Taschen nach Wien zu kommen, und sich in einem verschollenen Hause, auf Ruinen möchten wir sagen, ein neues Theater zu errichten.

Aber die Verhältnisse erforderten eben einen Mann

wie Carl, der Alles wagen konnte, weil er eigentlich
Nichts mehr zu verlieren hatte. Auch war es ja vorerst nur
ein Gastspiel, zu dem er seine Gesellschaft vom zweiten
Theater in München, dem Isarthortheater, nach Wien
brachte; schlug das Unternehmen fehl, stand ihm wieder
der Rückzug offen, und dem Director und seiner Gattin
waren noch immer die vom Könige Max von Baiern be-
willigten Pensionen geblieben, die sie vor eigentlicher Noth
schützen konnten.

Wer hätte gedacht, daß dieser unternehmende Kopf,
der energischeste Theaterdirector, den wir je kennen gelernt
haben, nach beiläufig drei Decennien, als doppelter Millionär sterben sollte? wer hätte gedacht, daß der Mann,
welcher ursprünglich in Wien bei seinem Cassier Held auf
einem Kämmerlein wohnte, in der schönsten und vornehmsten Vorstadt Wiens, in der Leopoldstadt, ein nach seinem
Namen geheißenes Theater erbauen sollte? Und doch kam
es so.

Wollen wir uns die Gesellschaft etwas näher betrachten, mit der Carl damals in der ungünstigsten Theaterzeit,
im Sommer, in Wien, mit einem dürftigen Repertoire sein
Glück versuchte. Es lohnt sich dieß schon der Mühe, denn
so eine Prüfung konnte Einen an Wunder glauben lassen, wenn dann die Ueberzeugung eintrat, daß das Unglaubliche geschehen, und daß Carl unter den gegebenen
Verhältnissen als Sieger hervorgetreten ist.

Da standen an der Spitze der Director mit seiner Gattin. Er war ein gewandter, durchaus routinirter Schauspie-

ler, eine quecksilberne Natur, die Beweglichkeit selbst, als Komiker stark auftragend immer outrirt, als Tänzer ob seiner Leichtigkeit und Grazie mit Recht bewundert, unermüdlich thätig, und jede seiner Rollen mit einem Fleiß studierend, der seiner Gesellschaft wirklich als Muster dienen konnte. Seiner Gesellschaft erster Komiker, war sein Staberl zugleich eine unvergleichliche originelle Caricatur. Zierde des vollkommen ungenügenden weiblichen Personales seiner Gesellschaft war seine Gattin Margaretha Carl, eine feingebildete, denkende Schauspielerin, die, stets maßvoll, auch ansprechen mußte. Nun noch der Held der Gesellschaft, Wilhelm Kunst, damals in kräftigster Jugend stehend, ein Muster von einem bildschönen Manne, mit einem Organ gleich kräftig als modulationsfähig, imposanter Gestalt, kurz mit Allem reich ausgestattet, dessen der Coulissenheld bedarf, um Glück zu machen. Hat ja doch Kunst's gewinnende Persönlichkeit die damals schon im reifen Alter stehende berühmte Sofie Schröder derart zu berücken gewußt, daß sie ihm am Altare ihre Hand reichte. Diese Ehe war keine glückliche, konnte keine glückliche sein und wurde auch bald wieder gelöst.

Carl, dessen Gattin und Kunst bildeten demnach eigentlich die Münchner Schauspielergesellschaft vom Isarthortheater, denn was sich um diese gruppirte, war kaum mittelgut. Da war für Väterrollen im Schauspiel der alte Haag, für die Posse der heisere Kohrs, als zweiter Held der unglückliche Theaterdichter der baumlange Cäsar Max Heigel, Leißring, als Liebhaber der unverwüstliche

Gämmerler, hoch gewachsen, eine ritterliche Figur, aber noch Anfänger. Gämmerler, der Einzige von der Carl'schen Gesellschaft, der noch in Wirksamkeit steht, ist bei Treumann engagirt, wo er vor zwei Jahren sein vierzigjähriges Künstlerjubiläum gefeiert hat. — Vom weiblichen Personal die Flerx, Carl's Schwägerin, die Schlotthauer, die damals schon alte Holzapfel, die Swoboda, welche bis vor Kurzem noch in kleineren Rollen in Wien beschäftiget war.

Man sieht auf den ersten Blick, daß das keine Gesellschaft war, berufen, in Wien ihr Glück zu machen, und doch, was hat Carl mit ihr geleistet? — Dazu begann er noch mit der damals schon uralten Ritterkomödie „Die Räuber auf Maria Culm", die jedoch Kunst's halber entschieden gefiel. Abällino und der Räuber Moor stempelten Kunst bald zum Liebling des Wiener Publicums. Die erste Posse, welche Carl aufführte, „Der junge Herr auf Reisen," gehörte seinem Münchner Repertoire an, und verrieth, welch' rührige komische Kraft in diesem Manne pulsirte. Unmittelbar darauf kam Staberl in der nach Bäuerle von Carl bearbeiteten Posse „Staberl's Reiseabenteuer", und der Sieg war entschieden.

Das Theater an der Wien war dem Publicum wieder in's Gedächtniß zurückgerufen worden; es wurde mit Vorliebe besucht, und rentirte vortrefflich, zumal der Gagenstand ein enorm kleiner war, denn bei Carl galt der Grundsatz, nur das Mitglied gut zu honoriren, wegen dem die Leute in's Theater gehen, die ganze andere Gesellschaft aber als Statisten zu betrachten, welche für das tägliche Brot arbeiten müssen. Die große Noth, in der er die Ueberreste der Palffy'schen Gesellschaft gefunden hatte, ließen ihn aus derselben für Billiges recrutiren, und so sehen wir durch rasch auseinanderfolgende Contractsabschlüsse Carl's Gesellschaft sich ganz anständig complettiren. Er übernahm von der Palffy'schen Gesellschaft die Schauspieler Rott und Mayerhofer und die Gottdank, für die Posse den alten Hasenhut und die Kneisel; engagirte bald darauf die Zeiner, Pann, sowie die HH. Artour, Lucas, Basson, Bechtold, Bosard, Detroit und Grabow, später Spielberger, Stahl, die Birch=Pfeiffer, — zugleich als Schauspielerin und Theaterdichterin, — die Brede (nachmals k. k. Hofschauspielerin), die HH. Schmidt, Fehringer und Hock (ein Held à la Kunst), Frau Fehringer, Frl. Weik; dann für die Posse und das Singspiel die HH. Seipelt, Jaskewitz, Greiner und Frl. Betti Bio, — Künstler, mit denen ein intelligenter Theaterdirector schon ein tüchtiges Ensemble herstellen konnte.

Große Anziehungskraft fanden schon damals im Schauspiele Lembert's „König Richard in Palästina" (für welches Stück sich Carl in München zwölf vollständige Rüstungen hatte anfertigen lassen, die das Auge blendeten), — Baron Püchler's „Ritter Floremund," — Duller's „Meister Pilgram, der Erbauer des Stefansthurms," — vor Allem aber „die Höhle Soncha", ein Stück, in dem das Theater zum ersten Male in zwei Etagen abgetheilt erschien, und das bei 50 Vorstellungen erlebte, — endlich Margaretha Carl's nach dem Französischen bearbeitetes Schauspiel „Das Inrenhaus von Dijon", das in allen Rollen vortrefflich gespielt wurde und worin der Bruder der Wiener Dejazet, — Therese Krones — Hr. Krones als stotternder Narrenwächter mit seinem Gelüste nach Champagner eine köstliche Charge lieferte, — und „Dreißig Jahre aus dem Leben eines Spielers," nach dem Französischen von Ribies, u. s. w.

Da begann auch Frau Birch-Pfeiffer zum Vortheile Carl's ihre Wirksamkeit als Bühnendichterin. An ihr erstes Stück, „Herma," verschwendete Carl die Ausstattung von zehn neuen Decorationen, was nicht hindern sollte, daß das Stück durchfiel; — einen eingreifenderen Erfolg hatte schon das zweite Werk der Birch-Pfeiffer „Das Schloß Greifenstein." Schnell aufeinander folgten nun „Pfefferrösel" mit Frl. Condorussi (wurde ein Cassastück), — „Hinko, der Freiknecht", mit einer, Kunst so zu sagen auf den Leib geschriebenen Rolle, — „Peter Szapary", — „Scheibentoni" (worin Gämmerler in der Titelpartie zugleich die wirksamste Rolle bekam, die er in seiner 42jährigen Thätigkeit in Wien spielte); durchaus Stücke, bei denen sich des Directors Casse ganz wohl befand. Auch brachte Carl einmal ein neues Stück von Raimund, „Moisasur's Zauberfluch," zur Aufführung.

Bisher hatte Carl vorwiegend mit Glück das Schauspiel cultivirt, das an dieser Bühne seit vielen Jahren am heimischesten war; ein ganz eigenthümliches Zusammentreffen von Umständen lenkte Carl's Blick auf die Posse. Scholz, der zuerst als Truffaldino in Goldoni's „Diener zweier Herren" auftrat, wurde vom Josephstädtertheater herüber berufen, und sein Klapperl in Meisl's Parodie „Die schwarze Fran" legte den Grundstein zu seiner spätern kolossalen Beliebtheit; — Nestroy (der bei seinem ersten Auftreten den Crescendo im „Gang in's Irrenhaus", dann den Sansquartier in „Sieben Mädchen in Uniform" spielte, welches Stück damals noch ohne die humoristische Vorlesung gegeben wurde, der dieser Angely'sche Schwank in Wien wohl hundert Aufführungen dankte), dieser Aristophanes der Wiener Posse von Lemberg, — Grois von Graz, — dann Nestroy's Vorsehung, die Sängerin Weiler von ebendaher, wurden kurz nach einander von Carl engagirt.

Von diesem Zeitpuncte datirte eine neue Aera für das Theater an der Wien, und Carl's Unternehmen sollte mit der Posse erst den goldenen Boden gewinnen. Nestroy, dessen erste in Wien gegebene Posse „Dreißig Jahre aus dem Leben eines Lumpen" schon viel Glück gemacht, dessen „Lumpacivagabundus" Carl gestattete, aus dem Erträgnisse desselben sich in Hietzing eine ganze Gasse netter Villen zu erbauen, lieferte Carl für ein Billiges bis zu „Unverhofft", mit welchem Stück Carl's Entreprise im Theater an der Wien unverhofft geschlossen wurde, beiläufig zwei Dutzend Stücke, die allein hinreichten, ihn zum reichen Mann zu machen, denn Nestroy'sche Stücke hatten bei ihrer ungeheuren Ertragsfähigkeit noch den großen Vortheil, daß deren Ausstattung stets so viel wie gar nichts kostete. „Affe und Bräutigam," für das Gastspiel Klischnigg's von Nestroy geschrieben, stand an der Spitze der einträglichsten Possen.

Einmal die Posse in Schwung gebracht, fanden sich auch productive Kräfte dafür. Friedrich Kaiser, damals noch ein Jüngling, heute der Verfasser von mehr als hundert Stücken, lieferte die Erstlinge seines Talentes an Carl, und sein erstes Stück, das er in Compagnie mit Thalhammer verfaßte, war die „Theaterwelt", der gar bald als kräftige Zug- und Cassastücke: „Wer wird Amtmann?" „Dienstbotenwirthschaft," „der Zigeuner in der Steinmetzwerkstätte" u. s. w. folgten. Auch Haffner, dessen „Marmorherz" allein schon seinen ausgesprochenen Beruf zum Localdichter verrieth, obwohl er als Preuße mit den hiesigen Localverhältnissen damals noch weniger vertraut war, schrieb viel, nur zu viel für Carl's Theater (sein erster Contract machte ihn verbindlich, Carl des Jahres zwölf Stücke zu liefern, eine wahre Robot, die nichts Bedeutendes fördern helfen konnte), — der schon damals alte Hopp lieferte Carl noch zugkräftige Possen, wie „Hutmacher und Strumpfwirker", „Doctor Faust's Hauskäppchen," „Elias Regenwurm," „Gut Waldegg" u. s. w., — der greise Meisl aber die „Othello-Parodie," mit einer kräftigen Titelrolle für Carl, dann den „Falschen Paganini" für Scholz, — Schickh die gelungene Posse: „Die Entführung vom Maskenball," — kurz, was nur schaffungsfähig war im Gebiete der Posse, lieferte seine Erzeugnisse an Carl, der für dieses Genre von Stücken die besten darstellenden Kräfte besaß; nur die Verfasser der Preisstücke ließen Carl beharrlich im Stiche, und veranlaßten mit ihren preisgekrönten Komödien geradezu einen Scandal.

Nachdem die Possenwirthschaft so einige Zeit florirt und selbst das Gastspiel der Therese Krones veranlaßt hatte, verfiel Carl, dessen reger Geist ihn immer nach Neuem drängte, auf den Gedanken, das Vaudeville zu pflegen, wofür er in Frau Brünning-Schuselka, in sich selbst, in den Herren Fröhlich und de Marchion ganz geschaffene Kräfte besaß. Auch dieser Wurf gelang. Während Carl im alten Leopoldstädter Theater Possen abspielen ließ, machten ihm „Chonchon", „die Tochter des Regiments" und eine große Anzahl durch Blum aus dem Französischen um ein paar Gulden übertragene Vaudevilles die vollsten Häuser. Wenn er später demungeachtet wieder zur Posse griff, geschah dieß, weil sich das französische Vaudeville auf deutschem Boden doch nur als eine exotische Pflanze behandeln ließ, während die Wiener Posse die alte Berechtigung für sich hatte.

Noch ein paar Jahre und Nestroy trat im Theater an der Wien wieder in den Vordergrund, bis jene Zeit heranrückte, wo das scharfe Auge Carl's plötzlich mit Blindheit behaftet wurde, und der überaus kluge listige Mann sich von einem unterschätzten Nebenbuhler, dem schlichten Director Pokorny überlistet, aus dem Sattel geworfen und aus seiner souveränen Stellung als Pächter und Director des Theaters an der Wien verdrängt sah, um dann auf das kleine Theaterchen angewiesen zu werden, das er vor ein paar Jahren um theures Geld (nur um Weniges billiger als später das große schöne Theater an der Wien mit Nebengebäuden an Mann gebracht wurde) sich erkauft hatte.

„Carl" wollte es nicht glauben, daß ihm der „Franz" (Pokorny) gefährlich werden sollte; er sah schon wie das Theater an der Wien, am 23. April 1845, unter den Hammer gebracht und, weil sich kein Kauflustiger finden wollte, ihm dann gegen noch billigeren Pacht von den Hruschowsky'schen Erben, den damaligen Eigenthümern dieser Realität, zugeschlagen werden würde. Er war bei der Versteigerung nicht erschienen, hatte es nicht einmal der Mühe werth gehalten, einen Vertreter zu schicken, da traf ihn die erschütternde Nachricht, Pokorny habe den Kauf des Theaters an der Wien um die Summe von 199.000 fl. abgeschlossen. Der bekannte Millionär und Theaterliebhaber, Baron Dietrich, Pokorny's Gönner und dem Director Carl längst spinnefeind, hatte als Deus ex machina bei diesem Kaufe die Hand im Spiele, und Dietrich'sches Geld war es, mit dem dieser Handel abgeschlossen wurde. Ein hämisches Geschick wollte, daß, wie wir schon angedeutet haben, dieser Kauf in eben dem Momente abgeschlossen wurde, als Carl im Theater an der Wien persönlich die Proben von der Nestroy'schen neuesten Posse: „Unverhofft" leitete. Jetzt hieß es für Carl das schöne Theater, die Wiege seines Glückes, räumen und es dem gehaßten Nebenbuhler überlassen.

Hier können wir einen kleinen Zug von Pokorny nicht unerwähnt lassen, der geeignet ist, die Gutmüthigkeit dieses Mannes gegenüber der Herzlosigkeit Carl's in das schönste Licht zu stellen. Laut Kaufcontract, abgeschlossen am 23. April 1845, war Pokorny zugleich von diesem Tage an Eigenthümer des Theaters an der Wien, und es war lediglich von seinem freien Willen abhängig, Carl noch von demselben Tage an sein Theater zu entziehen; er ließ diesen aber in Anbetracht, daß er eben ein neues Stück von Nestroy vorbereitet hatte, mit wahrhaft collegialer Großmuth in seinem Hause bis zum 1. Mai 1845 spielen. — Man weiß, wie Carl ihm später diese Großmuth gelohnt hatte, dadurch, daß er, unterstützt durch einige feile Journalisten, ein völliges Vernichtungssystem gegen Pokorny's Unternehmungen in's Leben rief und Summen daran wendete, Pokorny zu schaden, oder doch ihn nach Möglichkeit zu quälen.

Aber auch an diese Katastrophe knüpfte Carl noch einen echten Komödianten-Knalleffect, indem er gelegentlich der letzten Vorstellung am 30. April 1845, als beim Bau Beschäftigter, mit Kelle und Schurzfell erschien, und dem Publicum verkündete, daß er in schnellster Frist ein neues, das Carltheater in der Leopoldstadt an der Stelle des alten Casperltheaters aufführen werde.

Und er hielt Wort, denn ehe noch neun Monate vergangen waren, stand das Haus fix und fertig da, und wurde mit Nestroy's „Schlimmen Buben" und einem Stückchen von Benedix eröffnet; ein großes Haus, reich verziert, der großen Façade nach wahrhaft überladen und buntscheckig, statt einem den Musen gewidmeten Kunsttempel, eher einem großen steinernen Monumente eines Hanswurst's gleichend.

— 66. —

Nachdem wir Carl bis hieher an den Markstein seines Wirkens im Theater an der Wien geleitet haben, wollen wir versuchen, in einer Reihe kleiner Genrebildchen in anecdotischer Form durch einzelne Pinselstriche ein Bild dieses, selbst in seinen vielen schlechten Eigenschaften merkwürdigen Charakters zu entwerfen, und behalten uns vor, in einem späteren Capitel Carl's Thätigkeit als Theaterdirector bis zu seinem Tode zu skizziren, wenn der freundliche Leser nicht ermüdend, die Lust hat, uns zu folgen.

1. Das neudecorirte Theater.

Director Carl, der in Bezug auf sinnreiche Arrangements sehr ingeniös war, wollte einmal sein Theater an der Wien in einer Weise decoriren, daß dabei von einer Malerei gar nichts zu sehen sei, und in der That, er löste seine Aufgabe in überraschendster Weise und in kürzester Zeit. Das ganze Theater erschien in Tulle gehüllt, weiß und rosa, und dazu kam eine überreiche Illumination. Das Ganze sah allerliebst aus, wäre aber leider am ersten Abende der Schaustellung bald in Flammen aufgegangen, wo in dem überfüllten Hause ein unberechenbares Unglück hätte entstehen können.

Aus einer Gallerieloge, an jenem Abende von dem k. k. Hofzahnarzt Carabelli besetzt, fiel während der Vorstellung, wahrscheinlich durch Zugluft veranlaßt, der auf einer Logenbrüstung liegende Theaterzettel herab, fing, als er auf die Reihe brennender

Wachskerzen zu liegen kam, die sich längs der äußern Gallerie von einer Seite der Bühne bis zur andern zog, Feuer, und drohte schon im nächsten Moment die ganze leichte Bekleidungshülle der Gallerie in helle Flammen zu versetzen. Welche Gefahr für das arme Publicum!

Nun galt es rasches Handeln. Im Nu war Carabelli aufgestanden, langte mit seinem unendlich langen Arme über die Logenbrüstung, ergriff den brennenden Theaterzettel, und ließ ihn in das Parterre fallen, in jene Reihe, wo das männliche Publicum zu stehen pflegte, nachdem er dieses vorerst durch einen Ruf vor der feurigen Bescherung gewarnt hatte. Der Zettel fiel glücklich und war im Nu abgelöscht, das Feuer erstickt, jede Gefahr beseitigt. Carabelli sollte damals diese Heldenthat nicht lange überleben, aber seine rettende Hand hatte an jenem Abende gewiß ein großes Unglück verhindert.

Wie immer geschah es auch hier, daß, wenn die Kuh aus dem Stalle ist, wie man im Leben zu sagen pflegt, erst die Vorsicht beginnt. Die Polizeidirection Mariahilf, deren Ueberwachung das auf der Laimgrube gelegene Theater an der Wien unterstand, erließ Tags darauf den strengsten Befehl, es müßten während der ganzen Dauer der leichten Flordecorirung des Theaters an der Wien in den Logen die Theaterzettel gleich Bilderchen in Rahmen aufbewahrt werden, auf der Gallerie durfte aber Niemand einen Theaterzettel auf der Brüstung vor sich liegen lassen. — Das half denn auch.

2. Carl und Bosco.

In den ersten Jahren von Carl's Direction kam, von einem ungeheuren Rufe begleitet, der Turiner Zauberer Bartolomeo Bosco nach Wien und schloß mit Director Carl auf eine Serie von Vorstellungen bei erhöhten Preisen mit sehr hoher Honorirung ab. Taschenspielerkünste waren damals noch nicht so abgebraucht und alltäglich geworden wie jetzt, und Bosco konnte schöne Erfolge vorhersehen. Er gefiel auch in der That, obwohl die große Bühne seinen Productionen nicht sehr günstig war. So etwas stellt sich viel freundlicher in einem kleinen Raume, wie z. B. im Salon Hofzinser, heraus.

Nachdem Bosco zwei Vorstellungen im Theater an der Wien gegeben hatte, wußte Carl, der fürchtete, Bosco's Zugkraft werde bald schwinden, eine Unterbrechung herbeizuführen, und eines schönen Abends den betroffenen Bosco dadurch zu überraschen, daß er diesen in seinen Productionen in der Lieblingsmaske als Staberl imitirte. „Staberl als Physiker" hieß die über Hals und Kopf zusammengeschweißte Gelegenheitsposse, in der Carl Bosco's Kunststücke in überraschendster Weise nachahmte.

Carl selbst war ein geschmeidiges, vielseitiges Talent; unverdrossener Fleiß und Ausdauer wirkten auch hier überraschend, und was Carl an Geschicklichkeit fehlte, das ersetzte er hinreichend durch die Hardiesse in seinem Auftreten. Ein glänzender, von Silber strotzender Apparat half das Blendwerk noch steigern, kurz der Coup gelang. Meister Bosco war in Wien durch einen Dilettanten, einen Stümper, der in größter Eile unter Anleitung des schon damals renommirten Prestidigitateurs J. N. Hofzinser sich einige Kunststücke wie mit Dampfkraft einüben ließ, besiegt, und der berühmte Künstler für den Augenblick unmöglich geworden.

Was sollte Bosco machen? — Mit Carl einen Proceß führen? Dazu fühlte er wenig Lust.

Kurz darauf sollte auch Carl's Herrschaft als Zauberer gebrochen werden, denn es erschien der erst jüngst verstorbene anmuthige Sträußchenwerfer Ludwig Döbler, dessen überraschenden Productionen dem Josefstädter Theater eine Reihe fetter Einnahmen verschafften. Der blonde, damals noch schmächtige Döbler ging in der Concurrenz siegreich hervor, und legte mit diesen Debuts den Grundstein zu seiner nachmaligen Wohlhabenheit. Später ist Döbler Grundbesitzer und Bürgermeister geworden, und hat sich ein stattliches Bäuchlein erworben — blos durch Geschwindigkeit, nicht durch Zauberei.

Obenan, was manuelle Fertigkeit betrifft, steht aber heute noch Hofzinser, der zur Zeit des Schabernaks, welchen Carl dem Bosco gespielt hatte, noch bescheiden hinter den Coulissen wirkte, jetzt aber den Winter über in seinem höchst eleganten Salon das Publicum durch „Schwarzkünstlerei", sowie im Vereine mit seiner Gattin, Wilhelmine, durch „Hellseherei" zu amusiren versteht. Hofzinser, der als k. k. Beamter bald sein vierzigstes Dienstjahr zurückgelegt haben wird, tritt dann in den

Pensionsstand, um sich ausschließlich der Vervollkommnung seiner Kunst zu widmen.

3. Carl und Raimund.

Director Carl kannte in seiner abscheulichen Gierde, Geld zu verdienen, keinen Respect vor dem achtungsvollsten Genie. Er behandelte Alle gleich, waren für ihn doch Alle nur Mittel zum Zwecke.

Raimund's Talent als Theaterdichter im vollsten Maße anerkennend, benützte Carl einen Moment von Raimund's Verstimmung gegen die Direction des Leopoldstädter Theaters, diesen zu bewegen, ihm ein neues Stück zu überlassen. Raimund ging in die Falle und lieferte Carl das Stück: „Moisasurs Zauberfluch,“ ein höchst gediegenes poetisches Werk, mit vorwiegend ernster Tendenz und Carl spielte darin den alten Gluthahn mit wahrer Meisterschaft, zu des Dichters ganzer Zufriedenheit. Carl hatte die Dichtung Raimund's sehr anständig in Scene gesetzt, und meisterhaft besetzt, denn darin ließ sich Raimund auch nicht zur kleinsten Concession herbei. Es spielten außer Carl darin noch Kunst, Rott, Schmidt (jetzt k. k. Hofschauspieler), die Pann, Zeiner, Kneisel u. s. w. Erstere den Genius der Tugend darstellend, als sie sich bereits im siebenten Monate eines hoffnungsvollen Zustandes befand!!

Das Stück gefiel, machte auch leidlich gute Einnahmen, und wurde 19 Mal nach einander gegeben;

sage neunzehn Mal, dann aber auch nie wieder. Warum? Carl hatte den Gebrauch eingeführt, das Dichterhonorar bei jeder zwanzigsten Vorstellung zu wiederholen, und um diese Ausgabe zu ersparen, brach er mit den Wiederholungen von Raimund's Stück an der äußersten Grenze des Wiederkehrs des Dichterhonorars ab.

Was sollte Raimund, dieses poetische Gemüth, machen? Er sah ein, daß er es mit einem schmutzigen Speculanten zu thun hatte, dachte aber viel zu wenig materiell, als daß er auf diese ordinäre Handlungsweise ein besonderes Gewicht gelegt hätte. Freilich hielt er sich von jenem Zeitpuncte an stets hübsch ferne von dem abscheulichen Geldmenschen Carl.

4. Carl und Clement.

War Wolferl (Hasenhut) Carl's Primgeiger in der tollen Faschingsposse „Tanzmeister Pauzl", so war Franz Clement sein wirklicher Primgeiger im Orchester; ein genialer Künstler, ein Sonderling, der sich leicht hätte Reichthümer erwerben können, während er so fast kümmerlich zu Grunde ging. Clement zählte zu den besten Geigern und war namentlich ein unnachahmlicher Improvisator. Er begleitete die Catalani auf ihren Kunstreisen, und erfreute sich auch zur Congreßzeit der vollsten Gunst des Kaisers Alexander, der ihm ein paarmal nach einander werthvolle Amati's zum Geschenke machte, die aber von Clement gar bald wieder an irgend einen Instrumentenmacher um schnödes Geld verschachert wurden.

Wir sehen noch die kleine gedrungene Gestalt Clement's vor uns, den Hals eingezogen, als müßte er mit dem Kinn die Violine halten, im Sommer und Winter angethan mit einem leichten Röcklein (denn zu einem Winterrock oder Mantel hatte er es nie bringen können), das schon sehr fadenscheinig geworden, während sich am Kragen ein glänzender Fettstreifen gebildet hatte; ein verkommenes Talent in des Wortes eigenthümlichster Bedeutung, zugleich aber ein unübertroffener Meister im „Damenziehen".

Carl gab im Fasching etliche Bälle — gegen den Carnevalsschluß hin aber einen Kinderball, auf dem es splendid herging, denn er verstand es wie kein Zweiter den graziösen Wirth zu machen. Seine Appartements im Theater an der Wien, dieselben, welche früher Graf Palffy bewohnte, strahlten bei solchen Gelegenheiten in einem Lichtmeere und hinsichtlich der Bewirthung der Gäste wurde immer das Feinste geboten.

Dieser Umstand, wohl auch die Hoffnung auf eine Gratification oder die gnädige Gewährung eines kleinen Gagenvorschusses, wozu bei Clement immer der gelegene Augenblick da war, mochten diesen bewegen, dem Director für dessen Hausbälle seine Kunst als Violinspieler zu Gebot zu stellen. Mit jener übertriebenen Artigkeit, die Director Carl kennzeichnete — denn Artigkeit, dachte er, kostet ja nichts und steht oft gut — wurde Clement's Antrag angenommen, und jener präsentirte sich Abends statt im Orchester, in möglichst sauberer Weise herausstaffirt, in des Directors Wohnung, wo am Ballabende die ersten

Gäste sich schon ziemlich früh einfanden. Bei solchen Anlässen spielte Clement unverdrossen, ließ sich auch das ihm Gebotene vollauf schmecken; aber wie war er am nächsten Gagetage seinem Himmel entrückt, als ihm der Cassier Held mit der ernstesten Miene von der Welt bedeutete, er müsse Herrn Clement eben so viele Gagenabzüge machen, als jener Abende nicht im Orchester auf seinem Platze zugebracht hatte, ganz und gar davon absehend, daß Clement sich an diesen Abenden unentgeldlich in des Directors Wohnung als Ballmusikant abschwitzte.

Weiter ließ sich doch die gemeinste Schmutzerei nicht mehr treiben; das war schon, wie sich Scholz in der „schwarzen Frau" als Klapperl so bezeichnend ausdrückte, der „höhere Schebianismus" und man mußte auch der witzigen Thekla Kneisel, einer gebornen Demmer, einem Gliede aus der großen Künstlerfamilie Demmer — welche, wie später die Zöllner, gar häufig an Bühnen zu treffen waren, — beifällig zunicken, wenn sie nicht Anstand nahm, gleichsam um sich und die Gesellschaft an dem garstigen Unmenschen Carl zu rächen, diesen in einem ex tempore scharf zu geißeln.

Es war in „Staberl's Reiseabenteuer", wo Carl in der Scene des zweiten Actes als falscher Lord Harrison sich im Hause der Frau von Pfeil die Jause köstlich schmecken ließ, und auf die Frage, wie er den Kaffee liebe, mehr schwarz oder mehr weiß, antwortete: „Recht viel schwarz, aber dann auch recht viel weiß, und recht viele Kipfel dazu," und seinen Worten dadurch

Nachdruck gab, daß er sich alle Säcke mit Kipfeln vollstopfte; es war in dieser Scene, daß sich Carl in seiner Plauderhaftigkeit auch zu dem Begehren verleiten ließ: „Aber auch recht viel Haut" (das ist jene dicke Schichte, welche sich beim Sieden des Obers (Sahne) an der Oberfläche aufwirft und Vielen als eine Delicatesse gilt), als ihm die schnippische Kneisel, mit der er damals wahrscheinlich auf einem etwas vertraulichen Fuße lebte, angesichts eines sehr zahlreichen Publicums und kaiserlicher Prinzen die Antwort gab: „Mit einer Haut können wir nicht dienen, weil Sie uns diese über die Ohren ziehen!" — Mit einem schnell extemporirten „Sapperment!" wich Carl diesem Vorwurf aus, allein das Publicum wußte was es von der Sache zu halten habe und lohnte die glückliche Improvisatorin mit stürmischem Beifall, den Carl mit anhören mußte.

5. Doppelter Sinn eines Komödientitels.

Director Carl war vom Scheitel bis zur Zehe Komödiant, aber ein sehr talentbegabter, vielseitiger, gewandter Komödiant. Er schwang sich gar bald zum Liebling des Publicums empor, und diese Gunst sollte ihm verderblich werden, denn er übernahm sich, trug allzu grell auf und outrirte schließlich auf eine ekelhafte Weise. Er hatte für das Schauspiel eine gleich große Begabung wie für die Posse, doch zog es ihn zu dieser, die er dann in Wien mit Vorliebe pflegte, ernste Rollen nur so nebenher spielend.

Ganz besonderes Glück machte er mit seinen Staberliaden als: „Staberl als Freischütz," „Staberl in Floribus," „Staberl als Physiker," „Staberl's Verlegenheiten" („Diener zweier Herren"), vor Allem aber in der von ihm selbst bearbeiteten Posse: „Staberl's Reiseabenteuer in Frankfurt und München," ein Stück, das in Wien, trotz der Bekanntschaft des Sujets, weit über hundert Aufführungen erlebte. Aber Carl's Staberl war nicht der Wiener Bürger und Parapluiemacher, sein Staberl war ein Hanswurst, eine burleske Caricatur; den echten Wiener Spießbürger Staberl zeigte uns nur der unvergeßliche Charakterdarsteller Ignaz Schuster. Doch wie gesagt, mit dem Staberl hatte sich Carl zuerst in die Gunst der Wiener hineingearbeitet.

Aber das Glück sollte ihn schwindlich machen. Er vergaß im tollen Uebermuthe zuletzt die Schranken des Anständigen und behandelte in der Posse: „Tanzmeister Pauxl" seine Schauspieler in wahrhaft empörender Weise. So agil, graziös und geschmeidig er bis in sein hohes Alter als Tänzer war, so ungeschlacht, roh und rücksichtslos war er als Schauspieler, besonders da, wo er „sich gehen ließ". In der Tanzscene im „Tanzmeister Pauxl", worin er seine Mitglieder als weiße Sclaven behandeln zu dürfen glaubte, schleuderte er im tollen Uebermuthe einmal seine Tänzerin nach überstandener Tour mit solcher Heftigkeit von sich, daß sie sich nicht aufrecht erhalten konnte, sondern gegen die Rampe zu taumelte und zu Boden fiel; es fehlte wenig und er hätte sie in das Orchester geschleudert! —

Das war denn doch etwas zu stark: ein Schrei des Unwillens zog sich durch das Haus, und Carl, der schwer erblaßte, nie erröthete, wurde unter der dick aufgetragenen Schminke — bleich. Die Vorstellung nahm indeß ihren weiteren Verlauf, allein Carl betrat so bald nicht wieder die Bühne.

Aber wie die Katze das Mausen nicht lassen kann, ebenso konnte der alte Komödiant vom Gaukelspiele nicht lassen, und es handelte sich vorerst darum, wie er sich wieder als Schauspieler einschmuggeln könnte; und das mußte er, denn bei ihm war durch das längere Pausiren als Schauspieler das Mitglied mit dem Director in Conflict gerathen. Carl war so sehr Geschäftsmann, daß er sich selbst honorirte, wenn wir nicht irren mit der Gage jährlicher 3000 fl., die er sich monatlich auf seinem Gagebogen durch seinen Cassier Held auszahlen ließ, und die so zu sagen sein Recreationsgeld bildeten.

Nestroy genoß damals schon eine ungeheure Beliebtheit; seine Stücke beherrschten das Repertoir, und ein neues Stück von Nestroy galt für die Theaterfreunde Wiens als ein Ereigniß. Bald war Carl mit sich einig, sich bei einer solchen Gelegenheit wieder als Schauspieler beim Wiener Publicum einschwärzen zu lassen. Schalk Nestroy bot willig die Hand, und Paul de Kock's Roman: „Die Geheimnisse des weißen Hauses" wurde von Nestroy zur Posse umgewandelt, und unter dem anzüglichen Titel: „Glück, Mißbrauch und Rückkehr, oder die Geheimnisse des grauen Hauses" aufgeführt, worin Carl nach langer Zurückgezogenheit wieder spielte. Jedes Wort in diesem Komödientitel hatte da seine doppelte Bedeutung. Carl hatte in der That Glück, er machte davon den ausgedehntesten Mißbrauch, und erschlich sich später seine Rückkehr als reuiger Sünder! Aber das Wiener Publicum war ja immer wegen seiner Gutmüthigkeit bekannt; auch dießmal ließ es Gnade für Recht ergehen, nahm Carl wohlwollend auf, der von nun an auch wieder Komödien spielte bis an sein seliges Ende, und zwar um so mehr, je näher er jenem rückte.

Beweise dafür waren jene Reden, die der bereits zum Kinde gewordene alte Mann noch zeitweilig bei Proben seiner Gesellschaft hielt. Seine Kraft war gebrochen, er hatte sich überlebt, und nur in dem Momente, wo ihn in Ischl, wohin er sich seiner Erholung halber begeben hatte, das zweite Mal der Schlagfluß rührte, kämpfte er noch gegen die schon eintretende Apathie der Glieder. Er wollte die Katastrophe durch festen Willen verhindern; umsonst, es war zu spät, der Sand seiner Uhr war abgelaufen.

Er starb mit Hinterlassung von nahezu zwei Millionen (die er sich in Wien im Laufe von fast drei Decennien erworben hatte) und einigen Dutzend Kindern, für die er alle sorgte. Aber auf diesem Gelde, das er so zu sagen auf Kosten seiner von ihm tyrannisirten Gesellschaft sich erwuchert hatte, sollte der Fluch lasten; kurze Zeit nur und von all' seinen lachenden Erben hatte, die Schauspielerin Wagner ausgenommen, Niemand mehr das Geringste, und, das

Schicksal wollte es so, seine natürlichen Kinder sollten die Ersten sein, die mit ihrer Erbschaft fertig geworden waren. Die Millionen waren weit schneller verronnen, als sie durch Carl mühselig zusammengebracht worden sind.

Carl hat in Wien ein neues Theater erbaut, das noch heute seinen Namen trägt, und sowie sein Erbauer in der äußeren Façade sehr viel des Hanswurstartigen an sich hat.

Er hinterließ eine Witwe, die vormalige Schauspielerin und Theaterdichterin Margaretha Carl, eine feingebildete Dame, die es verschmähte, um einen Scandal ferne zu halten, das Testament, welches ihrer äußerst spärlich gedachte, angreifen zu lassen, wozu, wie Rechtsfreunde ihr die Versicherung gegeben, die geeignetsten Anhaltspuncte vorhanden gewesen wären; sie starb vor etlichen Jahren.

Von allen Mitgliedern, deren Talente ihn reich werden ließen, gedachte das Testament Carl's nur des einzigen Scholz, nicht aber Nestroy's, dessen Possen für Carl eine Goldquelle wurden, dessen „Lumpacivagabundus" ihn allein ein Dutzend Häuser in dem nahen Hietzing erbauen ließ.

6. Der Komiker Wenzel Scholz als Blitzableiter Carl's gegen den Unmuth des Publicums.

In der Theatergeschichte Wiens ist kein Beispiel bekannt, daß ein Komiker sich einer so riesigen Beliebtheit beim Publicum erfreute, als dieß bei Wenzel Scholz der Fall gewesen war, dem dafür aber auch gestattet war, mit diesem Publicum zu machen, was er wollte. In dieser Beziehung kam unserm Scholz später Nestroy am nächsten, allein dieser hatte doch öfters, z. B. wenn er als Dichter verunglückte, an dem Publicum einen strengen Richter, während Scholz mit demselben aber auch nicht eine Minute lang auf gespanntem Fuße lebte. Daß das Publicum bei Scholz'schen Beneficen fast regelmäßig von diesem auf das Eis geführt wurde, gehörte mit zu den diesem Lieblinge gemachten Concessionen und hinderte seine Gönner nicht, bei nächster Gelegenheit wieder ihre Logen und Sperrsitze tüchtig zu überzahlen, um abermals tüchtig gesoppt zu werden.

Scholz durfte z. B. in der Posse „die Zauberrüthchen," von dem Schauspieler Frei, auf der Bühne ein Purgativ einnehmen, später die jämmerlichsten Grimassen, Schneiden simulirend, machen, dann aber plötzlich von der Bühne wegrennen, um endlich, sich sichtlich erleichtert fühlend den Leib wieder zu zeigen, und sicher sein, mit dieser Episode sein Publicum köstlich zu amüsiren.

In Nestroy's „Glück, Mißbrauch und Rückkehr" wird dem neuen Gutsherrn gehuldigt; es werden ihm im feierlichen Aufzuge die Schlüssel des Schlosses übergeben, die auf einem weißen, etwas beschmutzten Kissen liegen. Scholz, der den Bedienten Rochus gibt, tritt hinzu, berührt den Flecken, fährt mit der Hand zur Nase, und diese rümpfend, wendet er sich alsbald zu seiner Herrschaft, diese im liebreichsten, herzlichsten Tone um Verzeihung für den Frevel bittend, mit dem Beifügen, der Mann, welcher den festlichen Empfang arrangirte, habe kleine Kinder! Abermals unermeßliches Lachen im Publicum.

Der erste Act der Nestroy'schen Posse: „Zu ebener Erde und im ersten Stock" schließt damit, daß Scholz als Damian Stutzl sich zu Bette legt, aber keine Ruhe finden kann, da er offenbar von bösem Ungeziefer gepeinigt wird, auf das er auch Jagd macht, und einige seiner Peiniger zur größten Belustigung des Publicums mit handgreiflichen Gesten abtödtet. Der Vorhang muß wieder in die Höhe, und der abermals in seiner Ruhe gestörte Komiker mault mit sichtbarem Verdruße: „Aber hat man denn heute gar keine Ruhe mehr!" Das Resultat war, daß er nun vollends aus dem Bette springen und sich für den gespendeten Beifall durch wiederholtes Verbeugen bedanken mußte. Auf ähnliche Weise sein Publicum zu ergötzen hätten wir keinem andern Komiker rathen wollen. — Scholz durfte es ungescheut wagen, daher denn auch die Direction in ihren Nöthen, wenn beim Publicum gar nichts mehr verfangen wollte, zu Scholz als dem letzten Rettungsmittel griff.

Es gehörte zu den nicht seltenen Ereignissen, daß neue Stücke im Theater an der Wien schmählich durchfielen, worüber sich auch Niemand verwunderte, da man wußte, daß Carl für ein den ganzen Abend ausfüllendes Stück das Honorar von 20 fl., sage zwanzig Gulden zahlte! Wenn es bei der Darstellung eines so jämmerlichen Productes sehr lärmend im Publicum zuging, und die Rufe nach dem Director Carl: „Abbitte leisten!" im-

mer deutlicher vernehmlich wurden; wenn der Regisseur nicht mehr angehört wurde, der Director sich nicht zu zeigen wagte; wenn Nestroy oder ein anderer Künstler es versuchten, das Publicum zu besänftigen, aber unter Zischen und Pfeifen wieder zurückgetrieben wurden; wenn der Unmuth des Publicums schon so weit gestiegen war, daß man ein Zertrümmern der Bänke fürchtete, auf welche schon mit Stöcken auf das Heftigste geschlagen wurde; wenn, wie gesagt, gar kein Ausweg mehr übrig geblieben: da hieß es: „Wenzel, vorwärts!" und man schob unsern Scholz auf die Bühne, der mit der größten Jammermiene erschien, eine bittersüße Frazze schnitt, ein paar Worte, einen echten Galimathias, hervorstotterte — und siehe da, es klärte sich die düstere Stimmung wieder auf, das Publicum vergaß jede Unbill; Scholz hatte es bezwungen. Man lachte wieder und verließ heiteren Sinnes ein Haus, in welchem der Director am folgenden Abend vielleicht wieder dasselbe Stück aufführen ließ.
— So etwas ist bei Carl factisch wiederholt vorgekommen.

7. Director Carl und seine Contracte.

Nicht umsonst sagt das Sprichwort: „Böse Beispiele verderben gute Sitten," denn es ist eine unbestrittene Wahrheit, daß das Schlechte immer eher Anhänger und Nachahmer finden soll, als das Gute. Eine der barbarischesten Erfindungen des egoistischen, nur seine Interessen im Auge habenden Directors Carl waren dessen grausame, allen Menschenrechten Hohn sprechende Contracte, und, sollte man es glauben, es währte nicht lange und Directoren hier, in den Provinzen, ja sogar im Auslande nahmen sich mehr oder minder Carl's Contracte zum Muster, welche aus den Mitgliedern weiße Sclaven machten, und die nur Rechte für die Theaterdirection, dagegen nur Pflichten für die Mitglieder kannten.

So ein, man kann nicht sagen macchiavellistischer Contract — denn die Sache hatte nichts Verschleiertes, nichts Vieldeutiges an sich, es war Alles kurz, bündig, und (das lag klar zu Tage) herzlos daran — so ein Contract gab dem Director, wie Christus der Herr den Aposteln, die Macht zu binden und zu lösen, denn sein Cardinalpunct lag in dem Rechte, daß der Director dem Mitgliede sechswöchentlich künden konnte, während jenes sich auf weit längere, meist auf Jahresfristen sich erstreckende Kündigungstermine angewiesen sah. Auch blieb dem Director durch diese Contracte vollkommen freie Hand, jedes Mitglied, wie es ihm beliebte oder in seinen Kram paßte, mit Hinterlassung der Gage zu beurlauben, ein Manöver, das sich besonders in den Sommermonaten als sehr anwendbar erwiesen hatte, so wie sich der Director stets das Recht vorbehielt, in den minder rentablen Sommermonaten seine Bühne zu schließen und seine Mitglieder ohne Gage zu beurlauben, ein Recht, von dem er auch einige Male Gebrauch machte.

Allein den wundesten Fleck in den berüchtigten Carl'schen Contracten bildete ein Paragraph, der ganz und gar

6

originell, ganz eines Teufels würdig war, denn er gab dem Director freies Spiel, irgend ein Mitglied, auf deſſen Verderben es abgeſehen war, ganz zu vernichten. Dieſer Paragraph verbot jedem Mitgliede Carl's, achtzehn Monate nach Ablauf des Contractes mit Carl an irgend einem Theater Wiens ein Engagement anzunehmen.

Die Tragweite einer ſolchen Stipulation iſt leicht zu erkennen. Carl, der ſtets auf die Noth und Geldverlegenheiten der Theatermitglieder ſpeculirte, ſich wohl auch ein Uebriges auf die unbeſtreitbare Wahrheit einbildete, daß er ſeine Jammergagen immer auf das Pünctlichſte auszahlen ließ, drang auch mit dieſer tyranniſchen Maßregel durch; ſeine Contracte wurden unterſchrieben und angenommen, allein hier ſei uns geſtattet mit voller Genugthuung der Humanität unſerer Behörden zu erwähnen, welche mehr denn einmal, wenn über Einſchreiten von Mitgliedern gegen Einhaltung jener berüchtigten Contractsklauſel proteſtirt wurde, ungeachtet der verbrieften und beſiegelten Rechte des Directors Carl geſtatteten, von dieſem Schandparagraphe Umgang zu nehmen, und ſolchergeſtalt die Sclaven Carl's beſchützte und von ihrem Joche erlöſte.

Wer da weiß, mit welcher Strenge in Oeſterreich allezeit auf Achtung von zugeſtandenem Rechte gehalten wurde, der kann ſich einen Begriff von der Beſchaffenheit von Contracten machen, für deren Nichteinhaltung ſelbſt die Behörde zu entſcheiden wiederholt veranlaßt werden konnte.

8. Director Carl und die Corruption der Presse.

Ein schlauer Mann, wie Carl war, konnte ihm die Bedeutung der Presse für ein Theaterunternehmen nicht entgehen, und es mußte ihm zunächst darangelegen sein, sich mit der Presse auf einen freundlichen Fuß zu stellen, — und, war dieß geschehen, sie ihm unterthan zu machen, denn Carl war ein Feind von halben Maßregeln, und das Glück, das ihm so oft getreulich zur Seite gestanden, sollte auch hier seinem Treiben auf halbem Wege entgegenkommen.

Bäuerle und Saphir, welche damals als Redacteure und Eigenthümer der beiden verbreitetsten belletristischen Blätter Wiens, der „Theaterzeitung" (die „Theaterzeitung" war dazumal in ihrem Genre eine Macht) und des „Humoristen", fungirten, befanden sich bekanntlich in fortwährenden Geldverlegenheiten, litten nicht an einem zu „engen Gewissen", waren daher für Carl recht gut zugänglich. Und was die Großen, die Leithammel der belletristischen Journale Wiens, zu thun nicht Anstand nahmen, konnte man den Kleinern, die vom sogenannten täglichen Brot lebten, nicht zum Vorwurfe machen, wenn solche ein Aehnliches nicht ungeschehen sein ließen.

Saphir konnte seiner eigenthümlichen Natur nach nicht umhin, dann und wann Capriolen zu schlagen, sich gegen seinen Zwingherrn zu bäumen, aber Bäuerle war vollkommen ein treuer Diener seines Herrn, für die=

sen durch Dick und Dünn watend, stets bereit, sein Blatt dem zur Verfügung zu stellen, mit dem er sich dießfalls alliirt hatte. Die damaligen leidigen Preßverhältnisse, des Grafen Sedlnitzky's unheilvolle Wirthschaft verwiesen die Journale auf den Klatsch, erschwerten das Aufstreben edlerer Tendenzen und förderten so die, wir möchten sagen journalistische Prostitution Wiens. Zeugten ja hundert Beispiele dafür, daß ein ehrlich ausgesprochener Tadel an Personen, die in Sedlnitzky's Augen ein noli me tangere waren, und denen man keine schmollende Miene zeigen durfte, ungedruckt blieb. Auf solche Weise mußte ja der Boden gedüngt werden, um solche Früchte tragen zu helfen, nach denen eben Carl gelüstete.

Carl forderte aber von seinen Söldlingen Zweierlei: Erstens die Leistungen seiner Theater möglichst unverschämt herauszustreichen, und obenan der Persönlichkeit des Directors und dessen Favoritinnen Weihrauch zu streuen, dann aber auch Carl's stets gefährlichen Nebenbuhler, den Theaterdirector Pokorny, der Carl gegenüber die unverzeihliche Schwäche hatte, gute Einnahmen machen zu wollen, und solche auch wirklich machte, nach Möglichkeit zu tadeln, ihn und seine Directionsführung beim Publicum zu verdächtigen, herabzuziehen. Das waren damals Carl's Bestrebungen, zu deren Erreichung er einen Theil jenes Vermögens verwendete, das ihm das Publicum Wiens als Theaterdirector zu verdienen gegeben hatte. Schmähliches Handwerk!

Aber was Carl wollte, erreichte er auch hier, sogar noch ein bischen mehr, denn es währte nicht lange, und es hatten sich fast alle Journale Wiens beim Publicum um den Credit gebracht, und jenen Zustand herbeigeführt, wo ein pfiffiger Mann wie Carl im Trüben fischen konnte. Daß aber gerade solche Zustände für Carl's Treiben die passendsten waren, das brauchen wir nach dem Gesagten nicht erst des Breiteren zu erörtern.

IX.

Director Carl als Käufer des Leopoldstädter Theaters; Renovation dieser Bühne; das Interimstheater im Odeon; das neue Carltheater; Direction Carl, — Nestroy, — Brauer, — Lehmann, — Treumann.

Sowie Carl den Kauf des alten Leopoldstädter Theaters mit dessen total herabgekommenem letzten Eigenthümer, Hrn. von Marinelli, abgeschlossen hatte, war das Erste, was er begann, dieses sein Theater recht appetitlich herrichten zu lassen. Größer konnte er es freilich nicht machen, wohl aber freundlicher, einladender und zierlicher. Bei solchen Anlässen schwamm Carl in seinem Elemente, dazu hatte er Talent, Geschmack und in solchen Fällen zeigte er sich auch nicht wie sonst immer knauserisch. Und wirklich, in kürzester Zeit war aus dem düstern, unfreundlichen alten Theater das zierlichste, eleganteste, geschmackvollste Kunsttempelchen Wiens geworden, das denen, die es besuchen wollten, zuzuflüstern schien: „Tretet bei mir nur mit Glacéhandschuhen ein!"

Carl hatte sich für den Renaissancestyl entschieden und keine Kosten gescheut, es in diesem Style auf das Glänzendste auszuschmücken. Die Felder der Logenbrüstungen in der ersten Gallerie waren mit zierlichen Gemälden bedeckt, Scenen aus den beliebtesten Stücken des jüngsten Repertoires dieser Bühne darstellend; an den Pfeilern, an den Wänden sah man bausbackige Amouretten, vergoldete Genien u. s. w. Die feinsten, nach der Farbenwahl geschmackvollsten Tapeten bedeckten die Wände der übrigen Gallerien, und ein eleganter Luster setzte das Ganze in das schönste Licht. Zur Vervollständigung des freundlichen Bildes war ein ganz neuer Vorhang angeschafft worden, und die Eleganz, mit der Carl jetzt Lustspiele bei trefflichem Ensemble auf seiner Bühne aufführen ließ, das zierliche Meublement, die ausgesuchte Sauberkeit und Feinheit in Allem ließ dieses einladende Theaterchen Concurrenz mit den Hoftheatern machen.

Aber nicht blos die Schale, auch der Kern sollte ein besserer werden, und Acquisitionen, wie das Gattenpaar Heese von der aufgelösten Stöger'schen Gesellschaft im Josephstädter Theater, hiehergezogen, des Schauspielers Mittel, vor Allem aber des proteusartigen Künstlers Birkbaum, der, wenn er am Leben geblieben, einem Carl Treumann hätte gefährlich werden können, bewirkten, daß die Darstellung mit Geschmack gewählter Lustspiele einen sehr wohlthuenden Eindruck machte. Birkbaum's

Engagement gab auch den ersten Anlaß dazu, häufig kleine einactige Stücke in das Repertoire aufzunehmen, eine Neuerung, die später, als Levassor seine kleinen Drollerien producirte, eine vollständige Reform in den Vorstadtbühnen einführte, die Manier, den Abend mit 4, 5, oft auch 6 Piecen auszufüllen. Wie bei allem Neuen war man hier nach und nach ins Extreme verfallen, b daß Stücke, die einen ganzen Abend ausfüllten, in jüngster Zeit zu den Seltenheiten zählten. Die Alles nivellirende Zeit wird auch hier wieder wohlthätig einwirken. Birkbaum, der nicht lange bei Carl im Engagement blieb, reiste nach München ab, wo er nur zu bald als Opfer der Cholera fallen sollte.

In dem freundlichen Theater ließ Carl abwechselnd Vaudevilles und Possen, mitunter mit Scholz und Nestroy, aufführen, und begnügte sich damit, wenn diese Bühne, die er nur als Filiale des Theaters an der Wien betrachtete, die darangewandten Kosten eintrug; ein Ziel, das Carl bei seiner Umsicht, Thätigkeit und großen Oeconomie auch in der That erreichte. In Flor konnte er das Leopoldstädter Theater nicht bringen, so lange er es neben dem Theater an der Wien leitete, so unermüdlich thätig auch der dort angestellte Regisseur, der Komiker J. B. Lang, arbeitete, aber aus den Kosten kam er doch immer und ein bescheidener Gewinn fiel wohl auch noch ab.

So gestalteten sich die Verhältnisse im Leopoldstädter Theater, bis endlich der Verkauf des Theaters an der Wien an Pokorny mit einem Schlage eine totale Umgeſtaltung veraulaßte, und Carl's längſt gehegten Wunſch zur Erbauung eines neuen Theaters an den Stelle des alten, unanſehnlichen Hauſes ohne Verzug in den Vordergrund drängte. So unerhört ſchnell dieſer Theaterbau in Wien auch ausgeführt wurde (man hatte Aehnliches hier noch gar nicht erlebt, denn in dem Zeitraume von neun Monaten war ein altes Theater abgebrochen, ein neues, großes an deſſen Stelle aufgebaut, vollkommen eingerichtet und zum Komödienſpielen qualificirt worden), Carl deuchte das viel zu lang, die Unthätigkeit ſchien ihn zu verzehren, und er faßte den verzweifelten Entſchuß, für den wieder einberufenen Theil ſeiner Geſellſchaft in dem damals leerſtehenden rieſengroßen Odeonſaal in der Leopoldſtadt ein hölzernes Interimstheater aufzurichten, in welchem er und die Seinigen bis zum völligen Ausbau des Carl-Theaters zur wahren Profanation der Kunſt Vorſtellungen geben ſollten. Das war ſchon höhere Gaukelei, aber Carl ſagte mit Martin Luther: „Gott helfe mir, ich kann nicht anders!" und ſo wurde denn in einem Bretterhauſe unverdroſſen fortgeſpielt.

Das neue Carltheater

wurde am 10. November 1847 eröffnet. Daß dieſe Eröffnung wieder mit einem ſchlauen Kniff Carl's geſchehen ſollte, lag eben im Naturell dieſes Mannes. Carl hatte ſchon vor längerer Zeit von einer Dame, deren Namen wir nicht zu nennen brauchen, die deutſche Ueberſetzung eines Vaudevilles: „Le maitre d'école," das in Paris mehr als hundert Vorstellungen erlebt hatte, erhalten; Wochen vergingen, das Stück kam nicht zur Aufführung und erst nach wiederholten Anfragen der Uebersetzerin stellte man ihr dasselbe, als zur Darstellung nicht geeignet, zurück, hatte aber nicht versäumt, Nestroy inzwischen mit dem Sujet bekannt zu machen, und von diesem eine Bearbeitung desselben Stoffes erheischend. Wie schon oft hat sich Nestroy auch dazu herbeigelassen mit Beibehaltung eines großen Theiles der zurückgewiesenen Uebersetzung. Nestroy's vollständiges Eigenthum bleibt aber in den „schlimmen Buben" der sich selbst auf den Leib geschriebene Willibald, eine der köstlichsten Chargen dieses scharfzeichnenden Komikers, und unbezweifelt die Ursache von dem durchgreifenden Erfolge dieses Stückchens, das, wie der freundliche Leser sieht, auch seine „Geschichte hat". Als später, nachdem die „schlimmen Buben" schon ihr Glück gemacht, die dupirte Uebersetzerin, respective für's Carltheater Verfasserin fraglichen Stückes, in der Theaterkanzlei Hrn. Secretär Franz, diesem blinden Werkzeuge Carl's, Vorwürfe darüber gemacht hatte, weshalb man ihr Stück so lange zurückbehalten, nachdem man doch nie die Absicht gehabt habe, solches zu geben, was ihr den Verdacht einflöße, man fürchtete, sie könne dieses Stück in Wien bei einer andern Theaterdirection einreichen, ward ihr durch Franz ganz ungeschminkt die verblüffende Antwort: „Da haben Sie, meine geschätzte Dame, vollkommen die Wahrheit errathen." Ließ sich die Unverschämtheit weitertreiben?

Charakteristisch bleibt es immer, daß Carl nicht zurückscheute, mit einem solchen, gelinde bezeichnet, „Flibustierstreich" ein neues Theater einzuweihen, das, wie aus diesem einzigen Umstande erhellt, vollberechtigt war, das Carl=Theater genannt zu werden.

Ein anderer charakteristischer Zug gemeiner Schumtzerei war, daß Carl in den ersten Tagen, wo im neuen Theater gespielt wurde, seinen Cassieren nicht gestattete, selbst noch vor Beginn der Vorstellung, das Legegeld für eine gelöste Karte zurückzugeben. Der „arme" reiche Mann zitterte bei dem Gedanken, es könnte vielleicht Jemand Lust haben, sein neues Theater, das ihm doch so hoch zu stehen gekommen, umsonst sehen zu wollen. Daher jener strenge Ukas, daher aber auch ein gerechtes Schmollen des Publicums, welches alsobald Dieß und Jenes an dem neuen Theater auszustellen fand, zuvörderst dessen schlechte Acustik, und das sich den anfangs gebotenen Novitäten gegenüber als ein strenger Richter gerirte, so z. B. eine wenig gelungene „Martha" =Parodie auf das Entschiedenste zurückwies; auch der Besuch war ein spärlicher. Allein die Wiener hatten ihren Scholz und Nestroy viel zu gern, als daß sie länger im Ernst einem Theater hätten gram zu bleiben vermocht, auf welchem diese ihnen in's Herz gewachsenen Komiker=Matadore beschäftigt waren.

Aber Carl war klug genug, zu erwägen, daß ein

neues Theater auch neuer, frischer Kräfte bedarf, und so warf er sein Auge auf die Gebrüder Treumann. Ganz abgesehen von der tüchtigen komischen Kraft Carl Treumann's, der damals im Zenith seiner Beliebtheit stand, war er ja mit Rott eine der Säulen, welche die Posse des Theaters an der Wien hielten. Da waren also zwei Fliegen mit Einem Klaps zu erschlagen, und Carl schlug unbedenklich darein. Die Contracte der Gebrüder Carl und Franz Treumann im Theater an der Wien waren abgelaufen; Carl engagirte sofort beide: Carl Treumann als ersten Komiker neben Scholz, Nestroy und Grois, — Franz Treumann als erfahrenen, ungemein routinirten Regisseur und Theatersecretär, und kurz darauf den für die Posse so ersprießlichen Komiker Julius.

In diese Periode fallen Friedrich Kaiser's sehr gelungene Possen: „Verrechnet" und „die Frau Wirthin," Nestroy's „Kampl" u. s. w.; später nahm das Gastspiel der Tänzerin Pepita de Oliva und der Engländerin Lydia Tompson das Interesse des Publicums sehr in Anspruch, und Director Carl sollte in seinen alten Tagen noch die Freude erleben, sein neues Theater in den Schwung gebracht zu sehen.

Freilich zogen die Stürme des Jahres 1848 nicht vorbei, ohne dieses Theater gewaltsam zu erschüttern, aber selbst diese Drangperiode sollte nicht unfruchtbar vorübergehen. Aus Nestroy's gewagter Posse „Die Freiheit in Krähwinkel", worin sich dieser die Freiheit nahm, den früheren Premierminister Metternich in frappanter Maske

auf die Bühne zu bringen, der alte Scholz aber einen
Pater Liguorianer, — und Kaiser's, den damaligen Ver=
hältnissen ganz anpassender, neu in Scene gesetzter Posse
„Mönch und Soldat" wurden auch im Jahre 1848 noch
Cassastücke! Das Glück hatte sich alsbald wieder dauernd
diesem Unternehmen zugewendet und die dem Schre=
ckensjahre 1848 folgenden Jahre erwiesen sich für das=
selbe als sehr günstig.

So näherte sich allmälig unter glücklichen Verhält=
nissen des jungen Carl=Theaters der Zeitpunct, daß der
Eigenthümer desselben, Carl, von der Bühne und vom
Leben wirklich abberufen werden sollte. Dieß fiel in das
Jahr 1854. Schon früher von einem leichten Schlagan=
falle berührt, was für die Gesellschaft so wie für das Pu=
blicum ein Geheimniß bleiben sollte, wiederholte sich dieser
unheimliche Gast und Carl sollte bald ausgerungen
haben. Wir ersuchen hier das Wort „ausgerungen"
nicht für eine Metapher zu halten, denn wie wir in dieser
„Rückschau" schon einmal angedeutet haben, waren Carl's
letzte Momente in der That ein Ringen mit dem Tode,
freilich ein vergebliches.

„Le roi est mort — vive le roi!"

Die Gesellschaft schaarte sich in diesem Augenblicke
um ihren allgeliebten Collegen, den Komiker Nestroy.
Stellte sich Nestroy an die Spitze des Unternehmens,
schien dieses jedem Mitgliede gesichert; es brauchte keine
Stockung einzutreten, und obwohl der Tod des Directors
alle Contracte löste, fiel doch nicht ein einziges Mitglied

von der Fahne ab. Nestroy verließ die Seinigen nicht, und da die einschlägige Behörde gegen seine Direction nichts einzuwenden hatte, begann so zu sagen über Nacht (1. November 1854)

die Direction Nestroy's,

eines Mannes, der wohl den schärfsten Contrast zu seinem Vorgänger Carl bildete. Dort der größte Egoismus, der schmutzigste Geiz, hier die größte Humanität, eine an Leichtsinn grenzende Großmuth, ein offenes Herz, ein theilnehmender Sinn für Alle, die bei ihm im Engagement standen.

Das Publicum nahm diesen Directionswechsel mit Freuden auf, und bewies dieses dadurch wohl am besten, daß es eine von Nestroy's minder gelungenen Possen, die der neue Director gleich in den ersten Tagen seiner Geschäftsleitung neu in Scene gesetzt in's Repertoire aufnahm, mit Enthusiasmus begrüßte und durch überreichen Besuch lohnte. Das Wiener Publicum kannte jetzt nur mehr das Carl-Theater, und besuchte dasselbe mit solcher Vorliebe, daß bei älteren abgespielten Possen, wie: „Eulenspiegel," „Lumpacivagabundus," „Talisman," „Mädl aus der Vorstadt," „die beiden Nachtwandler," „Nagerl und Handschuh," dasselbe Abend für Abend überfüllt war. Recht viel dem Publicum zu bieten war Nestroy's Grundsatz, und er war verstimmt, wenn am Carl-Theater einmal eine Vorstellung vor zehn Uhr endete.

Bei solch' kräftiger Unterstützung konnte ein bald

eintretendes Ereigniß, der Tod des allbeliebten Scholz, leichter verschmerzt werden. Zu Nestroy glücklichsten Acquisitionen während der sechs Jahre seiner Directionsführung gehörten die Engagements des Komikers Knaack vom ständischen Theater in Prag, dann der für Operetten so schätzbaren Sängerinnen Anna Grobecker und Anna Marek.

In diese Periode, die man das goldene Zeitalter des Carl-Theaters nennen konnte, da kaum eines unter diesen sechs Jahren war, welches nicht dem Director einen Reingewinn von 30,000—40,000 fl. eintrug, fiel die Darstellung des „Theatralischen Unsinns," der „Tannhäuser"-Parodie, des „Flodoardo Buprahal," dann der kleinen, aber cassemachenden Piecen: „Ein gebildeter Hausknecht," „Die Rekrutirung in Krähwinkel," „Vorlesung bei der Hausmeisterin," und einmal, um der gefährlichen Nachbarschaft des Kunstreiters Renz ein Paroli zu bieten, das Gastspiel der kühnen Reiterin und Reiffspringerin Miß Ella (über deren eigentliches Geschlecht in den Journalen die widersprechendsten Angaben zu lesen waren), bis wieder ein ganz neues Genre auftauchte, das eine neue ergiebige Geldquelle für dieses Theater werden sollte, nämlich Offenbach's „Bouffes Parisiennes", wofür sich in Carl Treumann, Knaack, Nestroy, Grois, in den Damen Braunecker-Schäffer, Grobecker, Zöllner und Marek vorzügliche Repräsentanten vorfanden.

Noch unter Nestroy's Direction wurden Offenbach's „Hochzeit bei Laternenschein," „Mädchen von

Elisonzo," „Millionär und Schuster," „Die Zaubergeige,"
dann: „Der Ehemann vor der Thür" und „Orpheus" ge=
geben, und Carl's Erben, welche mit Verdruß sehen
mußten, daß Nestroy's Beliebtheit das Carl=Theater zu
einer nie geahnten Ertragsfähigkeit gebracht hatte (sie
wähnten, das Haus würfe das ab, was lediglich der Be=
liebtheit einer Persönlichkeit zuzuschreiben war), stei=
gerten nach Ablauf des Pachtcontractes diesen zu einer
Höhe, die Nestroy übertrieben schien, denn er ließ sich
diese Pachtsteigerung nicht gefallen und entsagte der Di=
rection.

Er lebte in Graz, wo er ein hübsches Haus besaß, sich in
den Ruhestand begebend, und nur den Winter noch durch
zwei Jahre einem Gastspiele in dem seither entstandenen
Treumann=Theater widmend, welches für den, nur mehr
als Volontair wirkenden Künstler sehr lucrativ wurde,
denn er bezog hier das höchste Honorar, das einem Ko=
miker in Wien noch bewilligt worden war, weshalb denn
auch für das Nestroy'sche Gastspiel die Preise erhöht
werden mußten, was dem Besuch nicht den geringsten
Eintrag machte. Einen dritten Winter konnte er nicht
mehr, wie er gewünscht hatte, und wonach sich das Wiener
Publicum sehnte, einem Wiener Gastspiele widmen, denn
auch aus ihm war in Graz durch einen Schlagfluß plötz=
lich ein „stiller Mann" geworden; — aber halb Wien
machte sich, wie vor etlichen Jahren bei Sch'olz, auf die
Beine, als Nestroy's Leiche zur Beerdigung hieher ge=
bracht wurde, der, ein echtes Wiener Kind, seinem letzten

Willen gemäß in Wien auf dem Währinger Friedhofe begraben zu werden wünschte, und in sarkastischer Weise die näheren Details dafür angab.

Mit 1. November 1860 begann im Carl-Theater die Entreprise

Gustav Brauer's,

eines recht ehrenhaften, Gutes anstrebenden Directors, der aber bei voller Unkenntniß der Wiener Verhältnisse, bei der Concurrenz Treumann und Renz, zwischen welchen beiden er bei exorbitantem Pachtschilling eingekeilt war, unmöglich lange aushalten konnte, und somit binnen weniger Monate ein Vermögen einbüßte, als er Jahre gebraucht hatte, sich dieses als Schauspieler und Director in Nürnberg zu erwerben.

Die Gesellschaft, welche Brauer damals mitbrachte, war für Schauspiel, Lustspiel, Singspiel und Posse eine complette und so vorzügliche, daß Brauer seine Entreprise, in der vollen Zuversicht, Tüchtiges leisten zu können, antreten durfte. Wir erinnern hier an die vom Burgtheater engagirten Frls. Schäfer und Gutperl, an Frau von Wassowitz, an den ersten Liebhaber und Helden Wilke, an den gediegenen Charakterdarsteller Simon, an den vielseitig, selbst als Komiker verwendbaren Holzstamm, an den Komiker Friese, jetzt ein beliebtes Mitglied des Theaters an der Wien, an das jugendlich frische Talent des originellen Götz, dem ein jäher Tod eine brillante Laufbahn abschneiden sollte, an den hier bewährten

Komiker Eduard Weiß, an den jungen Frank, jetzt erster Komiker der Prager Bühne, an Zimmermann, gegenwärtig der Liebling des Publicums im deutschen Theater zu Petersburg, an Junkermann, den höchst ergötzlichen Capellmeister von Venedig, dann an die Localsängerinnen Frls. Schiller und Goethe, die komische Herzog, vor Allem aber an das ganz frische Talent des Fräulein Kratz, jetzt im Hofburgtheater engagirt, diesem verführerischen Schmeichelkätzchen, das in der Operette: "Die verwandelte Katze" nicht geringes Aufsehen erregte. Das Miezchen des Fräulein Kratz hätte dem Director des Treumann-Theaters unbedingt ein halb hundert vollbesuchte Häuser verschafft; hier blieb es fast unbeachtet. Auch eine gute Tänzerin hatte Brauer in Fräulein Rathgeber, jetzt Mitglied des k. k. Hofopernthesters, mitgebracht.

Er hatte sich also vollständig zu seiner Unternehmung in Wien gerüstet, die dennoch nur zu bald scheiterte und scheitern mußte, weil der verdorbene Geschmack des Publicums durch eitle Possenkost, weil die ungeheure Beliebtheit der Treumann'schen Gesellschaft mit ihrem musterhaften Ensemble das Aufkommen eines andern, erst experimentirenden und schwankenden Directors durchaus nicht zuließen. Schon die Wahl des Eröffnungsstückes, Paul Heyse's "Elisabeth Charlotte", eines durchaus ernsten Werkes, war beim Publicum maßgebend, der neuen Direction seine Theilnahme zu entziehen, mochte die Aufführung eine noch so gelungene sein.

Zudem hatte Brauer hier entschiedenes Unglück; —

der Tod entriß ihm schnell nacheinander seine geliebte
Gattin und sein talentvollstes Mitglied Herrn Götz. Ueberein
Jahr hielt Brauer aus, immer sein Vermögen zusetzend,
was dieser Mann übrigens mit größter Seelenruhe that,
dann gerieth er in Gagenrückstände, wechselte stark mit
den Mitgliedern, ließ die beliebtesten: Frl. Kratz, dann die
HH. Holzstamm und Simon ausscheiden und setzte
endlich wie ein verzweifelnder Spieler Alles auf Eine Karte.
So kam das große Decorationsstück: „Um die Welt" zur
Welt, worin sich der geniale Lehmann selbst übertraf; es
erlebte viele Wiederholungen und trug viel Geld ein. Ein
zweiter ähnlicher Versuch scheiterte an dem totalen Unsinn
des Textes, und Brauer war genöthigt, das Vergleichs-
verfahren zu eröffnen, den weiteren Theaterpacht aufzugeben, und das Carl-Theater sollte abermals eine Wandlung, das

Directorium Moriz Lehmann,

erleben, die dritte also seit Carl's Tod. Lehmann hatten
offenbar falsche Freunde zu diesem Schritte geleitet, denn
das kleine geniale Männchen, welches so tüchtig mit dem
Farbenpinsel zu hantiren wußte, brachte nicht einmal die
nothdürftigsten Baarfonds mit, die ein solches Unternehmen erheischt, um wie viel weniger den dafür nothwendi-
gen Tact, die intellectuelle Befähigung. Fast scheint es
als hätten Paschagelüste Lehmann zur Uebernahme der
Direction gereizt, denn ein Serailchen allerliebster junger
Odaliskchen war wohl geschaffen, den kleinen Cyniker zu

den tollkühnsten Unternehmungen anzuregen. Er sollte seine Gelüste gar theuer bezahlen. Eine Schuldenlast von fast 80.000 Gulden zwang ihn zur Flucht, und sein Unternehmen, das außer dem Engagement der liebenswürdigen Vaudevillistin Vernolla, einer natürlichen Tochter weiland Director Carl's, nicht Einen glücklichen Wurf aufzuweisen hatte, war wie eine Seifenblase zerplatzt.

Mit Mühe konnte Eugenio Merelli am Carl-Theater seine italienische Oper mit der Patti abspielen (die Mitglieder sangen sogar an einem Abend zum Vortheile des schon bankerotten Pächters Lehmann), das so eben beginnende Gastspiel der Seebach-Niemann löste sich von selbst auf, und die Sperrung dieses Theaters, aus dem dessen Eigenthümer nie genug Pacht herausschlagen konnten, erfolgte ganz in das Ungewisse, ohne daß sich 'Jemand darüber wundern konnte; über Nacht ergriff Lehmann die Flucht, dann wieder in Riga den Pinsel, und hat nun Gelegenheit sich neue Luftschlösser zu malen, nachdem die letzten für ihn so unheilvoll entschwunden waren.

Der Brand des Quaitheaters lenkte Treumann's Auge auf das verlassene Carl-Theater; er pachtete solches und bezog es mit seiner completten Gesellschaft am 19. August 1863, heute sich noch darin an einem der rentablen Geschäfte erfreuend.

X.

Director Carl Carl.
(Biographische Skizze.)

——

Carl von Bernbrunn, mit dem Theaternamen Carl Carl, ist zu Krakau im Jahre 1789 geboren. Sein Vater war Privatier, seine Mutter, vom alten Adel herstammend, war eine geborne Baronin von Wetzlar, deren Bruder bis in die Vierzigerjahre hier lebend, schon darum eine in Wien sehr bekannte Persönlichkeit war, da er sich leidenschaftlich gerne auf den Türken hinausspielte, und hier auf offener Gasse ganz behaglich mit seinem rothen Feß am Kopfe, seiner langen Pfeife mit obligatem Bernstein-Mundstück und in seinen bequemen hellfarbenen, ledernen Pantoffeln spazieren ging.

Carl erhielt seine Erziehung hier in der k. k. Ingenieur-Akademie, aus welcher er als Fähnrich in ein österreichisches Jägerbataillon trat. Als solcher machte er 1809 den Feldzug gegen Frankreich mit. Eine nicht unintereſsante Episode aus Carl's militärischen Laufbahn ist, daß er, von dem commandirenden General als Galoppin verwendet, bei einem Ritt mit wichtigen Depeschen den Franzosen in die Hände fiel, und als Kriegsgefangener im Castell zu Mantua mit dem Tiroler Leonidas, dem tapferen Sandwirth Andreas Hofer, gleichzeitig gefangen gehalten wurde, und seinen Tod eben so sicher zu erwarten hatte, als jener Hofer wirklich ereilte, hätte nicht die Protection und Fürbitte der Fürstin Porzaga ihm Leben und Freiheit gerettet. Aus der Gefangenschaft befreit, trat Carl aus der k. k. Armee, ging nach Wien und wurde daselbst Schauspieler.

Seinen ersten theatralischen Versuch machte Carl im Theater in der Leopoldstadt als Heldenliebhaber in dem Schauspiele „Lanassa". Er spielte am Leopoldstädter Theater noch einige Zeit und reiste dann von da nach München, wo er im Weinmüller'schen Theater ein Engagement für zweite Liebhaber mit so kleiner Gage erhielt, daß er, um seine Existenz zu fristen, gezwungen war, sich nebenbei durch Copiren von Rollen und Stücken ein paar Gulden zu verdienen. Als später das Weinmüller'sche Theater, welches nur aus Holz gezimmert war, während eines Räuber-Spectakelstückes in Flammen aufging, übersiedelte die ganze Truppe in den Herzogengarten, wo Weinmüller mit königlicher Bewilligung in der großen Orangerie sein Theater aufschlug. Von dieser improvisirten Bühne trat Carl in das königliche Hoftheater und vermälte sich ein Jahr später mit der sehr talentvollen königlichen Hof-

Schauspielerin Frln. Margarethe Lang. Durch seine seltene Gabe im Erfinden effectvoller Scenirungen und interessanter Arrangements erwarb er sich in kurzer Zeit derart die Gunst des königlichen Hoftheater-Intendanten, Baron de la Motte, in so hohem Grade, daß er, obschon der jüngste Schauspieler am königlichen Hoftheater, zum wirklichen Regisseur ernannt wurde, nachdem er provisorisch diesen Posten schon durch einige Zeit ausgefüllt hatte. Ein paar Jahre darauf erhielt Carl das inzwischen neu erbaute zweite Theater am Isarthore mit einem Zuschuß von jährlichen 12.000 fl. als unmittelbarer Director.

In dieser Epoche legte Carl den Grundstein zu jenen zwei Millionen, die er nach seinem Tode hinterließ, und gleichzeitig vertauschte Carl auch die Blechrüstung, den Helm und das Schwert des Helden mit der Schellenkappe und der Holzpritsche des Jokus. Seinen ersten, sehr glücklichen Versuch als Komiker machte er als Herr von Springerl in Gleich's Posse: „Der Fleischhauer von Oedenburg," welchem bald alle Gattungen von Staberliaden folgten, womit er sich an der deutschen Bühne einen Namen machte, so daß er bald zu den Celebritäten in diesem Fache gezählt wurde.

Durch seine geschickte speculative Directionsführung und durch seine rastlose Thätigkeit wurde er in kurzer Zeit ein nur zu glücklicher Rivale des mittlerweile in die Leitung eines anderen Intendanten, des Herrn von Stich, übergegangenen ersten Hoftheaters der Residenz und man suchte Carl von seiner Directionsführung um jeden Preis zu verdrängen. Die Carl gespielten Intriguen bestanden darin, daß man seinen jährlichen Zuschuß von 12.000 fl. auf 6000 fl. herabzudrücken wußte; allein Carl blieb auf seinem Posten, und war nach wie vor der gefürchtete Nebenbuhler des ersten königlichen Hoftheaters. Endlich brachten es die Gegner Carl's dahin, daß diesem die jährliche Subvention für das Isarthortheater bis auf 3000 fl. herabgedrückt werden sollte.

Da erbat sich Carl eine Bedenkzeit und da er mittlerweile Kunde erhalten hatte, das Theater an der Wien in der Residenzstadt Wien liege in seinen letzten Zügen, erbat er sich vom König Max I., bei dem er in höchster Gunst stand, einen zweimonatlichen Urlaub für sich und seine ganze Gesellschaft, um in Wien Gastrollen zu geben. Bei diesem Gesuche wurden wieder seine Feinde seine eifrigsten Fürsprecher, indem es in ihren Kram paßte, den gefürchteten Carl los zu werden. Er erhielt den begehrten Urlaub und reiste mit seiner ganzen Gesellschaft nach Wien, daselbst am 19. August 1825 ein zweimonatliches Gastspiel im Theater an der Wien mit Cuno's „Räubern auf Maria Culm" eröffnend. Er setzte dieses Gastspiel mit so beispiellosem Glücke fort, daß er sich veranlaßt fühlte, um weitere dreimonatliche Verlängerung dieses Urlaubs einzukommen, die er auch erhielt. Inzwischen starb am 12. October 1825 König Max in München; zugleich drangen die Gläubiger des Grafen Palffy, des Eigenthümers des Theaters an der Wien, in Carl, diese Bühne für eine längere Reihe von Jahren in Pacht zu nehmen. Hiezu konnte sich Carl aus dem Grunde nicht allsogleich entschließen, weil ihn und seine Frau noch Verpflichtungen an das königliche Hoftheater in München banden. Er brach schnell sein Gastspiel ab, und kehrte mit seinen Mitgliedern nach München zurück, wo es zuvörderst wieder seine Feinde waren, die ihm die besten Dienste erwiesen, da Niemanden mehr als diesen an Carl's schleunigem Fortkommen aus München gelegen sein konnte. Er und seine Gattin wurden mit ganzem Gehalt pensionirt, und ihnen wurde, was unter Ludwig's Regierung noch keinem Baier bewilligt worden war, das Verzehren der Pension im Auslande gestattet.

Im August 1826 kam Carl zum zweiten Male nach Wien, und übernahm daselbst für längere Zeit den Pacht des Theaters an der Wien definitiv um den Pachtschilling jährlicher fl. 12.000. Im Jahre 1827 trat er mit Josephine von Scheidlin, einer gebornen Hensler, als Eigenthümerin des Josephstädter Theaters, in Compagnie und leitete beide Theater bis zum Verkauf des letzteren an Franz Pokorny. Dieses Compagnie-Geschäft spielte Carl den Komiker Scholz in die Hände, und im März 1831 gewann er Nestroy für sein Theater. Wenn es auch nicht zu läugnen ist, daß Carl den Wienern, während seines fast 30jährigen Wirkens als Vorstand mehrerer Bühnen Wiens, viele Genüsse bereitet, namentlich ihrer Schaulust vollkommen Genüge geleistet habe, so bleibt es doch unbestritten, daß er zur Bildung des Ge=

schmacks des Publicums nicht nur nichts beigetragen, daß er diesen sogar systematisch untergraben. Der Verfall des ernsteren Schauspiels ist wesentlich dem Gebaren Carl's zuzuschreiben. Auch verstand er es nicht, so elastischer Natur er übrigens gewesen, mit der Zeit Schritt zu halten, und hing am Alten, Abgenützten mit eiserner Beharrlichkeit, und der Zopf, den er als Staberl trug, hing ihm gewaltig auch im Leben nach hinten.

Im Jahre 1835 drängten die Hruschofsky'schen Gläubiger auf den Verkauf des Theaters an der Wien, weil Carl sich zu keinem höheren Pacht verstehen wollte, und das Theater wurde wirklich in drei Terminen öffentlich ausgeboten. Da sich aber an den drei Auctionstagen auch nicht Ein Käufer meldete, waren die Gläubiger gezwungen, den Pacht mit Carl zu erneuern, und von dem Pachtschilling jährlich noch 1000 fl. nachzulassen. Um Aehnlichem vorzubeugen, beschloß Carl das alte Theaterchen in der Leopoldstadt, das kleine, unansehnliche Häuschen, worin er seine theatralische Laufbahn begonnen, und für welches er vielleicht eben deshalb stets eine besondere Vorliebe bewahrte, zu kaufen, um im Nothfalle, wenn an der Wien wieder eine Gläubiger-Krisis einträte, doch ein eigenes Theater zu haben. Zur Durchführung dieses Planes bot sich im Jahre 1838 die schönste Gelegenheit, indem der Sohn des Erbauers dieses Hauses, der damalige Eigenthümer Herr von Marinelli, eben damals vollends zu Grunde gegangen war. Carl kaufte das alte Theaterchen um den Preis von 170.000 fl., leitete nun wieder zwei

Bühnen und er hat sich nie thätiger und umsichtiger bewiesen, als gerade zu jener Zeit.

Im Jahre 1845 drängten die Gläubiger des Theaters an der Wien neuerdings wieder auf den Verkauf dieses Hauses, wo Carl den ihm angebotenen Kauf desselben um die Summe von 145.000 fl. ausschlug, in der festen Ueberzeugung, daß sich abermals kein anderer Käufer finden werde. Aber dießmal täuschte sich Carl ganz gewaltig, denn schon am ersten Tage der Versteigerung erstand Pokorny dasselbe um 199.000 fl. — Carl, der gewohnt war, große, prachtvolle Bühnen zu leiten, war nun auf das kleine, unschöne Theater in der Leopoldstadt verwiesen.

Mit diesem unvermutheten Theaterkauf übte Baron Dietrich, dessen Fonds Pokorny zu dieser Action behilflich waren, eigentlich nur eine Repressalie für die schmähliche Weise aus, auf welche Baron Dietrich im Vereine mit dem Baron Schloissnigg, diese zwei Hauptgläubiger Marinelli's, im Jahre 1838 sich durch Carl im Momente des Kaufabschlusses des alten Leopoldstädter Theaters geprellt sahen. Das war der Steinadler, welcher dem kühnen Schützen Carl von den beiden reichen Baronen nicht geschenkt bleiben sollte.

Es war dieß die erste Schlappe, die er seinem notorischen Starrsinn und seiner vermeintlichen Unfehlbarkeit verdankte. Sie ergriff ihn aber so sehr, daß er an Einem Tage um zehn Jahre gealtert erschien; und von hier ab wendete ihm auch das Glück den Rücken zu, er machte

Fehler auf Fehler. Von dem schönen großen Theater verdrängt, begann er am 3. Mai 1845 mit „Unverhofft" mit verstärkter Gesellschaft seine Vorstellungen im alten Leopoldstädter Theater. Die bald darauf vorgenommene Renovation des alten Häuschens gestaltete dieses so anziehend, daß Carl fast durch sechs Wochen kein neues Stück zu geben brauchte, so massenhaft strömte ihm das Publicum zu, aber es war und blieb ein Häuschen. Er ließ es im Jahre 1847 niederreißen, und an dessen Stelle das neue Carltheater aufbauen.

Am 7. Mai 1847 fand die letzte Vorstellung im alten Theater statt, am 10. December desselben Jahres wurde das neue Theater mit dem Lustspiele: „Eigensinn," von R. Benedix, dem Vaudeville: „Die schöne Müllerin" und der Nestroy'schen Posse: „Die schlimmen Buben" eröffnet. Groß sollte die Täuschung des Publicums sein, das von Carl, der drei Jahre früher mit seinem Decorateur de Pian und mit seinem Theatermeister nach Paris reiste, und dort Modelle für das neue Theater aufnehmen ließ, etwas Practisches erwartete, dagegen aber durchaus Unpractisches erhielt. Das Haus war zwar im höchsten Grade glanzvoll decorirt und beleuchtet, aber wie gesagt, ganz unpractisch erbaut. Es ist unakustisch, hat an mehreren Stellen des Parterres und der Logen Echo's, auch ist ein großer Theil des Publicums durch die unglückliche Idee, das Theater in Form einer Rotunde aufzuführen, von dem Ueberblick des ganzen Hauses ausgeschlossen; die Tageskosten wurden im neuen Hause be=

deutend gesteigert, die Einnahmen blieben hinter denen im kleinen Häuschen. Was Wunder, daß Carl, der durch dieses Mißlingen den Kopf oder doch mindestens den Geschäftsgeist eingebüßt zu haben schien, auf längere Zeit sogar gemüthskrank wurde.

So kam das Jahr 1848, welches den Theaterbesuch noch mehr verringerte. Statt um so thätiger in die Directionszügel zu greifen, zog Carl es vor, Soldaten und Bezirkschef zu spielen, und er suchte den Ausfall seiner Casse durch barbarische Beschränkung seiner Mitglieder zu decken. An jedem einzelnen Crawalltage, an dem nicht gespielt werden konnte, entzog er seinen Mitgliedern den entfallenden Betrag ihrer Gage und Emolumente, und reducirte zuletzt gar die sämmtlichen Gagen um ein Sechstheil, welches er der Gesellschaft nach einem Jahre zurückzuzahlen versprach, factisch aber nie wieder zurückgab.

Von da ab führte er sein Geschäft mit wechselndem Glücke, aber mit gebrochenem Geiste bis zum 18. Februar 1854 fort, wo ihn zum ersten Male der Schlag rührte, und ihn ebenso zum Dirigiren wie zum Komödienspielen völlig untauglich machte. Am 16. August 1854 wiederholte sich der Schlagfluß und eine Gehirnlähmung machte um 9½ Uhr Abends in Ischl dem vielbewegten Leben dieses jedenfalls merkwürdigen Mannes ein jähes Ende.

XI.

Franz Pokorny als Director und Eigenthümer des Theaters an der Wien; — theure Gäste; — Sommertheater; — Alois Pokorny; — Friedrich Strampfer; — die Maskenbälle.

———

Nicht bald hatte ein Mann aus der Provinz sich in Wien eines so großen Glückes, einer so freundlichen Aufnahme zu erfreuen als Franz Pokorny, der Director des städtischen Theaters in Preßburg, später in Baden und Oedenburg, in welch' letzteren Stadt Pokorny ein neues, nettes Theater erbaute. Pokorny kam mit einer ziemlich guten Gesellschaft nach Wien in's Josefstädtertheater, und obwohl man wußte, daß der Mann mehr Herz als Kopf hatte, nahm man keine Secunde Anstand, sein Unternehmen in freundlicher Weise zu unterstützen, weil das Publicum in Wien auch einen Theaterdirector wünschte, der seiner Gesellschaft väterlich zugethan, nicht ihr Tyrann sein wollte.

Diese so günstige Stimmung des Publicums und der Umstand, daß ihm Toldt, Kaiser und Schikh Casse machende Stücke lieferten, worunter beispielweise der „Zauberschleier," der — in Wien ein unerhörter Fall — zweihundert Vorstellungen in ununterbrochener Reihenfolge erlebte, und die Capellmeister Titl, Suppé und Binder höchst gelungene ansprechende Musiken, hätten Pokorny, würde er sich in seinem Glücke gemäßigt haben, am kleinen Josephstädtertheater zum reichen Mann gemacht, während er später am großen Theater an der Wien, dem Carl den Grundstein zu seinen erworbenen Millionen dankte, schmählich abwirthschaftete. Aber den alten Capellmeister (das war Pokorny früher zugleich an seinem Theater) drängte es, an die Spitze eines Opernthcaters zu treten, von einer Bedeutung, welche mit der Hofoper die Concurrenz aushalten sollte! Das war Pokorny's Hauptschwäche, die Quelle seines baldigen Ruins.

Eine Oper hätte in Wien neben dem Hofopernthcater leicht gedeihen können, doch müßte sich dieselbe ihrer Natur nach jener so bescheiden untergeordnet haben, wie jahrelang in Wien das Schauspiel im Theater an der Wien unter jenem im Hofburgtheater Ein leichteres Operngenre, das Singspiel, namentlich die sogenannte Spieloper, das wäre das für Pokorny's Unternehmen lebensfähige Feld zum Bebauen gewesen. Beweis dafür später die Offenbach'schen Operetten. Allein er wollte durch seine große Oper jene im Hofopernthcater verdunkeln, und das war Unsinn! Die Zeiten waren vorüber, wo, wie unter Grafen Palffy, die Hofoper in einer Weise kränkelte, die es zulässig machte, daß ein Privattheater sich eine bessere Operngesellschaft hatte bilden können, als das reich subventionirte Hoftheater.

Nach dieser kleinen, nöthig erachteten Einleitung wenden wir uns dem Theater an der Wien unter der Direction von dessen neuem Eigenthümer Pokorny zu. Der Kauf dieses Theaters wurde im Frühjahre 1845 abgeschlossen, Pokorny hatte somit bis zum Herbste einige Monate Zeit, sich eine vollständige Gesellschaft zu bilden, wohl auch sein neues Haus nach seinem Geschmacke herrichten zu lassen. Die Gesellschaft für Oper, Schauspiel und Posse war eine leidlich gute; — daß Pokorny wieder zur alten Decorirung seines Theaters Silber und Blau, als der das freundlichste Bild gewährenden griff, war eine glückliche Idee. Weniger einverstanden konnte man mit den im Innern des Theaters, im Zugang zum Parterre gemachten Neuerungen sein; da wurde z. B. im Parterre ein neuer Boden gelegt mit einer schiefen Neigung, nicht unähnlich einem Dache, und für Katzen vielleicht auch höchst comfortable; es wurde, um größere Einnahmen zu erzielen, der beste und bequemste Platz im ganzen Theater, das zweite Parterre, aufgelassen; es wurden in den Zugängen von der Casse in's Parterre, warum, das wissen vielleicht die Götter, Erhöhungen angebracht, daß man Stufen auf, Stufen absteigen mußte, nicht unähnlich dem Brückenlabyrinth in der Lagunenstadt Venedig.

Die Eröffnung geschah mit Flotow's kurz vorher

in Hamburg mit entschiedenem Glück gegebenen neuen
Oper: „Alessandro Stradella" und mit einem Prolog,
den Pokorny bei den Wiederholungen beibehalten wollte,
und wirklich nur mit Mühe davon abzubringen war! Frl. von
Treffs, jetzt verehelichte Strauß, sang darin, Mertens,
ein ausgezeichneter Spieltenor mit zarter, wenngleich kleiner
Stimme, gab den Stradella; das Banditenpaar waren Herr
von Westen und dalle Aste. Das Unternehmen hatte
einen guten Anfang, obwohl kein Erfahrener läugnen
konnte, die vorhandenen Opernkräfte seien zu schwach.

Für's Schauspiel war Kunst gewonnen, der damals
schon zu altern begann, und dem das Memoriren schwer
fiel, die Bruckbräu, später Frau Mittel-Weißbach
und ihr Gatte. Besser war gleich zu Anfang die Posse
bestellt mit Herrn und Frau Beckmann. — Ersterer debutirte in Kaiser's Posse „Sie ist verheiratet" — mit Fräulein Rudini, dann dem leider zu früh bald darauf in Hamburg verstorbenen Komiker Starke. Als Beckmann bald
darauf in's Hofburgtheater übertrat, erhielt er hier zum
Nachfolger Herrn Findeisen, gleichfalls einen Berliner Komiker. Das Schauspiel wurde bald gänzlich bei Seite gescho-
ben, und gewann erst wieder für kurze Zeit einen Boden, als
Mosenthal mit seiner „Deborah" (einer Glanzrolle der
Weißbach) hervortrat.

Dagegen ward der Oper, für die allmälig neue
Kräfte gewonnen wurden, eine erhöhte Theilnahme zuge-
wendet. Frl. Hellwig, Frau Ernst-Kaiser, die Tenore
Bielciczky und Ditt waren glückliche Acquisitionen.

Aber Pokorny strebte Höheres an, ihm war darum zu thun, die Hofoper zu verdunkeln, vielleicht sich selbst den Pacht derselben zu erringen. Unglückseliger Wahn! Die komischen Opern von Lortzing schienen ein zu leichtes Genre, hatte man es doch auf nichts Geringeres als auf Meyerbeer's „Vielka" („das Feldlager in Schlesien"), auf ein Gastspiel des damals neu aufgetauchten Operngestirnes Jenny Lind, auf einen Staudigl, Pischek, Haitzinger, Steger (Stasics), eine Frank, eine Marra abgesehen. Pokorny erreichte mit der Zeit Alles, was er anstrebte, er gab auch die neuen Opern: „Der Waffenschmied von Worms" von Lortzing, „Marittana" von Wallace, „Guttenberg" von Füchs u. s. w., aber er überzeugte sich nur zu bald, daß allzu leckere Kost, wie einige der genannten Gäste, nur den Magen des Publicums verderben, und für das Solidgute, nicht Auffällige abstumpfen. Die so pompös aufgetretene Oper scheiterte bald, und Viele wollten sogar wissen, Jenny Lind sei bei Weitem nicht zu dem vollen Bezug ihres bedungenen Honorars gekommen, was auch bei Staudigl der Fall gewesen sein dürfte.

Darauf griff man wieder zu der weit billigern Posse, für welche Rott, Carl Treumann (aus Pest), Röhring und Grün allmälig gewonnen wurden. Treumann's erstes Debut war, wenn wir nicht irren, sein Hupfer in Kaiser's „Stadt und Land" und ein paar Stücke des damals auftauchenden Possendichters Elmar: „Des Teufels Brautfahrt," dann „Paperl", von denen wohl jedes hundert Wiederholungen erlebte, reichten hin, Carl Treumann zum ausgesprochenen Liebling des Wiener Publicums zu stempeln. Im „Paperl" excellirte auch dessen Bruder Franz Treumann durch die Vorführung eines Hamburger Schiffsrheders, indem er sich ganz und gar den Jargon dieser Volksclasse zu eigen gemacht hatte. Damals verrieth auch der um diese Zeit in's Hofburgtheater übertretende Schauspieler Verstl, daß in ihm eine nicht zu unterschätzende komische Ader pulsire, für deren Pflege er in den neuen Verhältnissen leider gar nichts thun konnte.

Während nun wieder eine Zeit lang die Posse der erschöpften Theatercasse zu Hilfe kam, überrumpelte Pokorny das Jahr 1848, und da war es das Theater an der Wien, das durch die Darstellung des „bemoosten Hauptes", mit dem trefflichen Wixier Rott, die Katzenmusik in Wien zum ersten Male auf die Bühne brachte. Mitglieder der akademischen Legion, darunter der Hauptmann Wutschel, traten als Schauspieler auf, es war ein Säbelgerassel im Theater wie in einem Feldlager. Auf die fetten Jahre folgten gar bald magere, und nur mehr einzelne Kraftanstrengungen verhalfen dieser Bühne zu einem Scheinleben.

Mittlerweile hatte Pokorny auch die unpractische Idee des Baus einer Arena, dieser größten und gröbsten Profanation der Kunst, durchgeführt, und so scheinbar blühend das Geschäft zu Anfang auch, von der Witterung begünstigt, ging, zumal da Berla der neuen Unternehmung mit seiner gelungensten Posse, dem „Gervinus", eine so kräftige Unterstützung angedeihen ließ, so schnell grinste nur

8 *

zu bald hinter blühenden Wangen das bleiche Antlitz des Todes hervor. Die Arena hatte keine Lebensfähigkeit, und so pompös sie aufgetreten, so geräuschlos und heimlich schlich sie von dannen.

Die Zinsenwucht von den auf dem Hause haftenden Capitalien lastete centnerschwer auf dem Unternehmen, und ein gütiger Himmel berief den unglücklichen Director noch eher in das bessere Leben, als er sein Theater zur völligen Auflösung gebracht sehen sollte. Er starb am 7. August 1850, eine sehr zahlreiche Familie hinterlassend, in dem nahen Meidling, und sein Nachfolger in der Directionsführung, sein Sohn Alois, ein tüchtiger Regisseur, war der nicht beneidenswerthe Erbe.

Ein charakteristischer Zug von Pokorny's Gutmüthigkeit war darin zu erkennen, daß er an einem Sonntage, beinahe schon dem letzten, welchen er erlebte, trotz dem daß große Ebbe in der Casse und die Arena gedrückt voll war, als im 2. Act ein Regen ausbrach, von dem ihm zustehenden Rechte, nach beendetem ersten Act kein Geld zurückzugeben, keinen Gebrauch machte und den Cassen das Aviso zugehen ließ, jede Karte im vollen Betrage einzulösen. Er mochte von einem Sonntags-Publicum in der Arena, das größtentheils aus Fabriksarbeitern und Bürgersleuten bestand, nicht das Geld einstreichen, ohne daß er diesem für den vollen Betrag auch eine entsprechende Leistung geboten hätte.

Zu Pokorny's Leiche strömten die Wiener schaarenweise nach Meidling, und seinem Sohne Alois, der gewis-

sermaßen vom sterbenden Vater zum Vormund und Er=
nährer seiner zahlreichen Geschwister ernannt worden war,
kamen schon deshalb die vollen Sympathien des Publi=
cums entgegen.

Leider gebrach es ihm an den Mitteln, das schon
schwankende, sinkende Fahrzeug zu retten; es mußte sin=
ken, und war nur mit dem Aufwande aller Kräfte noch eine
Zeit lang über dem Wasser zu erhalten. Solche Gewalt=
anstrengungen waren die glanzvolle Inscenesetzung von
Levitschnigg's „Tannhäuser", waren später die Baron
Klesheim'schen „Kindermärchen", welche die Existenz dieser
Bühne noch künstlich aufrecht erhielten. An ein Aufkom=
men war nicht mehr zu denken; Patient starb an völliger
Erschöpfung der Kräfte, und Pokorny hatte, da ein repu=
blikanisches Regime auch schon bei der Geburt den Todes=
keim in sich trug, keinen Ausweg mehr, als den Concurs
anzusagen und das Theater zu schließen, was im Sommer
1862 geschah.

Sein Nachfolger in der Directionsführung und im
Pacht dieses Theaters, für welches sich in wiederholten
Feilbietungs=Terminen keine Käufer vorfanden, war seit
15. September 1862

Friedrich Strampfer,

zuletzt Theaterdirector in Temesvar. Friedrich Stram=
pfer ist der Sohn des sehr ehrenwerthen Heinrich Stram=
pfer, eines vieljährigen weißen Sclaven Carl's, der den
Umstand, daß Strampfer eine zahlreiche Familie zu

ernähren hatte, dazu benützte, ihn im Gagenausmaß bis in's Unverschämte zu drücken, so zwar, daß Strampfer jede freie Stunde zum Copiren von Rollen benützen mußte, um nur die Seinen ernähren zu können. Schon aus diesem Grunde gönne man dem Sohne das Glück, welches ihm jetzt zulächelt, und das ihn bei einiger Beharrlichkeit wohl in den völligen Besitz eines Hauses bringen könnte, das er jetzt als Pächter benützt und bewohnt.

Sein jetziger Flor basirt auf dem Besitz der Localsängerin Frl. Gallmeyer, die mit der Krones hauptsächlich die enorme Keckheit gemein hat; aber seine Posse verfügt noch über bedeutende Kräfte, wie Rott, der im wohlverstandenen eigenen Interesse hierher, als auf den eigentlichen Boden seines Wirkens, zurückgekehrt ist, Friese, Bittner, Swoboda u. s. w., und hat an Berg (Ebersberg), Bittner, Zell (Dampfschiffahrtscapitän Walzel) Autoren, die ihn mit zugkräftigen Stücken versehen haben.

Blank hat mittelst der Gallmeyer den Cancan der Bühne einverleibt, ein Geschenk, auf das dieselbe stolz zu sein durchaus nicht Ursache hat. Den Cancan der Gallmeyer würde ein Sergeant de ville auf den Maskenbällen in dem frivolen Paris nicht dulden, — wir dulden und bewundern noch viel Aergeres. In jüngster Zeit hat uns Director Strampfer in der textlich unglaublich albernen Ausstattungskomödie: „Schafhaxl" mit der berühmten Pariser Cancanistin Rigolboche bekannt gemacht, einer Dame, die jedenfalls unbedeutender erschien als ihr Ruf.

Die Maskenbälle im Theater an der Wien sind sehr anständig, mit Recht die beliebtesten der Residenz, aber jene im Sophien=, im Dianasaal, beim Schwender u. s. w. waren im ersten Jahre durch die ausgelassenste und frechste Debardeur=Wirthschaft bis zu einem Grade von Sittenlosigkeit gediehen, der nothwendig ihr baldiges Ende herbeiführen wird. In dieser Beziehung haben die Wiener von 1863 und 1864 eine große Aehnlichkeit mit den Wienern von 1848, und wer weiß, folgt dem Aus= schreiten nicht wie dort das Säbelregiment, so doch ein gewiß nur dringend nöthig gewordenes Polizeiregiment. Daß es doch nur so Wenigen gegeben sein soll, eine Frei= heit mit Maß genießen zu können!

XII.

Das Theater in der Josephstadt.

Dieses von Huber erbaute Theater, in seiner gegenwärtigen gefälligen Form ein Werk Kornheisel's, erfreute sich seit der ersten Zeit seines Bestandes des ausgedehntesten Privilegiums unter allen fünf Bühnen Wiens, und dennoch konnten es dessen Directoren und Eigenthümer, welche, wie bei keiner andern Bühne Wiens, rasch und oft wechselten, mit wenigen Ausnahmen auf keinen grünen Zweig bringen. Von Huber kam die Direction an Mayer und den Theaterdichter C. F. Hensler, — später an dessen Tochter, Frau von Scheidlin, welche eine Zeit lang in Compagnie mit Carl am Directionsruder stand. — Im raschen Wechsel gewahren wir, während der Wirth Wolfgang Reuschel Eigenthümer des Hauses und des Theater-Privilegiums ist, an der Direction Fr. Hoch, — die HH. Scheiner, — Stöger, — Pokorny, später auch Eigenthümer des

Hauses und derjenige, der, wäre er, wie schon erwähnt, besonnener gewesen, an diesem Theater zum reichen Mann geworden sein würde, denn in der That, was Pokorny besessen, als er den unglückseligen Kauf des Theaters an der Wien abgeschlossen, das Alles hatte er sich bei der Direction des kleinen Josephstädter Theaters erworben. — Noch einmal, aber schnell wieder verschwindend, begegnen wir Hrn. Slöger an der Direction dieser Bühne, die von ihm an Megerle abgetreten ward, — von jenem aber an Hoffmann überging, der noch heute an der Spitze des Unternehmens steht, das sich nur mühevoll ringend und kämpfend erhalten kann.

Unmittelbar nach Erbauung dieser Bühne ragten unter den Mitgliedern die Komiker Thyam, Platzer, einer der glücklichsten Imitatoren Raimund's (besonders überraschend, was die Maske betrifft), und der noch lebende Hopp hervor. Zu den vorzüglichsten Mitgliedern dieser Bühne zählten noch unter den Männern: M. Fischer, Dunst und Kreß, letzterer auch Bibliothekar und ein Darsteller par excellence für Greisenrollen, wie z. B. das hohe Alter im „Mädchen aus der Feenwelt". Von so einem Kreß'schen hundertjährigen Greis konnte man mit Ritter von Taubenklee in „Roderich und Kunigunde" sagen:

 „Ein ehrwürdiger Greis
 Und mäkert wie eine Geiß."

Herr Seligmann, damals noch ein grimmiger Intriguant, gestaltete sich später zum pudelnärrischen

Pierrot, der in Occioni's Pantomimen, vornehmlich in der „Zauberrose", welche weit über 100 Vorstellungen erlebte, sich zu seltener Beliebtheit emporschwang, um im hohen Greisenalter, über 80 Jahre alt, als Pascha in Daum's Elysium elendiglich zu enden! Ferner im weiblichen Personale die Localsängerinnen Dunst, Sartorius die ältere und jüngere, später die Walla, Frln. Grünfeld und die beiden Schwestern Josephine und Caroline Planer.

Anfänglich gehörten beide Schwestern zu den beliebtesten Tänzerinnen im Josephstädter Theater. Josephine war jahrelang ein gar zierliches Columbinchen, trat später zum Schauspiel über und war unter Pokorny's Direction die unverwüstliche Fee Zelia im „Zauberschleier". Ihre jüngere Schwester Caroline entsagte, als die Geliebte des reichen Baron Sch..., schon früher der Bühne, und zog sich ins Privatleben zurück. Darstellerin der Columbine wurde nach Fräulein Planer Frau Mehlig, die Gattin des Tenoristen Mehlig vom Theater an der Wien, eine merkwürdig magere Frau.

Um jene Epoche haben das Josephstädter Theater zumeist mit ihren Dichtungen Hensler, Rosenau und Told, Meisl, Gleich und Bäuerle versorgt, und das waren gewiß noch glückliche, primitive Zeiten, wo „Nigilibigili" von Told, „Menagerie und optische Zimmerreise in Krähwinkel", „Skus, Mond und Pagat" u. s. w. Cassastücke wurden. In „Menagerie und optische Zimmerreise in Krähwinkel" hat sich der damals von Brünn kommende Hopp zu=

erst in der hochkomischen Darstellung des böhmischen Rathsdieners als Komiker hervorgethan und den Grundstein zu seiner nachmaligen Beliebtheit gelegt.

Unter der Scheiner'schen und Hoch'schen Direction nahm eine Zeit lang das Gastspiel Carl von Holtei's und dessen schönen, leider zu früh verstorbenen Gattin Julie das Interesse des Wiener Publicums in Anspruch, aber so recht packen und ziehen wollte das Singspiel nicht, dazu war es vielleicht zu harmloser Natur. Das Josephstädter Theater war es auch, in welchem Raimund das erste Mal in Wien auftrat, — damals noch als Intriguant und Bösewicht, — dem er ein paar Decennien später seinen Schwanengesang, seinen „Verschwender", lieferte.

Was diese Bühne Künstlerisches leisten konnte, tauchte erst unter Stöger's Direction auf, wo dann aber auch die Oper, von Graz importirt, mit einer Zimmer, Kratky, Dielen, Beisteiner, mit einem Demmer, Pöck, Preisinger, Emminger, Rott, dann als Gast mit der berühmten Sabine Heinefetter eine Zeit lang der k. k. Hofoper eine gefährliche Concurrenz machen sollte. Unter Stöger wurde, wie schon erwähnt, auch Raimund's „Verschwender" das erste Mal gegeben, sowie auch die vom Capellmeister C. Kreuzer eigens für diese Bühne componirte Oper: „Das Nachtlager in Granada." Stöger war es, der nächst Pokorny während seiner ersten Directionsführung das meiste Geld am Josephstädter Theater verdient hatte.

In die Periode von Stöger's zweiter, nur schnell vorübergehender Directionsführung fällt die Aufführung von Auber's „Haydée" und das Engagement der Sängerinnen Louise Meyer (Dustmann) und Hellwig (jetzt Gattin des Herrn Dr. von Bivenot), sowie des Spieltenors Peretti.

Zunächst nach Stöger brachte Pokorny die Oper im Josephstädter Theater in Flor, und wir brauchen, um Alles gesagt zu haben, hier nur der Aufführung von Meyerbeer's „Hugenotten" mit den HH. Draxler und Dobrowsky zu erwähnen. Aber nicht blos die „Hugenotten" wurden an dieser Bühne früher als im Hofoperntheater gegeben, ein Gleiches galt auch von der Oper: „Die Stumme von Portici" mit Frln. Tomaselli, der Mutter unserer Gallmeyer, als Prinzessin und noch einige Jahre früher mit Weber's „Oberon", in welcher Oper Hopp der erste Scherasmin gewesen. Aber auch die Posse brachte Pokorny im Josephstädter Theater zu seltenem Flor; er hatte dafür Feichtinger, Weiß, Baptist und Wallner, letzterer einer der glücklichsten Nachahmer Raimund's, die Thomé, genannt Spenserl-Thomé, und Löffler im Engagement. Drei Capellmeister: Titl, Proch und v. Suppé, arbeiteten unter Pokorny's Direction für die musikalische Ausschmückung der Possen, und was Titl's Musik an dem fabelhaften Erfolg von Told's über vierhundert Aufführungen erlebt habendem Zauberspiel „Der Zauberschleier" für einen Antheil hatte, ist in Wien allbekannt. Das Glück, welches der „Zauberschleier" gemacht, die Summen, welche dieses Stück eingetragen hatte, machten den Director Pokorny wirbelig; er fühlte sich beklommen in dem engen Hause, und ließ sich zum Kaufe des Theaters an der Wien verleiten, das nur zu bald der Ruin für sein Glück wurde.

Von Pokorny bis auf den heutigen Tag fristet das Josephstädter Theater nur ein Scheinleben, und es tauchte außer ein paar Stücken von Berg (Ebersberg) und Langer, dann Kola's (Nikola's) gelungene Posse „Der letzte Zwanziger", die auch mehr als 100 ununterbrochene Vorstellungen erlebte, etwa ausgenommen, nichts mehr dort auf, was Veranlassung geben könnte, eine „Rückschau" auf diesen im Uebrigen so freundlichen Musentempel Wiens zu werfen.

Doch halt! Auch dem Director Hoffmann sollte noch ein Sonnenblick des Glückes gegönnt sein in der mehrjährigen Nacht seiner Bühnenleitung. Und wer sollte dieses Wunder zu Stande bringen?: Ein elend verstümmelter Krüppel, der spanische Grotesktänzer mit nur Einem Beine, Juliano Donato.

Darum sage man nicht mehr, die Zeit der Wunder sei vorüber; — keineswegs, denn ein Wunder war es wahrlich, das von dem Publicum kaum mehr beachtete Josephstädter Theater und das mit selbem vereinigte Thaliatheater im Lerchenfelde in einer Reihe von 52 Gastrollen zur Sommerszeit fast bis zur Decke zu füllen. Donato hat hier ein halbes Wunder geleistet; wenn man aber sieht, was dieser Tänzer mit nur Einem Beine ausführt, kann man ohnehin die Möglichkeit, daß noch Wunder geboten werden, nicht bestreiten. Nur daß er gar bald in Corradini einen Nachfolger fand, wunderte uns nicht, ist es doch dem weltberühmten Blondin, den in Wien gar bald ein Akrobat im Circus Suhr nachahmte, nicht anders ergangen.

Im Nachahmen ward hier immer Großes geleistet, — weniger im Erfinden!

Die vollen Häuser, welche das Pariser Ausstattungsstück „Schafharl" dem Theater an der Wien verschafft hatte, ließen Director Hoffmann einen ähnlichen Versuch mit einem dito Pariser Schaustück machen, „Den Pillen des Teufels," in Scene gesetzt von dem Theaterdirector Molnar in Ofen, und was den Inhalt betrifft, wo möglich noch alberner als „Schafharl". Der Erfolg blieb hinter den Erwartungen, obschon auch hier die Schaulust gehörig befriedigt wurde.

XIII.

Das Theater am Franz Josephs-Quai.

(Treumann-Theater.)

Von dem Augenblicke an, als Nestroy sich entschlossen hatte, die weitere Directionsführung des Carltheaters aufzugeben, stand auch bei Carl Treumann der Plan fest, mit der überwiegenden Mehrzahl der Nestroy'schen Gesellschaft man kann sagen mit Sack und Pack in's eigene Lager zu wandern, und ein neues Theater zu begründen, wofür er die behördliche Bewilligung schon in der Tasche hatte, wie auch den dafür erwirkten Platz am Franz Josephs-Quai, also noch zur inneren Stadt gehörend.

Treumann war in der That zu einer solchen Unternehmung vollberechtigt; war er doch von der Gunst des Publicums getragen, wie es nur ein Auserwählter sein konnte; commandirte er doch über die damals beliebteste Possengesellschaft in Wien, mit der Zusicherung, Nestroy werde alljährlich im Winter zu einem mehrmonatlichen Gastspiel kommen; hatte er doch mit Offenbach einen längeren Contract für den ausschließlichen Bezug von dessen beliebtesten Opern und Operetten abgeschlossen; besaß er doch hinreichend eigene Fonds, um vor der Hand ein Interimstheater erbauen zu können; stand ihm doch in Franz Treumann ein Bruder zur Seite, dessen Rath und unermüdliche Thatkraft nicht mit Tausenden von Gulden aufgewogen werden konnte; Alles in Allem: das neue Unternehmen war kein gewagtes, es war ein im Vorhinein fast gesichertes, als welches es sich wenige Monate später denn auch wirklich bewährte.

Unverzüglich wurde zu dem neuen Bau geschritten, und derselbe mit einer Eleganz, mit Geschmack und Schönheit ausgeführt, daß das hölzerne, nur mit Riegelwänden versehene Theater auf das zierlichste aussah, ganz geschaffen, die Crême der Gesellschaft in sich aufzunehmen, bei der glänzenden Beleuchtung die elegantesten Toiletten im schönsten Lichte der Betrachtung bloßzugeben. Das neue Theater war auch gleich von seinem Entstehen her das Stelldichein der Lebemänner, der Börsehelden und der Halbwelt, stand also im Bunde mit drei gar mächtigen Alliirten.

Die Eröffnung dieses Theaters erfolgte, wie schon erwähnt, gleichzeitig mit Brauer's Entreprise am Carl-Theater am 1. November 1860 mit Offenbach's „Tschin Tschin" und zwei kleinen Piecen. Das Handinhandgehen von zwei Theaterdirectoren sollte eben in Wien zur Mode werden; sahen wir doch im Jahre 1862 gleichzeitig am 15. September die HH. **Strampfer** und **Lehmann** ihre Unternehmungen im Theater an der Wien und im Carl=Theater eröffnen; Jenen, um sich allmälig zum wohlhabenden Manne emporzuheben, Diesen, um sich und seine Gläubiger zu ruiniren.

Schon vom ersten Abende an fesselte sich Fortuna an Treumann's Unternehmen, der von ihr auserkoren schien, zum Millionär gemacht zu werden. Wir dürften kaum mit der Annahme übertreiben, Treumann habe schon im ersten Geschäftsjahre die Kosten des Nothbaues vollständig hereingebracht, denn ein ausverkauftes Haus gehörte hier die ganzen Wintermonate hindurch zu den allabendlichen Ereignissen. Freilich war die Thätigkeit der ganzen Gesellschaft und der Direction eine außerordentliche, die Leitung eine musterhafte, und man durfte behaupten, ein ähnliches Ensemble wie hier wäre an keiner zweiten Bühne Wiens zu finden gewesen, die Directionsführung mit keiner der sämmtlichen Theater Wiens zu vergleichen; dieses Verdienst mußte die Gerechtigkeit den Gebrüdern Treumann als ein wohlerworbenes zuerkennen. Eine ganze Serie Offenbach'scher Opern und Operetten in vorzüglicher Ausführung, und ausgestattet mit einer Feinheit und einem Geschmack, eines Hoftheaters würdig, waren hier an der Tagesordnung, und ein paar neue Acquisitionen für Posse und Operette, wie z. B. des Komikers Rott und des Frl. Fischer, konnten auf das Ganze nur einen günstigen Einfluß üben. Auch ein paar Operetten von andern Compositeuren, darunter obenan die

Singspiele Suppé's: das „Pensionat" und „Flotte Bursche," trugen nicht wenig bei, die günstige Meinung des Publicums Wiens für das jüngste Theater der Residenz, welches eigentlich nur ein Interimstheater war, stets rege zu erhalten. Nestroy's Gastspiel, sowie auch jenes der Gesellschaft der Bouffes Parisiennes bildeten in dieser Periode des Treumann-Theaters — wie selbes vom Volksmunde am richtigsten bezeichnet wurde, — die Glanzmomente.

So kam der Sommer 1863 heran. Carl Treumann hatte schon alle Vorkehrungen zum Baue eines neuen steinernen Theaters getroffen, wofür Grund und Boden schon erworben und ausbezahlt, auch schon die Bau-Area ausgesteckt war — der Director und die Matadore der Gesellschaft hatten, wie üblich, ihre Urlaube angetreten — Franz Treumann, der unverdrossene Administrator, leitete mit sicherer Hand die Geschäftsführung, — es war gerade das Gastspiel der drei Zwergkomiker unter der Direction des Hrn. Schwarz, und die Vorstellung eben beendet: — da wurden die Wiener von dem grausigschönen Schauspiele eines Theaterbrandes überrascht.

Derselbe fiel auf den 9. Juni 1863, und ein paar Stunden genügten, das zierlichste Theater Wiens in einen Aschenhaufen zu verwandeln. Nichts erübrigte von dem schönen Hause als ein kleiner Theil der vordern Fronte beiläufig in Manneshöhe, der von Ziegeln aufgeführt war, und welcher noch — eine beißende Ironie — die beiden Tafeln mit der Warnung, sich hier des Tabakrauchens wegen Feuersgefahr zu enthalten, trug. Nichts konnte gerettet werden, das schöne Theater, die brillante Garderobe, die reiche Bibliothek mit den Original=Manuscripten der Nestroy=schen Possen — Alles, Alles hatte der gefräßige Brand in ein paar Stunden verschlungen, und es war noch ein großes Glück zu nennen, daß dabei kein Menschenleben zu Grunde ging.

Hinterher wurde man nicht müde, die absonderlich=sten Gerüchte über die Genesis dieses Brandes im Pu=blicum zu colportiren, noch unterstützt von scandalsüchtigen Zeitungscorrespondenten; allein wer die Wiener mit ihrer bekannten Klatschsucht kennt, dürfte in der Lage sein zu beurtheilen, was an solchen Gerüchten Wahres sei, was Dichtung.

Nur das Eine ist gewiß, daß am zweiten Tage nach dem Brande Carl Treumann aus einem böhmischen Badeorte zurückgekehrt war und daß sein Bruder Franz über das schreckliche Ereigniß den Kopf nicht verloren hatte. Auch die meisten auf Gastspiele verreisten Mitglie=der der Gesellschaft kehrten auf die erste Kunde von dem Brande zurück oder stellten sich nach telegraphischen Mit=theilungen zur Disposition, kurz in ein paar Tagen schon waren die Gebrüder Treumann zu einem definitiven Entschluß gekommen. Die Idee des Neubaues eines großen steinernen Theaters ward aufgegeben, dagegen wie=der das in den Pachtbedingnissen billiger gewordene Carl=Theater, dessen Besitzer die traurige Erfahrung machen mußten, wohin allzuhochgestellte Pachtschillinge führen, für eine Reihe von Jahren gemiethet und die complete Gesellschaft mit Beibehaltung der halben Gage als Sustentationsgage beurlaubt, mit dem Beifügen, sechs Wochen vor Beginn des neuen Unternehmens im Carl-Theater, zur alten Fahne zurückzukehren; ein gewiß großmüthiger, splendider Antrag Treumann's, der auch von Allen angenommen wurde. Einen eigentlichen empfindlichen Verlust erlitten bei dieser Katastrophe außer der Direction nur die beiden Komiker-Veteranen Hopp und Lang, die seit Jahren von der Direction Treumann als freiwillige Pensionäre unterstützt wurden, dann der Oberregisseur Grois, dem seine ganze werthvolle Garderobe verbrannte.

Unter Einem war auch wieder an eine passende Restaurirung des Carl-Theaters geschritten worden, das unter Carl Treumann's Direction am 18. September 1863 mit den „Flotten Burschen" und einer kleinen Novität: „Zwei Ehen," eröffnet wurde.

Das Jahr 1864 war dem Besuche des Carl-Theaters etwas minder günstig, woran die langwierige Unpäßlichkeit des Directors Treumann Schuld trägt, welcher zugleich die hervorragendste darstellende Kraft seiner Gesellschaft ist. Hoffentlich sind solch' störende Einflüsse nur vorübergehend! Eine der glücklichsten Acquisitionen bildete in jüngster Zeit das für fünf Jahre abgeschlossene Engagement der Vaudevillistin Amalia Kraft vom Thalia-Theater in Hamburg, einer so vorzüglichen Künstlerin, daß sie mit Fug und Recht als die bedeutendste Kraft für eine Bühne bezeichnet werden kann, welche das Singspiel und Vaudeville zum Gegenstand ihres Cultus erwählt hat.

XIV.
Therese Krones.

Die Leopoldstadt war von jeher die luftigste, fidelste Vorstadt in dem lebensfrohen Wien, wozu gar viele Factoren beitrugen, als: die unmittelbare Nähe der Stadt, — der Umstand, daß fast alle reichen Griechen und Juden dort sich angesiedelt hatten, — der so nahe herrliche Prater mit dem einzigen Corso Wiens, der großen Allee zum k. k. Lusthause, — dann jener herrliche Garten, den ein unsterblicher Monarch seinen geliebten Wienern gewidmet hatte, mit seinen berühmten Schuppanzigh'schen Morgenconcerten und seinen jährlichen Viehausstellungen. — Aber auch an eigentlichen Vergnügungsorten war die Leopoldstadt von jeher die bevorzugteste Vorstadt Wiens: hier war das Kaffeehaus- und Gasthausleben schon seit Langem das ausgebildetste in Wien; hier stand das europäisch berühmte Casperltheater Marinelli's, das eigentliche Volkstheater Wiens, mit einer Huber, Krones, Ennöfel und

Jäger, mit einem Raimund, Ignaz Schuster, Tomaselli, Landner, Korntheuer, Fermier, mit den Volksdichtern Bäuerle, Meisl und Gleich, dann den Compositeuren Wenzel Müller und Volkert, mit einer Pantomime, welche an Herrn und Frau Rainoldi, an Schadezky (diesem Scholz der Pantomime) und Brinke excellente Repräsentanten hatte; hier war der uralte Sperl-Saal, der damals schon weit und breit berühmt gewesen, und wo Strauß und Lanner in ihrer Glanzperiode die heitersten Weisen aufspielten; hier war der hübsche, von Adam Dömling erbaute Kettenbrücken-Saal, die Wiege Strauß', dessen ersten Walzer auch die „Kettenbrücken-Walzer" hießen; dort sah Wien auch in dem Unglücksjahre 1830 den ersten großartigen Eispalast, der, ach, nur zu bald zu Wasser wurde!

Der erste März 1830 überraschte Wien mit einer furchtbaren Ueberschwemmung, die einen Schaden von Hunderttausenden anrichtete und manch' theures Menschenleben kostete. Aber gerade in dieser Drangperiode hat Wien seinen unverwüstlichen Frohsinn dadurch bewährt, als zu eben jener Zeit Meister Strauß eine seiner lieblichsten Walzerpartien: „Heiter auch in ernster Zeit," componirte, J. K. Schick aber dem durch mehr als acht Tage überschwemmten und darum gesperrten Leopoldstädtertheater eine seiner gelungensten Possen lieferte: „Der Sieg des guten Humors," die lange Zeit ein Repertoirestück geblieben ist.

In dieser lustigsten Vorstadt Wiens wohnte in der

Jägerzeile, links ober dem Theater im Müller'schen Hause, dazumal die luftigste Person Wiens, die Schau=
spielerin Therese Krones, dieses verhätschelte und darum so ausgelassen gewordene Lieblingskind der Wiener, das darauf pochte, es dürfe sich Vieles erlauben, und das sich in der That beinahe zu viel erlaubte.

Die Krones war übermüthig, keck bis zur Ex= tase, besaß jedoch die große Kunst, sich bis auf die äußerste Grenze des Ziemlichen zu wagen, diese je= doch nie zu überschreiten. Man mochte wohl durch ihre Dreistigkeit frappirt sein, zu einer Gemeinheit ließ sich die Krones nie verleiten, und ihr feiner Tact sagte ihr immer, bis hieher und nicht weiter. Die Grazie, die ihr immer zur Seite stand, verließ sie nie und wäre dazumal der Cancan schon erfunden gewesen, die Krones hätte ge= wiß gezeigt, wie man auch den Cancan mit Grazie zu tanzen vermöge. Darum steht sie auch heutzutage noch un= erreicht, unübertroffen da.

Ihr ganzes frivoles Wesen charakterisirte die Krones, die man im Leben die personificirte Lie= derlichkeit nennen konnte, wohl selbst dadurch am be= sten, daß sie als Julerl, die Putzmacherin, in Meisl's gelungener Parodie der Oper: „Die Vestalin," die denkwürdigen Worte sprach: „Ich glaube gar, das Volk ist so dumm und hält mich wirklich für eine Vestalin."
Nun mußte man wissen, wie das Wiener Publicum seine Krones kannte, um die ganze Frivolität dieser Worte vollkommen zu begreifen. Aber wie schon er=

wähnt, die Krones durfte sich schon etwas herausnehmen, was jeder Andern nie erlaubt worden wäre. Ihre unnachahmlichen, sagen wir es gerade heraus, genialen Leistungen gaben ihr einen Anspruch darauf.

Wer erinnert sich nicht noch mit Vergnügen ihrer classischen Darstellung in Gleich's Posse: „Herr Joseph und Frau Baberl." Die Krones gab die Frau, Ignaz Schuster, der unvergleichliche Komiker und Charakterzeichner, ihren Mann, einen vollendeten Simandl. In der Scene, wo die Frau ihn einkaufen schickt, trippelte er schon gehorsamst ab, als er plötzlich stehen blieb. „Nun, was gibt's denn?" rief die Krones. — „Ich hätte noch eine schöne Bitte." — „Nun was denn?" — „Liebes Weiberl, gib mir nur fünf Kreuzer auf ein Loth Tabak." — Die fünf Kreuzer wurden von der Frau großmüthigst gegeben, von dem Manne dankbarst angenommen und nachdem sich letzterer wieder zum Gehen angeschickt, hielt er nochmals inne. „Was gibt's denn schon wieder?" — „Liebes Weiberl, ich hätte noch eine Bitte, aber . . ." — „Nun, was soll's?" — „Liebes Weiberl, — ein Busserl!!" und dabei hob sich das kleine Männchen lüstern auf seine Fußspitzen, um nur dem Munde seiner angebeteten Frau näher zu kommen. Die Krones gab ihm den Kuß, — aber der Blick, die Geste, womit jener Kuß begleitet wurde, läßt sich unmöglich beschreiben. Es lag darin die ganze souveraine Verachtung der weit überlegenen Frau, indem sie scheinbar großmüthig dem Manne gewährte, was dieser zu fordern vollberechtigt gewesen wäre. Und solche geniale Blitze hatte fast jede Rolle der Krones aufzuweisen, deren Leistungen in „Evakathel und Schnudi," „Gisperl und Fisperl," „Sylphide," „Eleganten Bräumeisterin," Mariandl in „Diamant des Geisterkönigs" u. s. w., dem, der sie gesehen, unvergeßlich bleiben mußten.

Wir erwähnen hier nichts von der verhängnißvollen Episode aus ihrem Leben mit einem polnischen Edelmann, nichts von der kitzlichen Lage ihres ersten Wiederauftretens nach dieser Scandalgeschichte, wo das Publicum die Tiefgefallene, die ganz darauf gefaßt war, schimpflich empfangen zu werden, mit — (hört! hört!) — ungeheurem Enthusiasmus begrüßte; dieses als Allbekanntes übergehend, wollen wir uns lediglich darauf beschränken, eine Situation aus dem Leben dieser Schauspielerin zu erzählen, deren strengste Wahrheit wir verbürgen können und die unseres Wissens noch ganz unbekannt geblieben.

Therese Krones hatte zur Modistin, die damals sich des größten Rufes erfreuende Mazurier, eine Marchand des Modes, welche mit dreißig Mamsellen arbeitete. Bekanntlich lebte die Krones seit Jahren mit ihren Finanzen auf gespanntem Fuße und kam erst in späteren Zeiten durch die Fürsorge ihres wahren Freundes Rohrer aus den Geldverlegenheiten, so zwar, daß es ihr möglich wurde, bei ihrem Ableben noch einige tausend Gulden zu hinterlassen.

Auch die Modistin Mazurier war im Besitze vieler

unbezahlter Rechnungen der Krones. Von allen dreißig Mamsellen war gewiß jede schon wiederholt fruchtlos bei der Künstlerin wegen Bezahlung ihrer Schulden gewesen. Die Krones hatte darauf nur die stereotype Antwort, sie habe kein Geld und wisse sich keines zu schaffen.

Da kam eines Tages die jüngste Mamsell der Mazurier, die damals sechzehnjährige Ernestine, zur Krones, diese in sehr energischer Weise an die Bezahlung der alten Schuld mahnend. „Ich habe kein Geld," erwiederte diese, „und kann folglich nicht bezahlen; machen Sie mit mir, was Sie wollen." — Frl. Ernestine verließ sie unter Androhung gerichtlicher Procedur, aber kaum hatte sie die Schwelle der Künstlerin überschritten, als man in der Hausflur laut schellen hörte und ein Individuum eintrat, halb Mensch, halb Pavian, mit einer schweren Pelzmütze auf dem Kopfe (im Sommer) und angethan mit einem papageigrünen Rock, reich mit Schnüren, silbernen Troddeln und plumpen Knöpfen verziert — ein Ausbund von Häßlichkeit. Im Sprunge war die Krones vor der Thür, rief die Mamsell zurück, hieß diese auf einem Stuhl im Vorzimmer Platz nehmen und warten, bis sie wiederkehre, was bald geschehen sollte.

Und nun ging's über den orangoutangähnlichen Ostindier her; diesen Liebhaber, für den die deutsche Sprache ein spanisches Dorf war und dem sich die Krones jetzt dennoch deutlich zu verstehen geben mußte. Sie nahm ihren Gast, setzte ihn auf das Sopha, und begann nun aus dem Stegreife eine Komödie zu spielen, von der man sich nur schwer wird annähernd einen Begriff machen können. Sie stellte sich bis zum Wahnsinn in das Ungeheuer verliebt, nannte ihn mit den zärtlichsten Tönen und Blicken: „Du mein liebes Rindvieh," „mein Elephant," „mein Pavian," fuhr ihm mit ihrer weißen Hand um den Bart, ja sie kniete endlich gar vor ihm nieder, breitete ihre schönen Arme um ihn, wobei sie nicht unterließ, stets mit größtem Pathos zu sprechen, und setzte ihm in einer Weise zu, daß dem unempfindlichsten Manne hätte dabei gruselig werden können, und in der That grinste der Ostindier dabei, daß sein großer Mund zwei Reihen der schönsten weißen Zähne bis zu den Ohren bloßlegte. Im Ergusse ihrer Zärtlichkeit fuhr sie in Extase mit der Hand in die Brusttasche, gleichsam als ob sie ihm das Herz herausreißen wollte. Ein Schrei der Freude und eine mächtige rothe Brieftasche war zu Tage gefördert.

Jetzt änderte sich die Scene. Die Krones schlug die Brieftasche auf, holte aus selber drei Hunderter hervor und der Mensch-Affe nickte ihr beifällig zu. „Nun endlich hast du mich verstanden, du mein liebes Rindvieh, endlich begreift das Rhinozeros, daß ich Geld brauche." Im nächsten Momente war die Krones im Vorzimmer, Fräulein Ernestine einen Hunderter zuschiebend, deren Principalin nicht wenig erstaunt war und an Wunder glauben wollte, daß das junge, unerfahrene Mädchen einer Krones hundert Gulden auszupressen verstanden hatte. Sie wurde allen ihren Colleginnen zum Muster aufgestellt, und durfte die Principalin noch an diesem Abend in die Loge des Opernhauses begleiten.

Was weiter im Zimmer der Krones geschah, erläßt mir der Leser zu schildern; wir lassen den Vorhang fallen, und möge sich Jeder nach seiner Phantasie den Schluß der improvisirten Komödie bilden.

So viel ist gewiß, die Krones war im Leben eine noch größere Schauspielerin als auf der Bühne, und jetzt wieder für einen oder zwei Tage der Geldverlegenheit entrissen.

Kurze Zeit nach ihrem Tode war in der „Wiener Zeitung" wörtlich in dem Todtenverzeichnisse zu lesen: Jungfrau Theresia Krones u. s. w. — Hätte die Krones dieses in ihrer Todesstunde noch lesen können, ihr Mund hätte sich gewiß noch zu einem Lächeln verzogen.

XV.

Ein Universalgenie

war Fritz Demmer, unter des Grafen von Palffy Direction Regisseur des Theaters an der Wien und ein Glied einer zahlreichen Familie, deren jeder Sprosse von Geburt an schon Talent für die Bühne zum Erbgut erhalten zu haben schien.

Für Fritz Demmer gab es durchaus kein Rollenfach; er spielte Alles und wirkte in jeder Rolle mit Auszeichnung. Wurde ein Mitglied plötzlich krank, durfte die Direction nie besorgt sein; Demmer spielte im Nothfalle auch ohne Probe am Abend diese Rolle und gewiß zur vollen Zufriedenheit des Publicums und ohne Gedächtnißfehler. Im Schauspiele, im Trauerspiele, im Lustspiele, in der Oper, überall stellte Demmer seinen Mann, und schon hoch bejahrt, lieferte er als Vater Haydn in der von Ignaz Ritter von Seyfried nach Haydn'schen Melodien zusammengesetzten Operette: „Die Ochsenmenuette" eine so köstliche, naturwahre, charakteristische Leistung, daß sich der Kunstfreund daran, als an etwas in seiner Art Vollendetem, erlaben konnte. Demmer's Haydn und des trefflichen Spitzeder excellenter ungarischer Ochsenhändler István verschafften damals dieser harmlosen Operette den glücklichsten und nachhaltigsten Erfolg, dem merkwürdigen Künstler Demmer aber eine Anstellung als Opernregisseur im k. k. Hofoperntheater in Wien, wo Demmer es sich nicht nehmen ließ, die Volksscenen in der „Stummen von Portici" dadurch zu beleben, daß er sich selbst als Lazarone gekleidet in die Chöre mischte und diese durch seine persönliche Mitwirkung befeuerte.

Unmittelbar nach dem Verfalle des Theaters an der Wien war Demmer nach Gratz gereist, wo ihn Director Stöger so zu sagen mit der Leitung des Theaters betraute und gewiß nicht Ursache hatte, selbes zu bereuen. Auch Pest war eine Zeit lang der Schauplatz von Demmer's Wirken, der unermüdlich im Dienste Thalia's auf jedem Platze seinen Mann stellte. Er war aber auch mit der Bühne so verwachsen, daß ihm Jedermann von Weitem schon den Schauspieler ansah. Es lag etwas Theatralisches in seinem ganzen Wesen, und schon die Art, wie er sich in früheren Jahren kleidete, der riesige Knoten seines immer hellen Halstuches, Alles, Alles verrieth in ihm den Bühnenhelden, der Jedermann sagen zu wollen schien: „Seht, ich bin ein Schauspieler, und es erfüllt mich mit Stolz, einer zu sein."

Eine echte Künstlernatur lebte er nur für das Theater, dem er bis zu seinem Ende seine Thätigkeit, den vollen Saft seines Lebens, wie man es ihm ansah, mit Freu-

den widmete. Unter den Hunderten von Rollen, welche
Demmer in der langen Zeit seiner Wirksamkeit lieferte,
war vielleicht der Oberst in Shakespeare's Lustspiel „Die
bezähmte Widerspenstige" seine vollendetste Leistung, der
sich ebenbürtig sein Friedrich Wetter, Graf von Strahl, im
„Käthchen von Heilbronn" anschloß. Noch in der letzten
Vorstellung vor der Sperrung des Theaters an der Wien,
in Grillparzer's: „König Ottokar's Glück und Ende,"
gab Demmer den Kaiser Rudolf von Habsburg in wür=
digster Weise. Und bei seiner vieljährigen künstlerischen
Wirksamkeit verrieth Demmer's Organ schon zur Zeit,
als er noch in der Vollkraft des Mannes stand, etwa dreißig
Jahre alt, einen Anflug des Heiseren, den Keim der mit
der Zeit sich vollends entwickelnden Luftröhrenschwindsucht.
Was hätte dieser seltene Mime bei vollkommen gesunder
Constitution leisten können!

Er war im Leben der liebenswürdigste Gesellschaf=
ter, ein trefflicher Collega und von Allen, die neben ihm
beschäftigt waren, bis zur Abgötterei geliebt. Demmer
hatte keine Feinde! Er starb als Regisseur des k. k. Hof=
operntheaters in Wien.

Zur Zeit als Fritz Demmer Oberregisseur des deut=
schen Theaters in Pest war, kam ein von ihm arrangirtes
Quodlibet mit geschmackvoller Ausstattung zur Aufführung,
welches das Unglück hatte, total durchzufallen, und das
Publicum in die mißmuthigste Stimmung zu versetzen,
welche noch dadurch erhöht wurde, daß es hieß, Demmer
habe sich verlauten lassen, das Publicum hätte das Kind

mit dem Bade verschüttet und jenes Quodlibet, welches es so sehr in Aufregung versetzte, würde es, wenn es nicht der vorgefaßten Meinung gehuldigt, ruhig haben abspielen lassen. Demmer hatte sich somit eines argen Mißgriffes, einer Tactlosigkeit als Oberregisseur und überdieß noch einer Beleidigung des Publicums schuldig gemacht. Unter Zischen und Pochen herausgerufen, sprach der Künstler: „Hätte ich ein hochgeehrtes Publicum beleidiget, so verdiente ich gar nicht, mich vor demselben rechtfertigen zu dürfen."

Das war allerdings etwas gethan, aber gegenüber dem erbitterten Publicum weitaus noch nicht genug. Man bestand darauf, Demmer müsse feierlich Abbitte leisten. So vergingen ein paar Tage; denn Publicum wurde die Geduld schon etwas knapp und man einigte sich dahin, an einem bestimmten Tage müsse die solenne Abbitte geschehen. Der mit Spannung erwartete Augenblick war da, Demmer trat voll Zerknirschung und Demuth vor, und sprach mit fester Stimme im reinsten Ungarischen die Worte: „Köszönöm alázatosan — szwésen." („Meinen ganz unterthänigsten und herzlichsten Dank.")

War das ein Spectakel! Ein Beifallssturm, wie ein größerer in Pest nie im Theater gehört worden war, brach los, und der kluge Demmer hatte nicht blos die Verzeihung des ihm grollenden Publicums mit Einem Schlage wieder erhalten, er war in dessen Gunst noch ganz gewaltig gestiegen. So wußte Fritz Demmer mit seinem Publicum umzuspringen.

XVI.

Wenzel Scholz,

mit dem Familiennamen von Plümeke, war ein ganz originelleR, im höchsten Grade drastisch wirkender Komiker, eine Art Specialität, daher man auch mit vollem Rechte in der Theatersprache von einem Komiker für Scholz'sche Rollen sprach; er war einzig in seiner Art und sein Platz ist noch immer nicht ersetzt, wird auch noch jahrelang unersetzt bleiben, weil die zündende Kraft seiner Komik zumeist in seiner Individualität bestand. Scholz erschien und das Publicum lachte schon, ehe noch ein Wort über die Lippen seines Lieblings gekommen; wie steigerte sich dann erst seine Wirksamkeit, wenn dieser Großmeister des Jokus mit seiner trockenen Komik so recht, wie man sagt, in's Zeug ging.

Goldoni's Trüffaldino im „Diener zweier Herren" war Scholz's erste in Wien gespielte Rolle und der Künstler vereinigte Alles in sich, diesen verschmitzten Burschen in sehr wirksamer Weise zur Darstellung zu bringen. Von durchgreifendstem Erfolge war Scholz's Klapperl in der „schwarzen Frau", schon in der äußeren Maske eine groteske, drastische Erscheinung. Scholz hatte einen Blähhals und so gut wie gar keine Stimme, doch welche Wirkung erzielte sein Gesang! In genannter Parodie konnte Scholz nicht genug Wiederholungsstrophen von dem Traumlied singen. Das andere Couplet in der „schwarzen Frau", ebenfalls von Scholz stets unter stürmischem Beifalle vorgetragen, enthielt vollends baren, blanken Unsinn. Zum Beweis hier nur einige Strofen des geschmacklosesten Textes:

Der Ferdl
Hat a Pferdl,
Seine Vorderfüß' san g'schorn,
Und die hintern hat's verlorn.

Die Fanni,
Um die wau i (weine ich),
Denn die Fanni war so schön,
Kaner wollt' mehr mit ihr geh'n.

Dort muß was g'schehen sein,
Alles lauft zum Thor hinein;
D'rin sitzt a Grenadier,
Trinkt a Seit'l Bier!

So ging es fort im blühendsten Unsinn und Scholz mußte oft zehnmal erscheinen, immer einen neuen Galimathias zum Besten gebend.

Ursprünglich war Scholz's Wirksamkeit in Wien auf das kleine Josephstädter Theater beschränkt; von Carl später in's Theater an der Wien verpflanzt, schrieb Nestroy seinem Freunde und Collegen Scholz eine Reihe der brillantesten Rollen, die ihm bald eine große Popularität errangen. Sein Maxenpfutsch („Nagerl und Handschuh"), sein „Eulenspiegel" lieferten echt Hogarth'sche Bilder, aber mit seinem Schneider Zwirn im „Lumpazivagabundus" hat Scholz den Grundstein zu seiner nachmaligen enormen Beliebtheit gelegt. „Dieses nur nobel!" des plötzlich reich gewordenen armen Teufels war aber auch von geradezu unwiderstehlicher Wirkung.

Meister Scholz kam bei seiner Fettleibigkeit dennoch ein hoher Grad von Agilität zu Gute, und selbst seine immensen Formen, noch künstlich vergrößert, haben ihn in vielen Rollen, wie z. B. in den „beiden Nachtwandlern", seine vis comica in sehr brillanter Weise entfalten lassen. Für dumme, tölpelhafte Bediente war Scholz wie geboren und je erustere Mienen er zog, um so drastischer wirkte er. — Glückliches Naturell! Aber Scholz war durchaus nicht einseitig; er war nicht blos in der Posse der Träger niedrig komischer Rollen, er leistete auch, handelte es sich darum, im Lustspiel Ausgezeichnetes. Hier wollen wir nur seines „Agamemnon Pünctlich" in „Kunst und Natur" oder seines Magister Lassenius in „Hofmeister in tausend Aengsten" gedenken, einer Rolle, in der Scholz durch die Einfachheit und Wahrheit seines Spieles fast bis zu Thränen rühren konnte, und darin höchstens von dem unnachahmlichen Charakterdarsteller Ignaz Schuster übertroffen war. Mit eben so vielem Glück versuchte sich Scholz in späteren Jahren einmal mit der Darstellung der Rolle eines Intriguants, des Haushofmeisters in Nestroy's köstlicher Posse: „Der Unbedeutende."

Schade, daß diesem reichbegabten Künstler noch in den letzten Jahren seiner Wirksamkeit die ihm zugedachte Rolle des Hartkopf in Kaiser's Posse: „Frau Wirthin" nicht mehr anvertraut werden konnte, weil diese umfangreiche Rolle dem alten Herrn — Scholz war damals schon ein Greis von mehr als 70 Jahren — denn doch zu anstrengend und im Studium zu schwierig gewesen wäre. Erwähnte Rolle fand übrigens an Grois einen ganz ausgezeichneten Darsteller. Eine von Scholz's letzten höchst komischen Rollen war in der Nestroy'schen Posse: „Kampl," und wer erinnert sich nicht noch des drastischen Luftsprunges (sollte eine Pirouette vorstellen) auf dem Hausballe, der ihm jedesmal einen zwei= bis dreimaligen Hervorruf verschaffte; man glaubte einen Tanzbären vor sich zu haben, so schwerfällig dabei, aber unendlich komisch war dieser für den alten Mann gewiß sehr gewagte Sprung.

Scholz's außerordentliche Verdienste als Komiker wurden auch von dem schlauen Director Carl vollkommen anerkannt, und Scholz war es ganz allein, den der reiche Mann in seinem Testamente mit einer Pension bedachte. Es waren ihm nämlich 600 fl. jährlich vermacht worden mit der Klausel, daß nach seinem Ableben die Hälfte dieser Pension auf seine Witwe übergehen sollte, jedoch in Wirklichkeit nicht lange von ihr genossen wurde, da sich Scholz's Witwe bald nach dessen Tod mit dem damaligen Orchesterdirector vom Carltheater, Herrn Krotenthaler, vermälte.

Vielleicht mögen auch geheime Gewissensscrupel Carl zu dieser letztwilligen Berücksichtigung seines ersten Komikers Scholz bewogen haben, als eben nur Carl's bis an Grausamkeit grenzender Egoismus die Ursache war, daß Scholz's längst gehegter Wunsch, in's k. k. Hofburgtheater zu kommen, an dem Speculationsgeiste Carl's scheitern mußte. Er verweigerte hartnäckig die Freigebung Scholz's, des durch Contracte und Vorschüsse an ihn gebundenen Komikers, und brachte diesen dadurch um ein lebenslängliches Engagement, das ihm ein sorgenloses Alter in Aussicht gestellt hätte. Scholz hatte aus dem Munde Seiner kaiserl. Hoheit des Herrn Erzherzogs Franz Carl die Versicherung, am Hofburgtheater engagirt zu werden, erhalten.

Auf der Bühne von unverwüstlichem Humor, war Scholz im Leben ernst, wortkarg und nur dem Tabakrauchen und Kartenspiele mit Leidenschaft ergeben. In letzterem hatte er stets entschiedenes Pech, verlor jedoch mit dem größten Gleichmuth. — Im Familienleben war Scholz in seiner ersten Ehe durchaus nicht glücklich. Seine Frau kümmerte sich nicht viel um die Wirthschaft und war eine Verschwenderin; zwei seiner Töchter konnten es über ganz mittelmäßige Schauspielerinnen nicht hinausbringen. Glücklicher war er in seiner erst im vorgerückten Alter eingegangenen zweiten Ehe.

Mit seinen Finanzen stand Scholz etwa durch acht

Zehntheile seines Lebens auf brouillirtem Fuße und war dießfalls jahrelang der Sclave zweier Herren, des Directors Carl, dann des Kaffeesieders Carl Petter nächst dem Theater an der Wien. Scholz's Gage war viele Jahre lang an die erwähnten zwei Gläubiger verpfändet, und er war darauf angewiesen, vom Spielhonorar und von dem zu leben, was er sich während seines Urlaubs durch Gastspiele verdiente. Erst in den letzten paar Jahren seines Lebens war Scholz rangirt, so zwar, daß er seiner Witwe noch einige tausend Gulden hinterlassen konnte.

Zu Scholz's größten Gönnern zählte der in Wien vor einigen Jahren im hohen Greisenalter verstorbene Fürst Adam Czartoryski. Scholz durfte bei jedem Benefice auf ein Röllchen Ducaten und tausend Stück der feinsten Cigarren von seinem fürstlichen Gönner mit Sicherheit rechnen, nahm aber auch nicht Anstand, so oft er ein Benefice hatte, nach der pflichtschuldigen Verbeugung gegen die Hofloge, auch nach der Loge seines fürstlichen Mäcens ein Compliment zu machen. — Das einmal zu seinem Beuefice gegebene Stück: „Der schwarze Mann," welches geräuschvoll durchfiel, sollte als Verfasser unsern Wenzel Scholz haben, doch das war eben nur Speculation, denn es fiel Scholz nie ein, selbst ein Stück zu verfassen.

Scholz starb in seinem 74. Jahre nach kurzem Krankenlager an der sogenannten Brigth'schen Krankheit, der Blutzersetzung, und zu seinem Leichenbegängnisse, an einem schönen Herbsttage, waren Hunderttausende von

Menschen auf den Beinen; die breite Jägerzeile wimmelte ihrer ganzen Länge nach von Theilnehmenden und Hunderte von Equipagen folgten dem Sarge eines Mannes, der den Wienern durch sein köstliches Spiel unendlich viele angenehme Abende bereitet hatte.

Es waren damals binnen wenigen Tage zwei Großwürdenträger in Wien zur Erde bestattet worden: einer im Reiche des Jokus, Scholz, der andere im Gebiete der Industrie, Alois Miesbach; jeder von beiden hatte wohl das Höchste erreicht, was in seiner Sphäre zu erreichen war! Möge Beiden die Erde leicht werden!

Von Scholz, der uns so oft erheitert und so viele vergnügte Stunden bereitet hatte, konnte man in Wahrheit sagen, er habe die Wiener nur einmal betrübt, als er — starb.

XVII.

Joseph Staudigl, k. k. Hofopern- und Hofcapellsänger,

war in Oesterreich geboren, und der Sohn armer Eltern, so zwar, daß er fast als Bettelstudent seine Studien durchmachte, bis er nach absolvirter Philosophie in der Benedictinerabtei Melk in Niederösterreich Aufnahme fand, nachdem in ihm der Entschluß gereift war, sich dem geistlichen Stande zu weihen.

Kein zweites Mal im Leben ist uns ein so vielseitiges, elastisches Talent, mit der Anlage es in Allem schnell zur Meisterschaft zu bringen, vorgekommen, wie dieß bei Staudigl der Fall war. Er wurde einer der größten Sänger seiner Zeit, — hatte ein ungemein großes Talent zur Erlernung fremder Sprachen, die er sich in unglaublich schneller Zeit zu eigen machte, — war ein Meister im Billard, mit welchem sich in Wien nur Wenige zu messen wagten, — Naturzeichner und Naturmaler, der es nach beiden Richtungen weit brachte und Schönes lieferte, ohne daß er darin einen geregelten Unterricht genossen hätte; — er war als Schütze berühmt, namentlich ein Meister im Bolzschießen, galt fast als unbesiegbar im edlen Schachspiel, sowie im Domino und er betrieb als Dilettant die homöopathische Heilmethode mit Vorliebe und Geschick, kurz er schien geboren zu sein, es in Allem und Jedem, was er anfaßte, zur Vollendung zu bringen. Auch für mechanische Arbeiten verrieth Staudigl ein großes Geschick, und wir sind überzeugt, hätte ihn Jemand aufgefordert, ihm einen genau passenden eleganten Stiefel zu machen, Staudigl würde, ohne von dem Schuhmacher= Handwerk das Geringste zu verstehen, in ein paar Wo= chen das Meisterstück eines Stiefels zu Stande gebracht haben, so groß war das proteusartige Talent des schlichten Staudigl.

Daß Staudigl bei solchen Anlagen es auch als Student zu erfreulichen Erfolgen bringen werde, ließ sich leicht voraussehen, und es konnte wieder nur ein Spiel des Zufalls sein, daß dieses jeder Bildung fähige Talent eine scharf prononcirte Abneigung gegen das Studium der Kirchengeschichte verrieth. Und ein Theolog ohne gute Fortgangsclassen in der Kirchengeschichte ist nach den Satzungen unseres Studienwesens rein undenkbar. Staudigl, das immense, von Vielen beneidete Talent, konnte sich mit dem Studium der Dogmatik nicht befreun= den, und erhielt in zwei aufeinanderfolgenden Semestern aus diesem für angehende Theologen wichtigsten Zweige ihres Studiums die zweite Classe, wodurch sein Austritt aus dem Stifte geboten, war. Unter anderen Verhältnissen würde schon Ein Zweier hinreichend gewesen sein, das weitere Studium der Theologie einzustellen; bei Staudigl machte der kunstsinnige damalige Abt des Stiftes Melk, der große Musikfreund Marian Zwinger, eine Ausnahme, drückte bei der ersten schlechten Fortgangsclasse Staudigl's ein Auge zu, und gab noch Frist; allein als Staudigl bei der darauffolgenden Prüfung aus der Dogmatik abermals die zweite Classe bekam, da konnte ihn selbst der ihm so freundlich gesinnte Prälat des Stiftes nicht mehr länger halten.

Staudigl mußte nach dem Wanderstab greifen und das Studium der Theologie aufgeben. Allgemein war der Schmerz der Conventualen, als Staudigl, der es bis zum Cleriker im zweiten Jahre gebracht hatte, und unter dem Stiftsnamen Victorin eine allgemein beliebte Persönlichkeit war, von seinen Brüdern Abschied nahm. Verfasser war Zeuge von Staudigl's Abschied von Melk und kann versichern, daß dem würdigen greisen Abt Marian die Augen thränenvoll waren, als er den Bruder Victorin entlassen mußte, dessen großes Gesangstalent sich bereits in dem Haydn'schen Oratorium „Die Schöpfung" bei Gelegenheit eines Stiftsconcertes so ruhmvoll beurkundet hatte.

Das Stift Melk, welches unter seinen Conventualen ganz tüchtige Musiker besaß — wir erinnern hier nur an den ausgezeichneten Claviervirtuosen Robert oder an den liebenswürdigen kleinen Subprior Franz Schneider, einen ganz vorzüglichen Violoncellisten — cultivirte seit vielen Jahren mit besonderer Vorliebe die Musik, und die im Prüfungssaale des Stiftes, der zugleich als Concertsaal diente, zeitweilig gegebenen Concerte lieferten mitunter ganz ausgezeichnete Productionen. Viel trug hiezu der häufige Besuch von Fremden bei, und die außerordentliche Gastfreundschaft, deren sich die Fremden dort zu erfreuen hatten, so daß es fast natürlich schien, Melk müsse auch recht zahlreich von Tonkünstlern besucht werden, was auch wirklich geschah. So lernte Verfasser dieser „Rückschau" bei einem Besuche des Stiftes daselbst den berühmten Compositeur Spontini kennen, der mit seiner Gemalin zu einem mehrtägigen Aufenthalte dort eingetroffen war. Gelegentlich eines solchen Stiftsconcertes hörte Verfasser dort einmal, als in Wien die Oper „Zampa" neu gegeben wurde und großes Aufsehen erregte, die „Zampa"-Ouverture in einer Weise aufführen, welche jedem Wiener Theaterorchester Ehre gemacht hätte. Und es scheint fast als ob der Sinn für Musik bei den Aebten des Stiftes Melk erblich geworden wäre, auch der Nachfolger Marian's, der liebenswürdige rüstige Greis Wilhelm Eder, Mitglied des Abgeordnetenhauses, jetzt schon ein Achtziger, ist ein eifriger Musikfreund und thut viel zur Pflege guter Musik im Stifte Melk.

Daß dem jungen Staudigl das Scheiden aus einem Hause, wo die Musik so sorgsam gehegt und gepflegt wurde, wie damals im Stifte Melk, sehr schwer fallen

mußte, ist selbstverständlich und obendrein trat er aus
einer sehr behaglichen, völlig sorgenfreien Existenz in die
Welt hinaus, nicht wissend, wie er sein Leben fristen
werde. In solcher Unsicherheit griff er nach dem —Theater,
(was in neuester Zeit auch bei dem im Hofoperntheater enga=
girten Sänger Dalfy der Fall war, welcher ebenfalls dem
Stifte Melk als Cleriker angehörte), und ließ sich, da denn
doch ein Anfang gemacht werden mußte, beim k. k. Hof=
operntheater im Chore aufnehmen. Mit diesem ersten Schritte
hatte das Universalgenie Staudigl's schnell wieder festen
Boden gewonnen.

Duport, damals Director dieser Bühne, war nicht
eine Secunde im Unklaren, hier habe er es mit einem ganz
ungewöhnlichen Talente, mit einem „Auserwählten" zu thun,
übergab Staudigl, der nebenbei immer noch im Chor be=
schäftigt war, dem Gesangsmeister Cicimarra zur weite=
ren Ausbildung, ließ ihn bei diesem Meister Rollen ein=
studiren und die Trinkleidenschaft des damaligen ersten
Bassisten Siebert bahnte Staudigl, ehe es derselbe ahnte,
eines Abends den Weg zum ersten Debut. Er sang als
momentaner Ersatzmann für den volltrunkenen Siebert
den Pietro in der „Stummen von Portici", und gefiel
derart, daß sich Duport veranlaßt fühlte, ihm alsbald die
bedeutende Rolle des Sarastro in Mozart's „Zauber=
flöte" anzuvertrauen, und siehe da, auch diese große Auf=
gabe löste der Künstler zur vollsten Zufriedenheit.

Nun war Staudigl's Glück gemacht, dem versto=
ßenen Stiftscleriker hatte sich die Welt eröffnet, welche

den gediegenen Künstler mit offenen Armen aufnahm. Freilich war in Wien in der ersten Zeit von Staudigl's Künstlerwirken sein materieller Erfolg kein besonders brillanter, denn Duport war in Bezug auf Gagenerhöhung kein großer Freund von Sprüngen. Staudigl mußte in den ersten Jahren für eine unglaublich kleine Gage wirken. Als er aber seine dreimonatliche Urlaubszeit zu einem Gastspiel in London verwendete, wo ihn die Engländer gar bald als den ersten und gediegensten Oratorium- und Gluck-Sänger erkannt und geschätzt hatten, wo er das Geld zu Pfunden (Sterling) einnahm, da legte er den Grundstein zu seiner späteren Wohlhabenheit und man kann sagen, das schöne Haus, das sich Staudigl in der Kettenbrückengasse in der Vorstadt Wieden erkauft, und welches heute noch im Besitze seiner Familie ist, war zumeist mit englischem Gelde bezahlt. Später brachte er noch ein bedeutendes Jagdrevier in sein Eigenthum.

Mittlerweile hatte es der Künstler auch in Wien zu einer großen Gage gebracht und seine Beliebtheit nahm allmälig riesige Dimensionen an. „Norma," „Robert der Teufel," „Hugenotten," „Puritaner," „Ballnacht," „Montecchi und Capuletti," „Heimkehr des Verbannten," „Marittana," „Waffenschmied von Worms," „Fidelio," „Verlorne Sohn," „Don Juan," „Entführung aus dem Serail," „Hochzeit des Figaro," „Pferd von Erz," „Moses," „die Jüdin," „Guttenberg," „Joseph und seine Brüder," „der Prophet," „Martha," „Indra,"

„Lucretia Borgia," „Maria di Rohan," „Don Sebastian"
u. s. w., u. s. w. bildeten ein reichhaltiges Repertoire dieses
seltenen Künstlers, der auch als Liedersänger das Höchste
leistete, was einem Künstler erreichbar ist. Wir erinnern
hier nur an Staudigl's unvergleichlichen Vortrag von
Schubert's „Wanderer".

Und ein solches Talent sollte so elendiglich enden!
Es scheint, daß zumeist Ueberreiz, ein allzu großes Hinge=
ben ernster Studien, wohl auch übermäßige Anstrengung
den Keim zu Staudigl's unheilbarer Krankheit gelegt
hatte. Er mußte dem Wahnsinn anheimfallen und endete
an völliger Erweichung des Gehirnes. Unvergeßlich wird
Verfasser dieser „Rückschau" jener erschütternde Moment
sein, wo er den damals als Regisseur im k. k. Hofopern=
theater angestellten Sänger Staudigl bei der Probe einer
Flotow'schen Oper auf der Bühne zwischen zwei Coulissen
sitzend und heftig weinend getroffen hatte. Nach der Ursache
des großen Schmerzes des Künstlers fragend, erfuhr er,
Staudigl sei darum so arg in Verzweiflung gerathen,
weil ihn plötzlich das Gedächtniß derart im Stiche gelassen
hatte, daß er kein Wort von seiner sorgfältig einstudirten
Rolle wußte. Das waren freilich schon sehr bedenkliche
Symptome, sichere Vorboten des sich bei ihm nur all=
zubald entwickeln sollenden Uebels der Erweichung des
Gehirns. Staudigl siechte über ein Jahr, ehe ihn eine gütige
Vorsehung seiner Auflösung entgegenführte. Er war eine
der ersten Zierden der deutschen Oper, sein Ruhm überlebt
ihn, er wird fast unersetzlich, gewiß unvergeßlich sein!

XVIII.
Wilhelm Kunst.

Mit dem Tode Wilhelm Kunst's, des gefeierten Helden- und Schauspielers im Theater an der Wien, diesem Liebling des hiesigen Publicums durch mehr als 30 Jahre, war wieder ein Stück von Alt-Wien, eine allbekannte Persönlichkeit zu Grabe getragen worden, die es schon verdient, daß man in der „Rückschau" auch ihr einen Scheideblick zuwirft. Vergänglich ist ja so des Mimen Ruhm, er kann nur die Gegenwart sein Eigen nennen, und darf noch froh sein, wenn ein dankbares Publicum gütig genug ist, ihm eine freundliche Erinnerung zu weihen. All' dieß ist mehr oder minder ein Geschenk von Wohlwollenden.

Wilhelm Kunst, im Jahre 1799 in Hamburg geboren, war der Sohn eines unbemittelten Schuhflickers, und bestimmt, das Metier seines Vaters zu erlernen, wozu er jedoch keine besondere Neigung empfand. Desto tiefer aber wurzelte in dem jugendlichen Gemüth die fast unbezwingliche Lust zur dramatischen Kunst und er verwendete all' seine kleinen Ersparnisse dazu, fleißig das Hamburger Stadttheater zu besuchen. Da fügte es der Zufall — nennen wir es ein gütiges Geschick, um nicht sagen zu müssen die Vorsehung, — daß der berühmte k. preußische Hofschauspieler Wurm zu einem Cyclus von Gastvorstellungen auf dem Stadttheater in Hamburg eintraf; das war Wasser auf des jungen Kunst's Mühle. Mit der gespanntesten Aufmerksamkeit und Theilnahme, mit einem Interesse, das sich nur auf Einen Gegenstand concentriren zu wollen schien, verfolgte der junge Kunst jede Gastvorstellung dieses Mimen, und seine Verehrung für denselben, so wie für die dramatische Kunst, die an Wurm einen ihrer befähigtesten Repräsentanten hatte, ging so weit, daß er sich demselben als Wixier, als Stiefelputzer anbot, und mit ihm eines schönen Tages seine Vaterstadt Hamburg verließ. Wurm fand großen Gefallen an dem aufgeweckten, für die Kunst erglühenden jungen Menschen, und beschloß selbst an dessen theatralische Ausbildung Hand anzulegen, ertheilte ihm dramatischen Unterricht und hatte an dem jungen Manne einen überaus eifrigen Schüler. Kunst erzählte später oft seinen Collegen, daß er während des Stiefelputzens den Hamlet studirt habe.

Sein großer Eifer für den selbstgewählten Beruf brachte es dahin, daß Kunst, ohne eigentliche wissenschaftliche Bildung, die Bühne zu Cöln am Rhein betrat. Seine erste Debutrolle war Carl Moor in den „Räubern" und der junge Mann riß Alles zum Beifall hin. Leider entwickelte sich in ihm auch jetzt schon neben seinem offenbar großen Talente zur Schauspielkunst noch speciell ein Talent nach einer ganz andern Richtung, das er später auch zur perfecten Ausbildung brachte, die Kunst, auf unerlaubte Art zu verschwinden, oder wie man sich in der Theatersprache auszudrücken pflegt, die Kunst im „Durchbrennen".

Trotz des ungeheuren Beifalls, den er in Cöln erntete, verschwand Kunst eines Tages plötzlich und kam im Jahre 1824 nach München, woselbst er am königl. Hoftheater am Isarthore mit demselben Erfolge spielte wie früher in Cöln und sogleich mit der für die damaligen Verhältnisse dort unerhörten Gage von fl. 2400 engagirt wurde.

Von München aus machte Kunst mit Director Carl im Jahre 1825 die Reise nach Wien, um auch in der Kaiserstadt seine schönsten Triumphe zu feiern. Von dieser Zeit an war Kunst dem Wiener Publicum durch seine Kunstleistungen auf der Bühne hinlänglich bekannt. Wer erinnert sich nicht noch seiner vortrefflichen Leistungen als: Carl Moor, Götz, Tell, Otto von Wittelsbach, Everard (im „Irrenhaus zu Dijon"), Albrecht der Streitbare, Dunois, Marquis Posa, Jaromir, Hinko u. s. w., ganz besonders aber seines Hamlet's, dem selbst die ersten Dramaturgen und Kunstrichter die Palme des Sieges und der Vollendung zugestanden.

Seine Vorzüge als dramatischer Künstler bestanden in einer schönen, kräftigen Heldengestalt, einem feurigen und beredten Auge, einer edlen Plastik in allen Stellungen und Bewegungen auf der Bühne, in einem wundervoll kräftigen, sonoren, jeder Modulation fähigen Organe, und in einer glühenden und sprühenden Phantasie. So viel über Kunst, den Schauspieler, dessen Schattenseite zuweilen die Sucht nach Effecthaschen war. Als Mensch und Sohn zeichnete ihn besonders herzliche, innige Liebe zu seinen alten Eltern aus, die er, so wie seine Verhältnisse es gestatteten, sogleich nach Wien kommen ließ, um sich nicht mehr von ihnen zu trennen, bis sie beide der Tod dahinraffte.

Schon seit mehreren Jahren hatte sich bei Kunst ein Herzfehler bemerkbar gemacht, dem sich später noch ein anderes, den sicheren Tod im Geleite führendes Leiden beigesellte, welchem Kunst in der Nacht vom 16. auf den 17. September 1860 im 60. Jahre seines vielbewegten Lebens hier in Wien, an der Stätte seiner schönsten Triumphe, erlag.

XIX.

Des Komikers Johann Grün Leichenbegängniß

gibt in der That Anlaß zu sehr ernsten Betrachtungen, zu einer Parallele, die zu ziehen wir uns nicht enthalten können, so groß auch immer unsere Achtung vor dem alten Spruche: „De mortuis nil nisi bene," — den ein Spree=Athener einmal frei übersetzte: „Von den Todten bleibt nichts übrig als die „Beene" (Beine)," — sein mag. — Es ist dieß eine Parallele mit dem einige Monate früher stattgehabten Leichenbegängniß des Heldenspielers Wilhelm Kunst, dem diese „Rückschau" ein eigenes Capitel widmen zu sollen glaubte, weil Kunst's vortreffliche Leistungen das Publicum Wiens, wenn auch mit kleinen Unterbrechungen, durch länger denn dreißig Jahre vergnügten — Johann Grün, dessen Leichenbegängniß eben diese Parallele veranlaßt, hatte demselben Publicum, den lachlustigen Wienern nämlich, durch 5—6 Jahre das Zwerchfell tüchtig erschüttert.

Beide — Kunst und Grün — waren hier schwer erkrankt, beide waren durch langwieriges Siechthum in dürftigen, erwerbslosen Zustand versetzt und hoffnungslos ihrer Kunst für immer entzogen, nur daß Kunst in Wirklichkeit durch Alter und Krankheit in „die peinliche Noth" gerathen war, während die simulirte Dürftigkeit des Komikers sich nach dessen Tod als ein schlechter Spaß erwies, als ein rein speculatives Manöver, wodurch die sprichwörtlich gewordene Gutmüthigkeit der Wiener, sowie die humane Theilnahme und wahrhaft aufopfernde Freundschaft seiner Collegen in unverantwortlicher Weise mystificirt wurden.

Was geschah für Beide, um ihnen ihr schweres Unglück zu erleichtern, um diesen Hartbedrängten unter die Arme zu greifen?

Für Wilhelm Kunst wurde über Anregung zweier seiner ältesten Freunde und Collegen eine Sammlung bei sämmtlichen Bühnen Wiens veranstaltet, an der sich die Mitglieder des k. k. Hofburgtheaters mit fl. 80, jene des Carltheaters mit fl. 120 und die Mitglieder der andern Bühnen Wiens in edler Bereitwilligkeit in der Art betheiligten, daß dadurch für den armen Kunst eine Summe von 300 und etlichen Gulden aufgebracht wurde, eben hinreichend, ihm während seines leidenden, hoffnungslosen Zustandes in einem ärmlichen Zimmerchen, dessen ganzes Meublement in einem Bette, einem Tisch, ein paar Rohrstühlen, einem ziemlich alten, harten Ruhebette und einem alten Kasten bestand, in den fünf kummervollen Mo-

naten bis zu seinem Hinscheiden die nöthigen Lebens=
mittel, Medicamente und ärztliche Hilfeleistung zu ver=
schaffen.

Grün hingegen fand, als er sich durch Brutalität
die Theilnahme des gutmüthigen Directors Alois Po=
korny verscherzt hatte, der ihm in seinem kranken, er=
werbsunfähigen Zustande durch ein ganzes Jahr seine
volle Gage hatte auszahlen lassen, an dem dramatischen
Dichter O. F. Berg (Ebersberg), den Redacteur des
„Kikeriki", einen wahren, edlen, theilnahmsvollen und
aufopferungsfähigen Freund, welcher ihn, als er durch
eigenes Verschulden am Theater an der Wien entlassen
wurde, in die Josephstadt übersiedeln ließ, ihm dort eine an=
ständige Wohnung mit bequemem Meublement verschaffte,
und durch Grün's beständige Klage über dessen Dürftig=
keit bewogen, ihn über ein halbes Jahr aus eigenen
Mitteln mit allem Nöthigen in wahrhaft aufopfernder
Weise unterstützte, so daß Grün factisch ganz und gar von
Berg erhalten wurde. Als Grün einmal gegen seinen er=
probten Freund Berg den Wunsch aussprach, eine Reise
nach Italien machen zu können, von der allein er noch
seine Wiedergenesung hoffen dürfe, da war es wieder
der edelmüthige Berg, der Alles aufbot, zu diesem Zwecke
eine Akademie zu arrangiren, deren Erträgniß im Stande
wäre, seinem Freunde die Realisirung von dessen letzter
Hoffnung zu ermöglichen, und er wurde in diesem wahr=
haft samaritanischen Beginnen noch von einem zweiten
Menschenfreunde, Herrn Albert Strauß, auf das Eifrigste

unterstützt. Der brave Nestroy, der immer das Herz am rechten Flecke hatte, überließ mit humanster Bereitwilligkeit zu diesem Zwecke sein Carl-Theater zu einer Mittags-Akademie, an der sich durch gefällige Mitwirkung zu Gunsten ihres hartbedrängten Collegen, den Alle von der größten Armuth und Dürftigkeit heimgesucht wähnten, alle ersten Komiker Wiens betheiligten. So etwas mußte wirken, und in der That, das Publicum strömte zu dieser Akademie in Massen herbei, und deren Reinerträgniß belief sich auf nahezu 3000 fl. — Das konnte man schon Hilfe in der Noth nennen.

Als bald darauf Grün seinem unheilbaren Lungenübel erliegen mußte, war man nicht wenig erstaunt, als sich ein Testament vorfand, welches über die Summe von fl. 5000 für verschiedene Legate verfügte, und eine sehr beträchtliche Summe für ein pompöses Leichenbegängniß anwies. Berg, der fest der Meinung lebte, Grün besitze kein anderes Vermögen als das Erträgniß jener Akademie, das auch nicht mehr vollständig vorhanden sein konnte, war im höchsten Grade überrascht und er konnte nichts Anderes glauben, als daß Grün bei Abfassung dieses Testamentes schon im Delirium gewesen sei, oder sich auf dem Todtenbette noch habe einen Spaß erlauben wollen. Als jedoch später in Gegenwart eines Notars und zweier Gerichtspersonen eine genaue Visitation vorgenommen wurde, fand man in einem Secretär des Verstorbenen, in einer der untersten Laden eine angeschraubte Cassette, und bei deren Eröffnung ergab sich, daß dieselbe ein älteres

Sparcaſſebüchel, auf die Summe von fl. 3000 C.=M.
lautend, dann einige hundert Gulden baares Geld in
Banknoten und ein zweites Sparcaſſebüchel mit der
Summe von fl. 1500 Oe. W. enthalte, welche von einem
Theile des Akademie=Erträgniſſes herrührte, ſomit genau
die Summe auswies, über welche der Verſtorbene letztwil=
lig verfügt hatte. Es liegt ſomit klar zu Tage, daß
Grün, als er, Dürftigkeit vorſpiegelnd, die Hilfe ſeines
Freundes Berg anſprach und auch factiſch annahm, ſchon
im Beſitze von fl. 3000 C.=M. war, welche Summe für
die Spanne Zeit, die ihm bei ſeinem krankhaften Zuſtande
noch zu leben vergönnt ſein konnte, mehr als ausreichend,
daß ſomit jede menſchenfreundliche Hilfe hier Ver=
ſchwendung, ein unmotivirtes, unverſchämtes Begeh=
ren war.

Als Kunſt ſeinen Leiden erlegen, fanden ſich als
Baarvorrath fl. 4.84 kr. Oe. W. vor, alles Uebrige hatte
ſeine fünfmonatliche Krankheit verſchlungen, und abermals
waren es wieder die beiden ſchon erwähnten Freunde und
Collegen, die neuerdings ſammelten, um ſo viel aufzubringen,
dem Künſtler ein beſcheidenes, jedoch anſtändiges Begräbniß
zu verſchaffen. Er konnte ſeinen Erben nichts hinterlaſſen,
als ſeine Theatercoſtumes und jenes denkwürdige Buch
aus Friedrich Schiller's Bibliothek (ein Exemplar der
„Räuber"), welches ihm der Sohn des berühmten deut=
ſchen Dichters, der königlich preußiſche Appellationsrath
Ernſt v. Schiller, zum Andenken gab, und dieſe Widmung
im Buche eigenhändig beſtätigte, jenes Buch, das Kunſt ſtets

wie eine Reliquie, wie ein Heiligthum verehrte, und von dem er sich, obschon ihm nicht unbedeutende Beträge dafür geboten wurden, selbst in der größten Dürftigkeit, der er in seiner letzten Lebensperiode ausgesetzt war, nicht trennen konnte.

Grün war durch seine erheuchelte Armuth im Stande nach seinem Tode noch Tausende als Legate zu hinterlassen, und einem Cröfus gleich tausend Gulden für sein prachtvolles Leichenbegängniß anzuweisen!

Kunst's Leichenbegängniß war einfach, doch anständig; dem Zuge schlossen sich zahlreiche Freunde und Verehrer des Verblichenen an. Alle Theater Wiens, die beiden k. k. Hoftheater nicht ausgenommen, waren bei Kunst's Leiche massenhaft vertreten, indem fast alle dramatischen Künstler Wiens dem geschiedenen Collegen die letzte Ehre und Liebe erwiesen, und die herzlichste Theilnahme war auf den Mienen Aller ausgedrückt. Grün's Leichenzug war groß und fand mit allem kirchlichen Gepränge statt, aber es folgten demselben nur Schaulustige und Neugierige, die der Pomp eines Tausendgulden-Begräbnisses anlockte, und die sonst keinen Antheil nahmen. Von sämmtlichen Bühnen Wiens waren nur sehr wenige Mitglieder erschienen, vom Carltheater nur Eine Notabilität — Carl Treumann.

Bei Kunst's Leichenbegängniß sah man feuchte Augen, bei Grün's Leichenbegängniß nur neugierige Blicke. — Welches von beiden verdient nun den Vorzug?

Am Schluffe dieses Capitels sei es uns gegönnt, noch eines kleinen, aber scharf charakterisirenden Intermezzo's zu gedenken: Mitten unter den Vorbereitungen zur Akademie verschlimmerte sich Grün's Zustand derart, daß man der ernsten Befürchtung Raum gab, er werde den schon bestimmten Tag der Akademie nicht mehr erleben. Aus diesem Anlaß fragte Berg den schwer Erkrankten, wie er wohl, wenn ihm noch vor dieser Akademie etwas Menschliches passiren sollte, über das in Aussicht stehende reiche Erträgniß zu verfügen gedenke, und erlaubte sich ihm vorzuschlagen, seine ältesten Kunstgenossen in Wien, die eben mehr oder minder in nicht günstigen Verhältnissen lebten, mit einigen hundert Gulden zu bedenken und bezeichnete hiezu namentlich die HH. Hopp, Stahl, Brinke und Frau Schmidt, geborne Demmer. Grün zeigte sich über diesen Vorschlag sichtlich erfreut, und versprach seinem Freunde diesen Rath freudig zu befolgen. Ja noch mehr, etliche Tage darauf eröffnete Grün seinem Freunde Berg, daß er dessen Vorschlag befolgt, ein Testament in diesem Sinne verfaßt und es auch bereits einem Notare übergeben habe, und er fügte noch bei, daß ihm diese Handlung eine so wohlthätige Befriedigung verschafft habe, daß er sich nun um ein Bedeutendes erleichtert fühle. Die Eröffnung des Testamentes zeigte, wie wenig Grün seinem Freunde Wort gehalten, und was somit seine letzten Worte waren.

Nun aber — requiescat in pace!

XX.

Seltsame Wandlung der Stimme bei einem Sänger.

Gelegentlich des Gastspieles der unvergleichlichen Sängerin Jenny Lind (jetzt verehelichten Goldschmid) gastirte mit der Gefeierten im Theater an der Wien im Jahre 1847 als Elvin in der Oper „die Nachtwandlerin" ein vom Director Pokorny aus Agram hierher berufener Tenor Namens Stasics. Die Leistung dieses Kunstjüngers fand kaum irgend eine Beachtung, einmal schon, weil Jenny Lind das Hauptinteresse für sich in Anspruch nahm, dann aber auch weil Stasics, so schöne Anlagen er auch verrieth, doch ein viel zu schwaches Stimmchen entwickelte, als daß ihm auf der Bühne eine bedeutende Laufbahn in Aussicht zu stellen gewesen wäre. — Man rieth dem jungen Manne damals, dem Theater zu entsagen, und wirk-

lich kehrte Stasics nach seiner Heimat, wo er sich seiner
früheren Beschäftigung als Apotheker widmete.

Jahre vergingen, die Wiener hatten den unbedeuten=
den Sänger Stasics, welchen Jenny Lind vor Jahren so
sehr verdunkelte, schon ganz und gar vergessen, da tauchte mit
einem Male die überraschende Nachricht auf, derselbe habe
unter dem deutschen Namen Steger in Pest und Prag
Furore gemacht, in ersterer Stadt ungarisch, in letzterer
deutsch singend. Ein Erfolg als Sänger in dem musika=
lisch gebildeten Prag, das hatte, wie die Wiener wußten,
schon etwas zu bedeuten, denn der Ausspruch des Prager
Publicums war in musikalischer Beziehung seit vielen Jah=
ren maßgebend, und die Prager hatten so manchen aus=
wärts gefeierten Künstler mit Protest zurückgewiesen, und
es hatte sich nachmals herausgestellt, daß das Pra=
ger Urtheil das richtige gewesen.

Was war mit Steger's Organ im Laufe nur eini=
ger Jahre für eine gewaltige Wandlung vorgegangen?
Aus dem Sänger mit dem schwachen, wie es schien fast
kranken Stimmchen, war ein Gesangsriese geworden, ein
Sänger, dessen Brustkorb von Eisen construirt schien, des=
sen Lungen der gewaltigsten Anstrengung sich fügten.
Waren doch Verdi'sche Schreirollen für Steger nur
ein Spielwerk. Eine ähnliche Metamorphose ist uns wäh=
rend unserer vieljährigen Theaterpraxis kein zweites Mal
begegnet.

Als Cornet die Direction des k. k. Hofoperntheaters

im Jahre 1853 antrat, debutirte Steger das erste Mal am 12. Juni neben der Tietjens und neben Beck als Arnold im „Tell" mit dem glänzendsten Erfolge, und außer der Deutlichkeit der Vocalisation war es zumeist die überwiegende Kraft der Stimme, welche diesem zum Heldentenor geschaffenen Sänger in Wien schnell so zahlreiche Freunde gewonnen.

Er spielte sich so zu sagen mit den anstrengendsten Partien, welche ihm auch ausschließlich übertragen wurden. So z. B. übertönte sein kraftvolles, markerschütterndes Organ in dem lärmenden Finale des 4. Actes von Auber's „Verlornem Sohn" den ganzen Chor und das Orchester, ja selbst die brausenden und schmetternden Posaunenstöße. Der „verlorne Sohn" ist eine so anstrengende Opernpartie, daß Ander seinem Director Holbein einmal das Geständniß machte, er singe ihm lieber an zwei aufeinanderfolgenden Abenden den Propheten oder den Raoul in den „Hugenotten", als einmal nur den verlornen Sohn, und es blieb diese Rolle fortwährend nur im ausschließlichen Besitze Steger's, der sich dadurch nicht im Geringsten alterirt fühlte. Welche Triumphe feierte Steger hier an der Seite des gleichfalls mit einer kolossalen Stimme begabten Sängers Beck in den Opern: „Lucretia Borgia," „Lucia," „Hernani," „Belisar," „Cortez," „Keolanthe," „Leonore" („Favoritin") u. s. w.

Er hatte sich in Wien in kurzer Zeit zu einer ungewöhnlichen Beliebtheit emporgeschwungen, welche ihm selbst dann noch erhalten blieb, als er über die Gebühr der Manier des Tremolirens huldigte. Zerwürfnisse mit der Direction, wohl auch eine für beide Theile etwas unbequem werdende Spannung zwischen dem, jedem Servilismus fremden Künstler und dem an das Schweifwedeln und Nackenbeugen gewohnten damaligen Oberstkämmerer führten die Auflösung und Nicht-Wiedererneuerung des Contractes mit Steger herbei, der später noch wiederholt als Gast hier erschien, und stets die freundlichste Aufnahme gefunden hatte. Zumal in seiner Capitalleistung, des Eleazar in der „Jüdin", einer Partie, mit der Steger so zu sagen in's Schwarze getroffen hatte, denn auch in Bezug auf die Darstellung — fast stets eine Schattenseite bei Steger — war sein Eleazar bis in die kleinsten Details musterhaft ausgearbeitet.

Seit Jahren zieht Steger das Reisen auf lucrative Gastspiele, wie z. B. wiederholt in Bukarest, im Nationaltheater in Pest, in Prag, wohl auch in deutschen Hauptstädten der Annahme eines fixen Engagements vor und findet bei seiner eisernen Gesundheit dabei bestens seine Rechnung. Seine Lieblingsidee, nach Italien zu reisen, und sich der italienischen Oper zu widmen, scheint Steger in neuerer Zeit aufgegeben zu haben.

Steger hatte und hat noch brillante Engagements und sammelte sich in einigen Jahren ein ansehnliches Vermögen, mit dem er klug hauszuhalten versteht. Er besitzt einen trefflichen Charakter, ein offenes Herz und einen collegialen Sinn, Eigenschaften, die ihm überall zahlreiche Freunde erwerben. Zur Zeit als Emma di La Grua als Primadonna im kaiserl. Theater zu Rio Janeiro engagirt war, erging auch an Steger eine Berufung dahin, zu einem fabelhaften Honorar, worauf der Künstler jedoch nicht einging.

Mit seiner Gattin, einer Schülerin des Wiener Conservatoriums, welche früher auch eine Zeit lang der Bühne angehörte, lebt Steger in der glücklichsten Ehe.

XXI.
Ein nie Alternder.

Der k. k. Hofschauspieler Carl Fichtner scheint sich, wie Emil Devrient unter den Deutschen, wie die Dejazet und Mars unter den Franzosen, auf der Bühne das Geheimniß eines ewig jugendlichen Aussehens erworben zu haben. Betrachten wir uns den liebenswürdigen Künstler, der, heute noch eine Zierde des k. k. Hofburgtheaters, mit jugendlicher Kraft, voll Elasticität und Geschmeidigkeit, voll Adel und mit der feinsten Tournure in Salonstücken sich bewegt, ein Muster für sich heranbildende junge Künstler, etwas näher, es lohnt sich hier schon der Mühe.

Carl Fichtner weiht nun schon durch länger als 40 Jahre, also beinahe ein Menschenalter, sich dem Dienste Thalias, und zwar noch immer mit einem Erfolge, um den ihn Viele beneiden dürften. Er war zu Anfang der Zwanzigerjahre, freilich damals ein erst aufkeimender, sprossender Jüngling, in seinem Aeußern was man sagt „bildschön", mit einem sanften und lieblich tönenden Organ begabt, zuerst im Theater an der Wien, unter des Grafen Palffy Direction, und zur Zeit, als Fichtner's Pflegevater, der damalige Dramaturg des Theaters an der Wien und zugleich dramatische Dichter Wilhelm Vogel, dort als Generalsecretär fungirte, aufgetreten, und hatte, wie dieses kaum anders kommen konnte, sich schnell die Gunst des Publicums erworben. Es war zunächst wieder ein nach dem Französischen von Vogel bearbeitetes Rührdrama: „Der falsche Schlüssel," in welchem Fichtner, in einer überaus dankbaren Rolle beschäftiget, die Aufmerksamkeit Schreivogel's, dieses gediegenen Secretärs des Hofburgtheaters, auf sich zog, der Fichtner sofort für das Hofburgtheater engagirte, an welcher Bühne dieser Günstling Thalia's nun fast schon durch vierzig Jahre auf das Ehrenvollste wirkt, mit jeder neuen Rolle Proben seines merkwürdigen Talentes liefernd.

Fichtner war es zunächst, dessen feines Spiel den Bauernfeld'schen Lustspielen zu dem hohen Grad von Beliebtheit verholfen hat, den selbe im k. k. Hofburgtheater durch mehr als drei Dezennien behaupteten, und Fichtner schafft heute noch mit jeder neuen Rolle, die er übernimmt, etwas Meisterhaftes. Der Uebertritt in ein reiferes Rollenfach hat diesem denkenden Künstler nur ein neues Feld seiner Wirksamkeit eröffnet. — Vor etwa zwanzig Jahren schwebte das Leben dieses am Nervenfieber tödtlich erkrankten Künstlers in Gefahr, und die Theilnahme des Wiener Publicums für seinen ausgesprochenen Liebling äußerte sich damals in einer für denselben sehr ehrenden Weise. Von dieser Zeit her rührt auch eine Schwäche seines Gedächtnisses, welche dem Künstler das Studium seiner Rollen wohl sehr erschweren mag, und die nächste Ursache sein dürfte, daß sich derselbe so häufig auf der Bühne verspricht. Allein das immer gerechte Publicum hat dem Künstler in dieser Beziehung schon längst einen Generalpardon bewilligt, und Fichtner scheint das Recht zu haben, sich zu versprechen, so oft er will.

Seit mehr als zwanzig Jahren mit der Tochter des Hofschauspielers und Regisseurs weil. Joseph Koberwein, der k. k. Hofschauspielerin Betti Koberwein, vermält, hat er einen Sohn, der gleichfalls ein nicht gewöhnliches Bühnentalent entwickelt, und der, irren wir nicht, zuerst am Hofe des bekannten Kunstmäcens, des Herzogs Ernst von Sachsen-Coburg-Gotha, debutirte.

Fichtner bekleidet schon seit vielen Jahren die Regisseursstelle am k. k. Hofburgtheater; er ist Besitzer des Verdienstkreuzes des herzoglich sächsischen erneftinischen Hausordens und zugleich das drittälteste Mitglied des k. k. Hofburgtheaters; ihm gehen in der Dienstzeit nur Anschütz und Löwe vor, und er wird in nicht ganz zwei Jahren, nach zurückgelegter vierzigjähriger Künstlerwirksamkeit am Hofburgtheater, in den wohlverdienten Ruhestand treten können.

Seit Monaten wird das Publicum nicht müde, seinem Liebling Fichtner den Beweis zu geben, in welch' hohem Grade er dessen Liebe besitze, und wie schmerzlich es sein

Scheiden von der Bühne empfinden würde, indem es denselben, so oft er in einer seiner alten Glanzrollen auftritt, mit minutenlangem, demonstrativem Beifall empfängt; das ist sehr schön und der Liebenswürdigkeit des Wiener Publicums Ehre machend, doch sollte man nach unserem Bedünken auch den festen Entschluß eines Künstlers achten, den gewiß nur triftige Gründe bestimmen können, dem Schauplatz seines rühmlichen Wirkens freiwillig zu entsagen.

XXII.
Ein Chamäleon.

Kein Kunst- oder Musikfreund hat wohl des erst vor einigen Jahren hier verstorbenen schmächtigen, fast verkommen aussehenden Männchens vergessen, das sich etwas mühselig durch's Leben schleppte, weil es hinkte, dagegen wieder ein ganzer Mann war, saß es am Notenpult, das Violoncell zwischen den Beinen, dem es die markigsten, kraftvollsten, melodiösesten Töne zu entlocken verstand, Egyd Borzaga's, dieses vieljährigen Orchestermitgliedes des k. k. Hofopertheaters, dann Mitgliedes der k. k. Hofcapelle, interimistischen (im Jahre 1848) Qua-Directors des k. k. Hofopertheaters, unter Holbein's Direction aber Secretärs dieser Bühne.

Borzaga war ein äußerst vielseitiges, proteusartiges Talent, ein echtes Chamäleon, denn er spielte nach den verschiedensten Farben. Als Violoncellist war er einer der gediegensten, geachtetsten Künstler auf diesem Instrumente, das er, was die Festigkeit und das Markvolle des Tones betrifft, mit derselben Virtuosität behandelte, wie der erst jüngst verstorbene Mayseder seine Violine. Was Borzaga Classisches in der sogenannten Kammermusik leisten konnte, davon gaben die hervorragendsten musikalischen Productionen Wiens, die concerts spirituels und die Hellmesberger'schen Quartette den sprechendsten Beweis.

Aber Borzaga's Thätigkeit beschränkte sich durchaus nicht einseitig auf das Virtuosenthum, er besaß auch die umfassendsten und genauesten Kenntnisse der Bühne, und bezüglich der Leitung derselben ein administratives Talent, wie solches nur Wenigen verliehen ist; dabei Ausdauer, Zähigkeit, Energie und Willenskraft, wie solche in gleichem Grade nur selten vorkommen. Borzaga konnte mit der Unverdrossenheit eines Lastthieres arbeiten; er, der schwächlich Scheinende, ermüdete nie, und wäre auch ganz gewiß ein ausgezeichneter Theaterdirector geworden.

Bezeichnend für seine Chamäleon-Natur mag der Umstand sein, daß Borzaga, dessen politische Gesinnung man fast eine ultra-radicale (um nicht zu sagen demagogische) nennen konnte, sich dennoch als Mitglied der k. k. Hofcapelle, sowie des k. k. Hofoperntheaters zu halten vermochte, daß er, der freisinnigste Mann, als Secretär neben dem conservativsten Director (Holbein) sich jahrelang zu behaupten verstand, und selbst dann, als er kurz nach Jansa's Entlassung aus der k. k. Hofcapelle polititischer Gründe halber in eine Untersuchung gerathen, sich vollständig und glänzend zu purificiren gewußt. Sein unruhiger Geist wurde erst zur Ruhe gebracht, als er einem längeren, entarteten Hämorrhoidal=Leiden unterliegen mußte.

Er hinterließ eine Witwe mit zahlreicher Familie, die jedoch in der ältesten Tochter, welche durch ihren Vater zu einer ganz tüchtigen Sängerin ausgebildet worden war, eine ergiebige Unterstützung erhalten hat. Letztere hat sich bereits vermält, und war an deutschen Opernbühnen von Rang als Primadonna engagirt, in welcher Eigenschaft sie noch gegenwärtig unter dem Doppelnamen Skala=Borzaga wirkt.

XXIII.
Ein Komiker mit einer einzigen Rolle.

Einseitig gebildete Schauspieler, deren eigentliche Verwendbarkeit sich auf ein exclusives Rollenfach beschränkt, wie z. B. die besonders gelungene Darstellung von Judenrollen, von carikirten Engländern, von Geizhälsen, Simandeln u. s. w., gibt es, so lange überhaupt Theater bestehen; aber daß ein Schauspieler in der Darstellungskunst Einer Rolle das Höchste, Vollkommenste leistet, was einem Mimen möglich wird, in allen übrigen Rollen jedoch vollkommen ungenießbar bleibt, das gehört schon zu den Ausnahmen, und ein solches seltenes Exemplar, ein solches unicum, möchten wir sagen, bildete seiner Zeit, das ist etwa vor 30 Jahren, der norddeutsche Komiker Börner mit seiner einzigen Rolle, dem Maurerpolier Kluck in Louis Angely's Vaudeville: „Das Fest der Handwerker." War das eine prachtvolle, abgerundete, bis

in die kleinsten Details auf das Sauberste durchgeführte
Leistung, in treffender Maske, in allen Gesten und Bewe=
gungen, in der trockenen Komik unerreichbar möchten
wir sagen; da war in der That jeder Zoll ein — Mau=
rerpolier!

Und welch' klägliche Rolle spielte jener Börner in
einer jeden andern Rolle. Duport hatte ihn für das
k. k. Hofoperntheater engagirt, machte auch ein ganz
gutes Geschäft mit ihm, denn „das Fest der Handwerker"
hat wohl bei 100 Wiederholungen erlebt, weil es sehr be=
liebt und als Vorspiel bei Balleten sehr leicht verwendbar
gewesen, denn dazumal herrschte noch die gute Sitte, daß
man dem Ballet ein Guttheil seiner ihm angebornen
Langweiligkeit dadurch benahm, daß man es auf die
Dauer von anderthalb Stunden beschränkte, nicht aber
ihm, wie jetzt, einen ganzen Abend einräumte. Als es aber
Duport in anderen Rollen mit Börner versuchte, z. B.
in den Operetten: „Paris in Pommern," „der Chorist
in der Equipage" u. s. w., da sollte er nur zu bald ein=
sehen, daß er es mit einem ganz unverwendbaren Mitgliede
zu thun hatte.

Hätte sich Börner übrigens auf den Rummel ver=
standen, er wäre sicherlich im Stande gewesen, mit dieser
einzigen Rolle sich eine Existenz zu gründen, dann aber
hätte er mit seinem Maurerpolier Kluck die ganzen deutschen
Bühnen der Runde nach durchwandern müssen und sich
als Gast ein schönes Geld verdienen können; aber auch
darauf verstand sich Börner nicht; das Geld war ihm zu

rund, kollerte ihm durch die Finger, und so kam es, daß der unvergleichliche Kluck-Darsteller, der in Wien allein mit dieser einzigen Rolle länger als ein Jahr im behaglichsten Wohlstand hätte leben können, plötzlich einer Sternschnuppe gleich verschwunden war, nicht die leiseste Spur seiner Existenz hinterlassend. — Und auch auf Bühnen, wo „das Fest der Handwerker" ein bereits abgespieltes Stück war, konnte Börner noch mit Sicherheit rechnen, denn wenn er darin auftrat, mußte das Ganze eine durchaus neue Façon erhalten.

Im k. k. Hofoperntheater wurde übrigens dieses Vaudeville in ganz vorzüglicher Weise dargestellt. Da war z. B. der tüchtige Spieltenor Ludwig Cramolini, ein ganz sches, excellentes Hähnchen; da war die, in der großen Oper für Pagen eben so ausgezeichnete, graziöse Sängerin Frl. Marie Henkel, sowie später ihre Nachfolgerin, die als erste Coloratursängerin daselbst engagirte Liebhart, ein sehr anmuthiges, schelmisches Lenchen; da war der alte Gottdank, dieser unvergeßliche Schwabe in der Operette: „Die beiden Füchse," als böhmischer Meister Klempner ein recht drastischer Krpelka, dessen schwerfälliger Tanz nicht minder komisch wirkte als jener des Meister Scholz. Bei so eminenter Besetzung war der durchschlagende Erfolg dieses specifisch berlinerischen Vaudevilles in Wien ein leicht begreiflicher.

In der Rolle des Kluck erschienen später im Hofoperntheater noch der Regisseur C. Just, ein sehr verwendbarer, routinirter Komiker, im Leopoldstädter Theater die vorzüglichen Komiker Hausmann und Kläger, und im Theater an der Wien der Berliner Komiker Julius Findeisen, durchaus ganz tüchtige Kluck=Darsteller; alle vier mußten jedoch vor Börner's Kluck die Segel streichen.

Und wie kam Börner zur Rolle des Kluck? Börner war beim Theater zu Magdeburg als Baffist engagirt. „Das Fest der Handwerker" war dort ein sehr beliebtes Repertoirestück, der bekannte Komiker Plock, ein vortrefflicher Kluck=Darsteller. Eines Abends erkrankte dieser Künstler, als gerade „das Fest der Handwerker" angekündigt war. Börner erbot sich zur sofortigen Uebernahme dieser Rolle, spielte sie Abends ohne Probe, und . . . sein Glück war gemacht. Er gefiel in dem Maße, daß Plock von jenem Abend an ganz und gar auf die Rolle des Kluck zu Gunsten Börner's Verzicht leistete, der über Nacht vom unbekannten Baffisten zum beliebten Komiker avancirt war. Beigefügt muß werden, daß Börner sich die Rolle des Maurerpoliers ganz und gar zurechtgelegt hatte, und solche vollkommen abweichend von Angely's Kluck gab.

XXIV.

Eine Sängerin mit nur Einer Rolle.

Wir haben im früheren Capitel ausführlich von einem Komiker gesprochen, der nur Eine Rolle hatte. Dieselbe Bühne jedoch, das k. k. Hofoperntheater, besaß auch eine Sängerin, die in den letzten 15 Jahren ihrer Wirksamkeit auf eine einzige Rolle beschränkt blieb, nämlich die k. k. Hofopernsängerin Frau Katharina Waldmüller, in früheren Jahren eine sehr berühmte Darstellerin des Tancred in Rossini's gleichnamiger Oper.

Bei Börner war die exclusive Beschränkung auf eine einzige Rolle ein Gebot der Nothwendigkeit, denn Börner war, wie schon erwähnt, in jeder andern Rolle außer dem Kluck ungenießbar, — bei Frau Waldmüller trat aber dieser Fall keineswegs ein, und wenn selbe das Wiener Publicum viele Jahre hindurch nur in der Rolle der Kartenschlägerin Adverson in Auber's Oper: „Die

Ballnacht" zu sehen und zu hören bekam, so lag davon die Ursache durchaus nicht in der Künstlerin selbst, war vielmehr in ihrer ganz eigenthümlichen Sonderstellung, wohl auch in der Laune der jeweilig an dem Ruder stehenden Directoren des Hofoperntheaters begründet, denen es eben gefiel, die Sängerin Waldmüller so gut als unbeschäftigt zu lassen.

Sie war schon Mitglied des Hofoperntheaters, als dieses noch als kaiserliches Hoftheater unter Einer Direction mit dem k. k. Hofburgtheater stand, und es trat bei ihr genau derselbe Fall ein wie bei dem Sänger und Opernregisseur J. Gottdank, daß er bei einer Bühne, im k. k. Hofburgtheater, als Pensionist erschien, während er bei der Schwesterbühne, dem k. k. Hofoperntheater, noch in Activität erhalten wurde, und dessen dauerndes Engagement, sowie jenes der Waldmüller, dem jeweiligen Director oder Pächter dieser Bühne zur Pflicht gemacht wurde. Frau Waldmüller war nun einmal dem Personalstande des k. k. Hofoperntheaters octroyirt worden, und mußte bis zu ihrer Dienstuntauglichkeit beibehalten werden. Durch diese Sonderstellung wurde die so ganz geringe Beschäftigung dieser Künstlerin zum Theil erklärbar, von der gar Viele im Publicum nicht einmal wußten, ob sie noch an dieser Bühne engagirt sei.

Katharina Waldmüller war eine Frau, begabt mit einer männlich klingenden, kräftigen Altstimme und sie blieb bis in ihr hohes Alter noch eine ganz gut verwendbare Künstlerin. Ihren vollen Werth lernte man erst später anerkennen, als sich eine Gelegenheit zum Anstellen von Vergleichen vorfand, und die von Frau Waldmüller seit vielen Jahren gesungene Rolle der Kartenschlägerin in Frln. Therese Schwarz, dieser mit Recht sehr beliebten Altistin und Coloratursängerin, eine neue Repräsentantin erhielt. Frln. Schwarz hatte wohl auch vielen Fleiß auf dieses kleine, aber interessante Röllchen verwendet, traf aber bei weitem nicht den unheimlichen, markerschütternden Ton dieser grauenhaften Sibylle, der einige Aehnlichkeit mit Verdi's wahnsinniger Acuzena im „Troubadour" nicht abzusprechen ist — (hier wie dort ist das vorwiegende Element des Charakters das Grausige).

Frau Waldmüller war die geschiedene Gattin des renommirten Malers und Professors der k. k. Akademie und die Mutter des Claviervirtuosen und Compositeurs Ferdinand Waldmüller. Eine Tochter von ihr war Sängerin und trat zum ersten Male in Pest unter Schmid's Direction als Page in der „Ballnacht" auf und vermälte sich später hier als Mitglied des k. k. Hofoperntheaters mit dem Dr. der Medicin und Schriftsteller Hrn. Lach.

XXV.

Ida Brüning-Wohlbrück-Schuselka, — Dr. Schuselka.

Ida Brüning-Wohlbrück, welche zu Anfang der Vierzigerjahre von Deutschland hier ankam, war berufen, an den hiesigen Theatern eine bedeutende Rolle zu spielen. In der That öffneten sich von den fünf Theatern, welche Wien zur damaligen Zeit besessen, vier der liebenswürdigen Künstlerin, welche überall schnell Boden gewann, sich eine Stellung und einen nicht unbedeutenden Grad von Beliebtheit errang.

Zuerst betrat Frau Brüning, welche in der Eigenschaft einer Opernsängerin nach Wien gekommen war, als Gast das k. k. Hofoperntheater, woselbst sie die Auber'sche und Mozart'sche Zerline in „Fra Diavolo" und „Don Juan" sang und sich der freundlichsten Aufnahme erfreute. Pokorny, welcher damals im Josephstädter Theater über ein paar hübsche Talente für die Spieloper zu verfügen hatte, warf sein Augenmerk auf die Brüning und lud sie zu einem längeren Gastspiele an seiner Bühne ein, wo sie als Marie in Lortzing's „Czar und Zimmermann" an der Seite des gewandten Spieltenors Granfeld ein seltenes Furore machte. War sie reizend und geschmackvoll im Gesange, so verlieh doch erst ihr herrliches Spiel der ganzen Rolle den wahren Lustre. Diese Marie war eine so gediegene Kunstleistung, daß selbe später die berühmte Lutzer sich zum Muster nahm, ohne daß es ihr gelingen konnte, trotz ihrer weit überwiegenden Stimmmittel, einen ähnlichen Effect damit zu erzielen, als Frau Brüning.

Carl's Scharfblick entging das ausgesprochene Talent der Brüning nicht einen Augenblick; er gewann diese reichtalentirte Künstlerin für seine Bühnen (Theater an der Wien und in der Leopoldstadt) und eröffnete ihr daselbst durch den Cultus des französischen Vaudevilles ein weites, höchst dankbares Fach ihrer Künstlerwirksamkeit. Gleich mit der ersten Rolle, der neuen Fanchon in dem von Friedrich Blum bearbeiteten Vaudeville „Chonchon" (auch im Josephstädtertheater aufgeführt), gewann Frau Brüning hier festen Fuß, und da sie in einer ganz entsprechenden Umgebung spielte (Director Carl, Fröhlich und de Marchion), geschah das ganz Unerwartete, daß die fast zu Tod gehetzte Posse durch das Vaudeville verdrängt wurde. „Chonchon," die weit über fünfzig Vorstellungen erlebte, folgte bald das Vaudeville: „Marie, die Regimentstochter," nach dem bekannten Sujet der Donizetti'schen

Oper gleichen Namens, und eine Reihe mehr oder minder anziehender Vaudevilles, deren Seele jedesmal Frau Brüning gewesen, die es so wohl verstanden hatte, dieses echt französische Genre dem Wiener Publicum munden zu machen. Jede ihrer dießfälligen Leistungen war voll Geist, voll Grazie, oft auch von eckem Humor gewürzt, immer pikant und interessant, und dann verstand es diese Frau sich in reizendster Weise zu costumiren, so daß man nicht müde wurde, sie immer und immer zu bewundern. Frau Brüning war geraume Zeit fast allabendlich beschäftigt, und nachdem das Publicum des Theaters an der Wien erklecklich mit Vaudevilles gesättigt schien, verpflanzte der speculative Carl dieses Genre auch auf die Schwesterbühne in der Leopoldstadt, wo sie gleichfalls wieder ein dankbares Publicum fand.

Bei dieser Gelegenheit können wir nicht mit Stillschweigen übergehen, daß Director Carl, dieser große Damenfreund, auch der liebenswürdigen Brüning seinen Handschuh zugeworfen hatte, der auch aufgehoben wurde. Carl faßte später eine so heftige Leidenschaft für seine Favoritin, daß er völlig erkrankte, als der hochherzige Dr. Schuselka, gegenwärtig der Gemal der Brüning, diese den Sclavenketten ihres Tyrannen entriß. Es war der Entschluß, die Brüning zu ehelichen, wieder nur ein Zug edler Herzensgüte des wackeren Schuselka, wie wir später des Ausführlicheren davon sprechen werden. Hier nur so viel, daß Frau Brüning, einmal den Klauen Carl's entrissen, ein selbstständiges Theaterunternehmen (in Linz) gründete, das jedoch leider von keinem günstigen materiellen Erfolge gekrönt wurde, und daß sie später mit ihren zwei Töchtern den Versuch machte, in Paris in einem entlegenen Stadttheile ein deutsches Theater zu begründen, der, nach Besiegung der mannigfachsten Schwierigkeiten, zumeist in der Theilnahmslosigkeit der in Paris lebenden mehr als 100.000 Deutschen basirt, jetzt erst, seitdem sie den Saal Beethoven erhielt, allmälig zu gelingen scheint, nachdem selbst Napoleon III. diesem Unternehmen seine Huld geschenkt hat, und Frau Brüning-Schuselka mit ihrer Gesellschaft einmal an einem Pariser Hoftheater auftreten ließ, wo er selbe Tags darauf durch Zusendung eines Geschenkes von 3000 Francs auszeichnete. Eine der Töchter der Frau Brüning-Schuselka hat sich in neuester Zeit mit einem Industriellen vermält.

* * *

Von Frau Ida Brüning-Schuselka sprechend, können wir es uns nicht versagen, noch einige interessante Daten über deren Herrn Gemal, den populären Volksmann Dr. Franz Schuselka, beizufügen, welche wir der gütigen Mittheilung eines mit Schuselka's Verhältnissen genau vertrauten ehemaligen Reichstagscollegen und Freundes desselben danken, von dessen Wahrheitsliebe wir derart durchdrungen sind, daß wir nicht Anstand nehmen, seinen Ausspruch zu dem unsern zu machen. Diese uns mitgetheilten, Dr. Schuselka betreffenden Daten sind aber von hohem Interesse, fast noch Niemanden bekannt und ganz geeignet, den vortrefflichen, edlen Charakter dieses freisinnigen, echten Patrioten im vortheilhaftesten Lichte erscheinen zu lassen.

Was bewog Herrn Dr. Schuselka zu seiner Verehelichung mit der Schauspielerin Frau Ida Brüning?

Schuselka verließ im Jahre 1840 sein österreichisches Vaterland, um im deutschen Auslande für seine literarische Thätigkeit ein freieres Feld zu gewinnen, und wählte Jena zu seinem Domicil. Hier schrieb er nebst einigen kleineren Abhandlungen politischen Inhaltes sein damals mit Recht großes Aufsehen erregendes Werk: „Deutsche Worte eines Oesterreichers," welches zugleich den Grund zu seiner späteren politischen Berühmtheit legte, und das er dem Buchhändler Heinrich Campe in Hamburg, so wie erstere der Firma Brockhaus in Leipzig zur Aufnahme in „die Jahrbücher" angeboten hatte.

Sein ganzer Cassabestand, als er Oesterreich verließ, betrug fl. 300, die er sich als Erzieher im Hause des damaligen Präsidenten der montanistischen Hofkammer, Herrn August Longin Fürsten von Lobkowitz, erspart hatte. Dieses mäßige Ersparniß war jedoch aufgezehrt, ehe er von Brockhaus oder Campe hinsichtlich obiger literarischen Arbeiten eine Antwort, auf die er vergebens lange harrte, erhielt, und er sah sich der Noth und dem Mangel preisgegeben. Da nahm sich seiner der berühmte, allgemein geachtete und zugleich literarisch gebildete Weimar'sche Hofschauspieler Wohlbrück — welcher

Schufelka liebgewonnen hatte — väterlichst an, und schrieb sowohl an Brockhaus als an Campe, sich der Lesung der ihnen von Schufelka übersandten literarischen Arbeiten unterziehen zu wollen, und schon im Verlauf von 8 bis 14 Tagen langten von beiden Seiten mit, für Schufelka schmeichelhaften Entschuldigungen und mit Honoraren — welche selbst die Erwartungen Schufelka's übertrafen — versehene Antwortschreiben ein. Schufelka sah sich hiedurch von seiner finanziellen Verlegenheit befreit, und da diese Antwortschreiben zugleich die Aufforderung an ihn enthielten, mit seinen Einsendungen ähnlicher literarischer Arbeiten fortfahren zu wollen, sah er eben so seine fernere Existenz begründet, erkannte aber auch dankbaren Herzens, daß er dieß vorzüglich der Fürsorge und dem wahrhaft väterlichen Wohlwollen des obgenannten großherzoglichen Hofschauspielers Wohlbrück verdankte.

Dieser aber richtete nun an ihn eine Bitte und zwar, wie er sich gegen ihn ausdrückte, als ein bekümmerter Vater. „Meine Tochter," so sprach er zu ihm, „Ida Brüning, gastirt dermal in Wien, und, wie ich höre, mit Beifall. Ich besorge nun, daß sie in die Hände des Directors Carl gerathe, und da wäre sie bei ihrer aufgeregten Phantasie verloren. Nehmen Sie sich nun ihrer, auf die Bitte eines um das Wohl seines Kindes besorgten Vaters, an, und suchen Sie durch Ihre Verbindungen in Wien das von mir Befürchtete zu verhindern." Schufelka sah sich zu seinem größten Leidwesen in die Unmöglichkeit versetzt, dem Ansinnen des Mannes, den er wie einen Vater verehrte, gerecht werden zu können,

indem ihm einerseits wegen seinem Uebertritt zum Deutsch=
Katholicismus sein Vaterland verschlossen war, anderseits
aber auch schon seiner politischen Gesinnung und Schriften
wegen die Sedlnitzky'schen Agenten seiner Person nach=
spürten.

Daß später durch die österreichische Polizei, nament=
lich über Betreiben Rußlands und einer anderen Macht
sogar dessen Auslieferung von der Weimar'schen Regierung
begehrt und Schuselka von Stadt zu Stadt wandern
mußte, bis er in Hamburg ein Asyl fand, ist bekannt.

Das Jahr 1848 machte endlich seiner Verbannung
ein Ende, und er konnte in sein Vaterland zurückkehren.
Auf der Reise dahin stattete er auch in Weimar seinem
Wohlthäter, dem obgenannten großherzoglichen Hofschau=
spieler Wohlbrück, einen Besuch ab. Er fand diesen bereits
auf dem Sterbebette, von welchem aus er an Schuselka
noch die bekümmerten Vaterworte richtete, daß seine Be=
fürchtungen hinsichtlich seiner Tochter Ida Brüning lei=
der in Erfüllung gegangen seien. Auch fühle sich diese, wie
ihm bekannt, in dem Verhältnisse mit Carl sehr unglück=
lich. Er bat nun Schuselka, da diesem die Rückreise nach
Wien nunmehr gestattet sei, sich seiner Tochter Brüning
anzunehmen, und was an ihm liege, für sie und ihre Be=
freiung aus den Händen Carl's zu thun. Schuselka gab
Wohlbrück auf dem Sterbebette das Wort, sein Verlan=
gen zu erfüllen.

Die politischen Ereignisse jenes Jahres, die Beru=
fung Schuselka's in das Frankfurter Vorparlament, seine

darauf erfolgte Wahl in das deutsche Parlament und
später in den ersten österreichischen constituirenden Reichs-
tag und die Art, wie seine Thätigkeit in letzterem in Anspruch genommen wurde, gestatteten es ihm nicht früher,
als nach Auflösung des Kremsirer Reichstages an die Erfüllung seines dem sterbenden Wohlbrück gegebenen Ver-
sprechens zu denken. Aber schon der erste Frau Brüning
von ihm abgestattete Besuch überzeugte ihn, daß sich Letztere in ihrem Verhältnisse zu Carl in der That sehr unglücklich fühlen müsse, daß sie aber auch bei den Contracts-
verhältnissen, womit der schlaue Director Carl die
Schauspielerin Frau Brüning an seine Bühne und
durch dieselbe indirect auch an seine Person zu fesseln verstanden hatte und wobei er einen wahren Tyrannen über
sie spielte, nur durch eine Verehelichnng aus Carl's
Händen gerettet werden könnte.

Von diesem Augenblicke an stand sein Entschluß fest,
ihr seine Hand anzubieten, und hiedurch| zugleich seine
Dankbarkeit gegen seinen inzwischen dahingeschiedenen
väterlichen Wohlthäter an den Tag zu legen, und auf
diese Weise dem Letzteren sein gegebenes Versprechen zu
lösen. Er that dieß mit um so größerer Beruhigung und
Selbstbefriedigung, als er in Frau Brüning zugleich eine
feingebildete, mit schönen Geistes- und Herzenseigenschaf-
ten ausgestattete Frau erkannte, die ihm besser erschien
als ihr Ruf, so wie sich dieselbe in der That auch während
ihrer Verehelichung mit Schusella als eine wirthliche

Hausfrau und für ihre Kinder besorgte gute Mutter bewährte.

Dieß mögen gewisse Damen beherzigen, welche über Schuselka's Verehelichung mit Frau Brüning die Nase gerümpft haben, und die das einzige zweideutige Verdienst vor derselben voraus haben, daß sie über ihre Lebensweise einen dichteren Schleier auszubreiten verstanden, bei dessen Lüftung sich vielleicht bei Mancher ergeben haben würde, daß sie nicht besser, sondern schlechter als ihr Ruf sei — und die das Glück haben, nicht an einem Vorstadttheater, sondern an einer k. k. Hofbühne engagirt zu sein.

Da wir nun bereits von dem Volksmanne Schuselka sprechen, dürfte es am Platze sein, ein Factum von Schuselka's wahrhaft seltenem Patriotismus anzuführen, das wir erst vor Kurzem nach dem Berichte eines Augenzeugen erfahren haben.

Zur Zeit, da Schuselka als ein Verbannter und von der österreichischen Polizei Verfolgter sich in Jena aufhielt, verweilte daselbst einige Zeit hindurch auch ein russischer Edelmann, welcher Schuselka, sowie Jeder, der diesen trefflichen Mann näher kennen zu lernen Gelegenheit gehabt, liebgewonnen und ihn auch bei der table d'hôte zu seinem Tischnachbar ausersehen hatte.

Eines Tages nun ließ dieser russische Edelmann zu Ehren seines Kaisers Nicolaus bei der Tafel die Pfropfen mehrerer Champagnerflaschen springen, wobei er, in der Meinung, Dr. Schuselka hiermit einen Gefallen zu erweisen, weidlich auf Oesterreich zu schimpfen begann. Schuselka widerlegte dessen Aeußerungen mit der an ihm bekannten Ruhe und Gelassenheit, was jedoch bei dem Russen nur die entgegengesetzte Wirkung hervorbrachte, der sich endlich so weit vergaß, daß er mit der Faust auf den Tisch schlagend ausrief: „Kurz und gut, ich behaupte, Oesterreich ist der schmutzigste Fleck in ganz Europa!" — „Das muß mit Blut abgewaschen werden!"" rief Schuselka, entrüstet von seinem Sitze aufspringend und — ein Duell wurde verabredet.

Schuselka übergab das Arrangement desselben einem an der Tafel theilnehmenden Notar, er selbst aber begab sich sogleich nach Hause, um seine Angelegenheiten in Ordnung zu bringen.

Als die verabredete Stunde des Duells herannahte, tritt der russische Edelmann mit den Zeugen und einigen Tischgenossen in das Zimmer Schuselka's, eilt auf ihn zu mit ausgestreckter Rechten und den Worten: „Das Blut eines Mannes, der für sein Vaterland, das ihn verstößt und verfolgt, sein Leben dahinzuopfern bereit ist, darf von mir nicht vergossen werden, — nehmen Sie, seltener Mann, meine Hand zur Versöhnung mit der Versicherung meiner höchsten Bewunderung und Werthschätzung!" wobei er zugleich seine heftigen Ausbrüche über Oesterreich mit dem zu viel genossenen Rebensafte zu entschuldigen versuchte.

Wahrlich bei Anhörung dieser verbürgten und selbst den besten Freunden Schuselka's unbekannt gebliebenen

Begebenheit muß man sich unwillkürlich befragen: „Wo findet sich wohl ein größerer Patriotismus?!" — und kann dieser seltene Patriot ein von so Manchem gefürchteter und wohl auch gehaßter Oppositionsmann sein?

Glücklich der Staat, der viele solche Oppositionsmänner besitzt!

Als Schuselka Audienz nahm, um seinem Monarchen den ehrfurchtsvollen Dank für seine Rehabilitirung als Mitglied des Abgeordnetenhauses zu Füßen zu legen, äußerte er sich: „Euer Majestät haben einen guten Oesterreicher rehabilitirt" .... und des Kaisers denkwürdige Worte darauf waren: „Als solchen kenne ich Sie!"

XXVI.
Ein Veteran unter den Pensionisten

ist der gewesene k. k. Hofschauspieler F. C. Weidmann, jedem Gebildeten auch durch seine schriftstellerischen Verdienste rühmlich bekannt, einer der eifrigsten Touristen, dem Oesterreich die genaueste Schilderung seiner reizendsten Naturschönheiten zu danken hat, jetzt selbst schon ein Stück vom alten Wien, eine Antiquität, aber von erstaunlicher Rüstigkeit und Zähigkeit, denn Weidmann ist uns, so wie er jetzt als Greis von mehr denn 80 Jahren aussieht, seit Decennien bekannt. Noch immer dieselbe Schmächtigkeit und Vergilbtheit des freundlichen, stets lächelnden Antlitzes, noch immer dieselbe aufrechte, gerade Haltung, das rüstige Ausschreiten und unermüdliche Bergsteigen, und noch immer kein — weißes Haar! Seltenes Spiel der Natur!

  F. C. Weidmann war der Sohn des k. k. Hofschauspielers und derben köstlichen Komikers Weidmann, der zu den auserkornen Lieblingen des höchstseligen

Kaisers Franz zählte, welcher im k. k. Hofburgtheater selten eine Vorstellung unbesucht ließ, in der sein Lieblingskomiker Weidmann in einer Hauptrolle beschäftigt war. In der guten alten Zeit haben Patronanzen und Protectionen eine noch größere Rolle gespielt als heut zu Tage, — vielleicht nannte man deshalb die damaligen Zeiten die guten; — der alte Weidmann war k. k. Hofschauspieler und ein Liebling des Kaisers, was wär natürlicher, als daß der Sohn gleichfalls im k. k. Hofburgtheater ein Unterkommen finden sollte. Ob er dazu talentirt sei, ob nicht, darnach fragte man wenig. F. C. Weidmann hatte in der That nicht das geringste schauspielerische Talent; er war zugleich, abgesehen von der Dürftigkeit seines Organs, mit einem Sprachfehler behaftet (er stotterte ein klein wenig), aber das hinderte nicht, daß er im k. k. Hofburgtheater auftreten konnte, und nachdem er sich in dieser Stellung als gänzlich unbrauchbar erwiesen hatte, in den Pensionsstand versetzt wurde, in eine behagliche Stellung, in der sich diese bevorzugte Natur nun wohl schon ein halbes Jahrhundert befindet. Ein Spaßvogel, einer von Weidmann's Freunden, rieth diesem zur Zeit, als er sich dem fünfzigsten Pensionistenjahre näherte, um eine Erhöhung der Pension einzuschreiten, und das wäre dem wackeren Manne zu gönnen gewesen, der einer der besten und eifrigsten Patrioten, dynastisch gesinnt war wie Wenige und nun schon seit einer sehr langen Reihe von Jahren in Wort und That seine loyale Gesinnung bewährte.

Es gibt kaum einen Zweig der Literatur, eine Richtung schöngeistiger Thätigkeit, nach welcher sich Weidmann nicht mit Glück und Geschick bewegt hätte. Er war und ist noch Mitarbeiter vieler Journale, schreibt seit vielen Jahren Theaterrecensionen und Beurtheilungen über verschiedene Zweige der Kunst, namentlich der Malerei und Bildhauerei. Seine Reisebeschreibungen sind von anerkanntem Werthe und machten Weidmann in dieser Richtung zu einer Autorität; er redigirte jahrelang die von Schilh herausgegebene „Zeitschrift für Theater und Moden," den bei Klang erschienenen österreichischen Kalender „Austria", einige Zeit auch, nach J. Ebersberg's Ableben, dessen „Zuschauer", und schreibt heute noch als ein Greis von mehr als achtzig Jahren die zierlichste Handschrift mit so winzig kleinen Lettern, daß sich das Ding wie gestochen ausnimmt. Auch als Bühnendichter hat sich Weidmann erprobt; sein Schauspiel: „Die Scharfenecker" machte die Runde über die Bühnen Deutschlands und sein letztes dramatisches Werk war für die Josephstädterbühne unter Stöger's erster Directionsführung geschrieben und trug den Titel: „Das Dauernde im Wechsel," und wahrlich das „Dauernde im Wechsel" wird von F. C. Weidmann persönlich auf das Getreueste repräsentirt.

F. C. Weidmann ist auch der Verfasser von des berühmten Lange's Abschiedsrede, welche dieser Künstler bei seinem letzten Auftreten als Macbeth gehalten hat, die fast kein Auge thränenleer ließ, und überreich an poetischen Schönheiten war.

Das Seniorat unter den Pensionisten des k. k. Hof=

burgtheaters wurde aber Weidmann erst vor etlichen Jahren durch das Ableben des pensionirten k. k. Hofschauspielers Carl Friedrich Sannens eingeräumt. Sannens hatte es als Schauspieler nie zu einer großen Bedeutung bringen können, war aber, wie seiner Zeit der k. k. Hofschauspieler Moreau, ein ganz köstlicher Darsteller von Juden. Auch Sannens war wie Weidmann ein Schöngeist und gab sogar eine ganze Sammlung von Gedichten, darunter sehr nette, correcte Sonnete, heraus. Er war wie Weidmann ein ausgesprochener Naturfreund, und pflegte bis in sein höchstes Alter das Gärtchen in dem von ihm bewohnten Hause in der kleinen Neugasse auf der Wieden. Oft hat Schreiber dieser „Rückschau" den wackeren alten Herrn mit Gießkanne und Harke ganz rüstig hantiren gesehen, ohne daß er im Entferntesten die Idee hatte, er habe es hier mit einem uralten Manne zu thun, bis ihm hierüber eines Tages der Todtenzettel, dieser unparteiischeste Gewährsmann, die überraschende Kunde brachte, Sannens habe das Alter von 99 Jahren und 9 Monaten erreicht. Scheint es doch als ob die allgütige Mutter Natur gerade Jene, welche zu ihrer Fahne schwören, dadurch bevorzuge, daß sie selbe in ungebrochener Kraft ein besonders hohes Alter erreichen läßt.

XXVII.

Ein leidenschaftlicher Raucher,

wie kaum ein zweiter in Wien existirt haben mochte, war der ob seiner gediegenen sachkundigen und unparteiischen Musikkritiken rühmlichst bekannte, allgemein geachtete Compositeur und Schriftsteller Aug. Friedr. Kanne, der bis zu den Vierzigerjahren in Wien lebte und eine Art von Sonderling bildete. Kanne hielt nichts auf sich, war in seinem Aeußeren vernachlässigt, oft unsauber, schien in seinen geraden Manieren sogar schroff; wer aber diesen genialen Mann mit seinem tiefen Wissen, seinem herrlichen Charakter kannte, der hielt schon was und zwar sehr viel auf Aug. Friedr. Kanne.

Er redigirte eine Zeit lang den von Castelli begründeten, bei Haslinger erschienenen „Musikalischen Anzeiger" und seine Musikkritiken in Bäuerle's „Theaterzeitung" und im „Sammler" genossen im Publicum und in der Kunstwelt des größten Credits. Solche Recensionen

schrieb Kanne gar oft in der Gaststube des Wirthshauses
„zum Pfauen" am Anfang der Kärnthnerstraße mit Blei-
stift auf unsauberem, oft zerknittertem Papier, inmitten des
größten Lärmens und Getobes der dort ab- und zugehen-
den Gäste. Hier galt nicht das „Wie", sondern das
„Was" er schrieb — und das war immer Gediegenes,
Gehaltvolles.

Kanne versuchte sich auch mit Glück auf dem dramatischen Gebiete, und konnte da zugleich das Stück und
die Musik dazu schreiben, was auch beispielsweise bei dem
viele Jahre im Theater an der Wien von ihm mit Beifall
aufgeführten vaterländischen Schauspiele: „Die Spinnerin
am Kreuz" der Fall war. Auch zu Bäuerle's Zauberspiel: „Lindane, oder die Fee und der Haarbeutelschneider"
hatte Kanne für das Leopoldstädtertheater die Musik
geschrieben, und was für eine prachtvolle, gefällige Musik,
die — Bäuerle's Manen mögen uns diesen Ausspruch
verzeihen — weit mehr werth war als das Stück selbst.

Aber man mußte Kanne nicht nach seiner Schale,
sondern nach seinem Kern beurtheilen. Seine grenzenlose
Leidenschaft zum Tabakrauchen ließ ihn den ganzen Tag
sich nicht von seiner Pfeife trennen, und gab ihm mit der
Zeit selbst das Aussehen eines altgerauchten Meerschaum-
kopfes. Kanne war mit seiner meist kurzen, gedrungenen
Tabakpfeife — zu Kanne's Zeiten kannte man das Cigar-
renrauchen in Wien noch fast gar nicht — wie zusammen-
gewachsen, und der Sonderling hing mit solcher Vorliebe an
seiner Pfeife, daß er bei manchem Besuche früher bei halb-

geöffneter Thür anfragte, ob es erlaubt wäre mit der brennenden Pfeife einzutreten, da er widrigenfalls eher von dem Besuche als von seiner Pfeife ließ. Man mußte den genialen Mann eben nehmen, wie er sich gab, und — man nahm ihn gerne. Für sich heranbildende Talente gab es keinen besseren, verständigeren und auch ehrlicheren Mentor, als Kanne war.

Sein Name paßte zu seiner Vorliebe für Libationen vortrefflich, denn er war ein leidenschaftlicher Trinker.

XXVIII.

Nicolaus Heurteur

zählte zu jenen bevorzugten Künstlernaturen, welche in Wien Epoche machten. Ursprünglich im Theater an der Wien unter der Direction des Grafen Palffy für Helden und Liebhaber engagirt, erhielt dieser Künstler in späterer Zeit eine Berufung an das k. k. Hofburgtheater, dessen Künstlerverband Heurteur bis zu seinem Tode auch einverleibt blieb.

Heurteur war eine jener interessanten Bühnenerscheinungen, die für ihren Beruf geboren schienen und offenbar ihren Lebenszweck verfehlt hätten, würden sie eine andere als die Laufbahn des dramatischen Künstlers eingeschlagen haben. Er schien vor Allem zum Schönredner geschaffen, und besaß ein Organ von geradezu wunderbarer, tiefergreifender Schönheit, das sich aber nicht durch übermäßige Stärke wie bei Grüner, Anschütz und Kunst, dafür aber durch einen sympathischen Ton auszeichnete. Schöne Verse von Heurteur gesprochen klangen wie Musik. Er war der erste Jaromir Grillparzer's und der geschätzte Dichtergreis, den in unserer Mitte zu besitzen uns mit Stolz erfüllt, hat sicherlich, Ludwig Löwe, ausgenommen, keinen Jaromir mehr gefunden, der auch nur einen annähernden Vergleich mit Heurteur's Leistung ausgehalten hätte. Auch war er ein ganz excellenter Hugo in der „Schuld". Er genoß beim Damengeschlecht eine ungewöhnliche Beliebtheit, und war im Leben ein sehr heiterer, geistreicher Mann.

Heurteur hatte eine Tochter, die sich gleichfalls, aber ohne besonderes Glück, der Bühne gewidmet, und zuerst unter Raimund's Direction im Leopoldstädtertheater aufgetreten war. Als ein Beweis, in welch' hoher Achtung bei dem Wiener Publicum der Name Heurteur gestanden, mag der Umstand gelten, daß einmal in einem ausgetrommelten Stück, während Alles schon wie toll d'runter und d'rüber ging, und kein Schauspieler mehr seine Rolle ruhig abspielen konnte, das Publicum galant genug war, bei Fräulein Heurteur eine Ausnahme zu machen. Sie war die Einzige, welche von dem schon übermüthig gewordenen Publicum mit Ruhe angehört wurde.

Heurteur besaß hier in der Leopoldstadt ein hübsches Badehaus, zum „scharfen Ecke" beschildet und nächst der Kettenbrücke gelegen.

XXIX.
Nehmt ein Exempel d'ran.

Im Jahre 1822 sang Domenico Donzelli im k. k. Hofoperntheater bei der italienischen Oper zum ersten Male und entzückte schon damals sein Publicum als Graf Almaviva im „Barbiere", den er damals im Alter voller Mannskraft gab. Fünfundzwanzig Jahre später kam derselbe Donzelli als der beliebteste und gefeiertste Tenor Italiens wieder nach der Residenz, und die Wiener, welche vor so vielen Jahren an Donzelli's Almaviva schwelgten, sollten jetzt dessen Othello, dessen Bravo, in der gleichnamigen Oper von Mercadante, bewundern. Seltenes Phänomen, ein Tenor, der sich durch ein Vierteljahrhundert auf der gleichen Höhe des Ruhmes zu erhalten wußte, denn Donzelli hatte, als er das zweite Mal nach Wien kam, das sechzigste Lebensjahr bereits überschritten.

Das kann nicht sein, wird mancher Leser einwenden;

wir müssen um Verzeihung bitten, es war doch so. Aber wie so etwas möglich werden konnte, das des Näheren zu beleuchten, verlohnt schon der Mühe. Man mußte eben die Lebensweise kennen, welche Donzelli seit vielen Jahren strengstens einhielt. An Tagen, wo er zu singen hatte, hütete er den ganzen Vormittag über das Bett, leicht bedeckt dunstend, und genoß nur von Zeit zu Zeit etwas Reisschleim, um sich die Kehle zu befeuchten. Um 4 Uhr Nachmittags wurde aufgestanden, ein gebratenes Hühnchen verzehrt, dann zwei Stunden lang solfeggirt, darauf hieß es in's Theater, wo dann um 7 Uhr der Künstler im reifen Mannes-, fast Greisenalter konnte man sagen, mit der Kraft und dem Schmelz eines Jünglings sang, seine Zuhörer in gerechtes Erstaunen setzend. Leider sollte etliche Jahre später der Künstler, welcher sich mit solchen Entbehrungen Reichthümer erworben, dieser zum größten Theile durch den Sturz eines Neapolitaner Bankhauses wieder verlustig werden.

Donzelli, seit Jahren in's Privatleben zurückgekehrt, ist nunmehr ein Verschollener, wohl aber noch am Leben, denn wir erinnern uns nicht, in irgend einer Zeitung von seinem erfolgten Tode gelesen zu haben. Donzelli war ein italienischer Wild, Stimmcharakter und Vortrag beider Künstler hatten viele Aehnlichkeit. Donzelli schien stolz darauf zu sein, daß er seine Stimme bis in so hohes Alter zu conserviren verstand, denn er that nichts, dieses Alter zu verläugnen. Der Künstler trug das Haar à la Puritani, und man sah in diesem Haare, das ihm in dichten Locken in den Nacken fiel, sehr zahlreiche weiße Haare eingemischt. Dieses mit weißen Fäden durchzogene Haar war aber nicht Donzelli's Haar, der längst gar kein Haupthaar mehr besaß, sondern eine künstliche Haartour, die aber für ein Meisterstück gelten konnte. Donzelli's Kasteinng an Abenden, wo er sang, erregte bei seinen Collegen gar kein Aufsehen, gehörte zu den Gewohnheiten.

Erinnern sich die Wiener nicht mehr des eleganten kleinen schwarzen Männleins, das im Mai in den letzten Zwanzigerjahren auf der Bastei, in einen Pelz gehüllt, spazieren ging? Das war der berühmte Tenor Rubini. — Dem italienischen Sänger ist es Ernst mit der Kunst, und dieser Kunst bringt er auch willig jedes Opfer und überläßt das Schlemmen und sich vor der Zeit Ruiniren gerne seinem deutschen Bruder in Apoll!

XXX.
Rossini auch ein großer — Sänger.

Rossini, dem seine Zeitgenossen die große Ehre erwiesen, ihn den Schwan von Pesaro zu nennen, ist am 29. Februar 1792 geboren, mithin eben jetzt ein Greis von 72 Jahren, und doch wieder ein Jüngling, weil er erst 19mal seinen Geburtstag erlebt hat.

Bei Rossini findet sich Alles im Superlativ vor. Von seinen Verdiensten als Compositeur wollen wir hier ganz absehen, annehmend, daß hierüber, um uns eines landläufigen Ausdruckes zu bedienen, die Acten längst geschlossen seien: Rossini war ein sehr schöner Mann, obwohl er schon bei seiner ersten Anwesenheit in Wien im Jahre 1822 eine ausgesprochene Anlage zur Fettleibigkeit verrieth; Rossini war der liebenswürdigste, angenehmste Gesellschafter, der geistreichste, witzigste, aufgeweckteste Kopf, ein Gourmand sonder Gleichen, ein raffinirter Faulenzer, obwohl scheinbar Alles in ihm lebte

und bebte, er war ein unübertroffener Virtuose im Clavier=
spiele und — was Wenige wissen dürften, vielleicht der
größte, gewiß der originellste, ausdrucksvollste Sänger, mit
einem merkwürdigen Vortrag und einer wunderbar süß=
tönenden Baritonstimme begabt. Man mußte von Rossini
die Entré=Arie des lustigen Figaro gehört haben, um zur
Bewunderung eines solchen Gesanggenies hingerissen zu
werden. Rossini hätte blos durch seinen Gesang zum rei=
chen Mann werden können, wie er es später als Compo=
siteur und als begünstigter Freund des Pariser Roth=
schild wurde, der seinem Günstlinge den Schlüssel zu den
glücklichsten Börsespeculationen in die Hand gab. Seine
Lieblingsbeschäftigung war die Angelfischerei, und er ent=
wickelte hierin eine bewunderungswürdige Geduld, was
bei ihm, trotz seiner anscheinend großen Lebhaftigkeit, als
bei einem Fanatiker der Ruhe und Behaglichkeit, eigent=
lich nicht zu bewundern ist.

Im Jahre 1822 wohnte die berühmte Sängerin
Fodor=Mainville, damals unsere Primadonna neben der
Rossini=Colbran (die auch eine große Sängerin war, so=
wie eine schöne, majestätische, üppige Frau, gewiß die
beste Zelmira, welche Wien gehört hat), an der Ecke der
Kärntnerstraße und Wallfischgasse in dem Hause, wo sich
lange das Café Corti befand. Die Wohnung der Fodor
war der Versammlungsort der berühmten Sänger und
Sängerinnen, welche im Jahre 1822 und 1823 die ita=
lienische Operngesellschaft Barbaja's bildeten, als die
Fodor, Rossini=Colbran, Dardanelli, Spada,

Eckerlin, Henriette Sontag, Caroline Ungher (letztere zwei damals nur in Nebenrollen beschäftigt), als Giovanni David, Donzelli, Lablache, Tamburini, Ambrogi, Botticelli, Radichi u. s. w. Alle diese Großen und Auserwählten im Reiche der Kunst sah man bei der Fodor täglich ab= und zugehen.

So trafen wir eines Tages daselbst schon um 10 Uhr Morgens den behaglichen Rossini, angethan mit seinem weiten semmelfarbenen Rock, der auf seinem dicken Leibe schlotterte, am Piano sitzend und präludirend, wohl auch dazu mit seiner wundervollen Stimme singend; jetzt trat die liebenswürdige Hausfrau, an der Hand den berühmten Lablache, zu Rossini, und alsbald beginnt der Maestro jenes classische Duett zu spielen, das Rosina mit dem Figaro singt. Es war an diesem Tage — wir bitten das nicht zu übersehen — gerade die 32. Vorstellung der Oper „Barbiere", und die Fodor und Lablache übten, accompagnirt vom Compositeur selbst, die bravouröseften Stellen, Rouladen, Triller und Läufe 30= 40= 50mal mit der unerschöpflichsten Geduld, bis sie jene Meisterschaft im Vortrage errungen hatten, die zur Bewunderung auffordert, und auch stets Bewunderung fand.

So brachten die Italiener damals bei ihren geselligen Zusammenkünften ihre Zeit zu. Wenn heute Künstlerinnen sich besuchen, geschieht es um dem Klatsch zu huldigen, von ihren jüngsten Triumphen, ihren neuesten Garderoben, von ihren Schulden, ihren letzten Verehrern, von diesem oder jenem unbedeutenden Gegenstande zu sprechen. Damals war es anders; damals studirte man bei den Zusammenkünften, übte sich, und brachte es zu etwas Großem.

Altri tempi, altre mode! Wer sollte es da nicht mit der guten alten Zeit halten?!

XXXI.

Donizetti componirt mit der rechten und linken Hand zugleich.

Gaetano Donizetti war gewiß einer der fruchtbarsten Compositeure und hat, kaum das fünfzigste Jahr erreichend, nahezu ein halbhundert Opern hinterlassen; ernste, komische, halbernste, das floß Alles aus Einem, wie es schien unversiegbaren Borne.

Nach Vollendung seiner für Wien geschriebenen Oper: „Linda von Chamounix" ernannte ihn der Kaiser Ferdinand der Gütige zum k. k. Kammercapellmeister, eine für Wien ganz neue Stelle, die er jedoch nur einige Jahre einnahm, da der Tod seinem angestrengten Leben ein nur all zu frühes Ziel gesteckt hatte. Donizetti starb wie Staudigl an Erweichung des Gehirns in Folge von Ueberanstrengung, wohl auch an Unmäßigkeit im Lebensgenuß.

Mit welcher Leichtigkeit Donizetti arbeitete, davon gab er noch in seinen letzten Lebensjahren dadurch den sprechendsten Beweis, indem er eine seiner gediegensten Opern: „Dom Sebastian" (für die große Oper in Paris), gleichzeitig mit dem reizenden „Dom Pasquale" (für die italienische Oper in Paris) letztere in der merkwürdig kurzen Zeit von nur 8 Tagen so zu sagen in den Stunden der Erholung schrieb, so zwar, daß man damals scherzhaft sagte: „Don Pasquale" sei von Donizetti mit der linken Hand geschrieben worden. Und was waren das für zwei prächtige Partituren, die noch jetzt die Zierden aller Opernbühnen bilden: „Dom Sebastian," das Muster einer opera seria, „Don Pasquale," was die elegante Form betrifft, fast noch graziöser als Rossini's unsterblicher „Barbiere".

Und wie mußte der Schöpfer so wunderlieblicher Melodien enden! Im Zustande eines halben Trottels, inmitten des Revolutionstaumels, der sein Vaterland Italien ergriffen hatte, von den hochschlagenden Wogen der Politik fast verschlungen, und schon bei Lebzeiten ein Halbvergessener, starb Donizetti am 8. April 1848 in seiner Geburtsstadt Bergamo.

Povero Donizetti!

XXXII.
Die Extreme berühren sich.

Luigi Lablache war jedenfalls einer der kräftigsten Bässe, welche Wien je zu bewundern Gelegenheit hatte; eine echte Falstaff-Natur, verband er mit seiner wuchtigen Körperfülle eine staunenswerthe Agilität, wovon sein luftiger Figaro den sprechendsten Beweis lieferte.

Man staunte aber darob nicht, denn Alles an diesem großen Künstler war wunderbar, der in der Opera buffa den tollsten Humor entwickelte, in Paër's „Agnese" aber durch die erschütternde Wahrheit seines tragischen Spiels sein Auditorium bis zu Thränen zu rühren verstand.

Und dieser gewaltige Bassist, dessen kolossale Stimme das Haus erdröhnen machte, hatte eine ganz absonderliche Vorliebe für den höchsten Tenor seiner Zeit, den berühmten Taddädl Anton Hasenhut gefaßt, dessen feine Fistelstimme ihm möglich machte, das Geschrei und Weinen eines Wickelkindes auf das Täuschendste nachzuahmen. Nie fehlte Lablache im Theater an der Wien, wenn er einen freien

Abend hatte und sein musikalischer Gegenfüßler beschäftigt war; er konnte da, ohne ein Wort vom Deutschen zu verstehen, über Hasenhut's Komik so herzlich lachen, daß ihm sein Fettbauch wackelte. Der damalige Cassier, Herr von Froon, verfehlte nie dem berühmten Sänger zwei Sperrsitze neben einander an der Ecke einer der vordersten Bänke zu übergeben, denn obwohl damals schon die Sperrsitze im Parterre des Theaters an der Wien, des größten und am schönsten gebauten Theaters Wiens, die allerbequemsten waren, erheischte doch Lablache's übermäßige Körperfülle gerade zwei solcher Sitze.

Lablache war durch und durch heiteren Naturells, dem es in Wien sehr wohl gefiel, und wenn er, was häufig geschah, Abends in das Gasthaus zu Anfang der Krugerstraße kam, da ging es bei keinem Tische lauter her, als dort, wo Meister Luigi Posto gefaßt hatte. Schreiber dieses erinnert sich noch einer Wette, welche an einem solchen lustigen Abend von Lablache gemacht und gewonnen wurde.

Es handelte sich um das Verzehren einiger in Zucker getauchter Schnecken. Bekanntlich schwillt die Schnecke, wie man selbe mit Zucker bestreut, augenblicklich an und es gehörte die ganze Gewandtheit und Breitmäuligkeit unseres Helden dazu, seiner Aufgabe gewachsen zu erscheinen. Der arme Tänzer Samengo, der Gatte der berühmten Brugnoli, wäre einmal, als er dieses Eßbravourstücklein seinem berühmten Landsmann nachahmen wollte, fast erstickt; denn die in seinem Munde angeschwollene Schnecke war auch nur mit großer Mühe aus demselben herauszubringen. Samengo war schon ganz blauroth im Gesichte geworden, verdrehte die Augen, und es war wirklich die höchste Zeit, daß man ihn der Gefahr des Erstickens entriß.

Lablache, der in den letzten zwei Decennien seines Lebens nur mehr die Stagionen in den Hauptstädten Paris, London und St. Petersburg mitmachte, wo er ungemein splendid honorirt wurde, erreichte ein sehr hohes, glückliches Alter und hinterließ mehrere Millionen. An äußerst werthvollen, goldenen, mit Brillanten besetzten und den kostbarsten Gemälden gezierten Dosen waren bei seinem Ableben 365 vorhanden, daher er sich jeden Tages im Jahre einer anderen Tabatière bedienen konnte.

Die von dem Künstler am werthvollsten gehaltene Dose war ein Geschenk der Königin Victoria von England, und mit deren Porträt geschmückt. Victoria zählte zu den talentirtesten Schülerinnen Meister Lablache's. Die letzte neue Rolle, welche Lablache studirte, war der von Donizetti für ihn componirte Don Pasquale und der allbeliebte Künstler erhielt an jedem Abend, wo er diese Rolle in Paris sang, von unbekannter Hand ein paar wunderschöne Camelien, die sich der heiratsluftige Don Pasquale in das Knopfloch steckte. Er hinterließ einen Sohn, gleichfalls Baßsänger, der jedoch nur den Namen, nicht aber das Talent seines Vaters besaß. Lablache's Sohn, Friedrich, vermälte sich später mit der Sängerin Demeric.

Hasenhut, der im „Hausgesinde,“ „Gebesserten Lorenz,“ „Bettelstudent,“ „Rochus Pumpernickel“ u. s. w. — letzteres Stück hat Stegmayer eigens für ihn geschrieben, so wie auch Graf Palffy dem Komiker hiezu ein eigenes Pony, „Pumpernickel“ geheißen, anschaffte — stets die Lacher auf seiner Seite hatte, war nicht wenig durch die Vorliebe geschmeichelt, welche der berühmte Lablache für ihn hatte. Hasenhut zählte zu den Unglücksvögeln, die immer Schulden und Kinder bis zum Ueberfluß haben, und sich nie aus der Dinte herausarbeiten können.

Um sich seinen Geldverlegenheiten zu entwinden, nahm der Komiker oft zu der originellsten List Zuflucht und wiederholt war es der gutmüthige und mit Unrecht als geizig verschrieene Duport, den Hasenhut anpumpte. Ja wohl, in einer Beziehung war der alte Duport geizig, aber nur was seine Person anbetraf, denn er selbst brauchte zum Leben, wie er sich oft gegen die Mitglieder rühmte, nicht mehr als einen Silberzwanziger täglich und für seinen vollständigen Anzug hätte ein Jude keine zehn Gulden gegeben. War es nun von Seite Hasenhut's Vergeßlichkeit oder ging ihm wirklich der Faden aus, plausible Gründe für seine immerwiederkehrenden Geldverlegenheiten und dadurch nöthig gewordenen finanziellen Operationen zu erfinden, kurz, es ereignete sich bei Duport, der später Hasenhut's Director wurde, daß ihn dieser wiederholt um einen Beitrag zur Leiche seiner Frau ersuchte.

Bei einem dritten derlei Versuche wurde dem guten

Duport die Sache denn doch schon ein bischen zu rund und er fragte Hasenhut, ob er denn ein Türke geworden sei und drei Frauen habe. Verlegen kratzte sich der ob seinem Lügengewebe beschämte Komiker und entschuldigte sein Wagniß mit der großen Noth, in der er mit seiner zahlreichen Familie sich befunden hatte. Das Ende vom Liede war, daß Duport wieder in die Tasche griff und dem Bedrängten für sein reuiges Geständniß eine Unterstützung gewährte. Doch war er von diesem Momente an mißtrauischer geworden, und als Hasenhut an einem strengen Wintertag, vor Frost klappernd, in einem leichten Röcklein vor seinen barmherzigen Director trat, diesen um einen kleinen Vorschuß zum Ankaufe eines warmen Winterrockes bittend, was that Duport? Er scheute nicht vor der Kälte zurück, fuhr in sein Röcklein und ging mit seinem frierenden Komiker auf den nahen Tandel=(Trödel)=Markt, diesen dort mit einem Winterrock, der ihn vollständig vor Kälte schützte, zu bekleiden. Freilich sollte Hasenhut diesen Rock nicht abnützen, denn nach einigen Tagen repräsentirte sich der vor Frost zusammenklappernde Komiker in der früheren dünnen Bekleidung, obwohl das Thermometer seither keine Veränderung erlitten hatte. Duport's Gabe war in das große Kleidermagazin in der Dorotheergasse (Versatzamt) gewandert, wo ihm keine Erlösung mehr werden sollte.

Hasenhut starb hochbejahrt in größter Dürftigkeit; das Glück hatte ihm nie gelächelt und die unglücklichste Speculation in seinem vielbewegten Leben war die Uebernahme der Theaterdirection in dem nahen Mödling.

sowie die Herausgabe seiner von ihm selbst verfaßten Memoiren. Er hinterließ eine sehr zahlreiche Familie in größter Noth. Eine seiner Nichten war die später berühmt gewordene Tänzerin Pauline Hasenhut, die sich mit dem Hofopernlänzer D. Mattis vermälte.

XXXIII.
Die Pferdekomödie im Theater an der Wien und die Sicherheitsschnur.

—

Im ersten Viertel dieses Jahrhundertes spielte im Theater an der Wien die Pferde= oder, wie das Volk sich ausdrückte, die Roßkomödie eine große, gewaltige Rolle. Das waren Ritterstücke mit Turnieren, Einzügen, Evolutionen und Gefechten auf der Bühne, so daß der hölzerne Boden vom Pferdegetrappel erdröhnte. Die Bühne selbst, zu solchen Spectakelstücken wie geschaffen, gab zu deren Cultus den natürlichsten Anlaß. Das Repertoire besaß denn auch eine Masse von derlei Ritter= und Spectakelkomödien, wie z. B. „Caspar der Thorringer," „Hasper a Spada," „Wiprecht Graf von Groitsch," „die Räuber," „Göß von Berlichingen," „die Räuber auf Maria=Culm," „Turnier zu Kronstein," „Ein Uhr," „Agnes Bernauer," „Graf Waltron," „Zriny," in späteren Zeiten „die Brigittenau," „Pansalvyn," jener Schaustücke gar nicht zu gedenken, in denen, wie „Timur, der Tartarchan" oder „die Räuber in den Abruzzen," Mitglieder der Kunstreitergesellschaften von Christof de Bach, Tourniaire und

Foureaux, später Guerra als Gäste erschienen, die jedoch allesammt mit ihren herrlichen Dressurpferden, mit ihren Patenten als echte „englische Reiter" dem an dieser Bühne engagirten Helden und Liebhaber, dem Regisseur Fritz Demmer, einem echten Universalgenie, nichts anhaben konnten, der die verwegensten Kunststücke und Sprünge, kurz die schwierigsten Sachen auf seinem gewöhnlichen Cavalleriepferde ausführte. Fritz Demmer stand, ein echtes Bild einer Amazone gewährend, die kühne Reiterin Julie Resch, damals erste Liebhaberin und Heldin an dieser Bühne, ebenbürtig zur Seite. Zu jener Zeit hatte die erwähnte Gattung von Stücken eine solche Bedeutung und Anziehungskraft gewonnen, daß die Direction ihren eigenen Vortheil nicht verstanden haben würde, hätte sie nicht mindestens an Sonn- und Feiertagen derlei Spectakel-Genre in ihr Repertoire aufgenommen.

Wie geboren zum Helden für solche Stücke war da Franz Grüner mit einem Organ, so kraftvoll und markig, daß er später durch den k. k. Hofschauspieler Anschütz und Kunst nur annäherungsweise erreicht wurde. Grüner war aber auch ein Capitalreiter und sein Probestücklein davon lieferte er an einem Sonntage, wenn wir nicht irren bei der Vorstellung von „Caspar der Thoringer", wo er auf seinem Schimmel etwas gar zu toll hereingaloppirend, das Pferd nicht mehr zurückhalten konnte und mit diesem plötzlich im Orchester stand, keine geringe Verwirrung unter den erschrockenen Musikern anrichtend, und unter der Masse von Instrumenten, von denen etliche in Trümmer gingen; aber das Roß stand unversehrt, wenn auch vor Angst zitternd, und der Reiter hatte sich wunderbar genug im Sattel erhalten. Es kostete enorme Mühe, das zaghaft gewordene Thier über die schmale Treppe, welche vom Orchester auf die Bühne führte, zu bringen und von jenem Abend her datirt die polizeilich vorgeschriebene Maßregel, bei dem Erscheinen von Pferden auf der Bühne stets ganz vorne längs der vollen Breite derselben eine starke Schnur zu ziehen, welche Vorsicht sich auch seither stets bewährt hatte, so viel auch mit Rossen auf dieser Bühne herumgetummelt wurde. Wende man vom ästhetischen Standpuncte ein, was man wolle, die enorme Räumlichkeit des Theaters an der Wien mußte unwillkürlich auf die Pflege von solchen Stücken hinlenken. Wo findet sich wieder ein Theater, welches die Aufstellung von 18 Coulissen zuläßt und wo die Tiefe der Bühne durch Oeffnung des großen Thores rückwärts gegen den Jesuiterhof sich noch bedeutend verlängern läßt? In solchen Fällen mußte freilich Abends die Straße für die Wagen abgesperrt und eine Art Zelt aufgeschlagen werden, aber der Zuschauer bekam einen gar überraschenden Tiefblick und konnte an Sommertagen noch ein Stückchen blauer Luft und das grüne Laub der Bäume an der Mauer des Jesuiterhofes erblicken. Das ist nun freilich anders geworden; die romantische Mauer mit der Baumpflanzung ist verschwunden, und die Beleckung durch die Cultur hat auch hier Platz gegriffen, aber noch heut zu Tage ist, was den Zuschauerraum betrifft, die Akuftil und die Möglichkeit des Sehens von allen Räumen auf die Bühne, das von Zitterbarth erbaute Theater an der Wien das Mustertheater der Residenzstadt. Von der Breite des Podiums wird man sich den besten Begriff machen, wenn man bedenkt, daß Director Carl es im Jahre 1826 ausführbar machte, in der Posse: „Staberl in Floribus" aus der Versenkung herauf mit einem von einem herrlichen Viergespann gezogenen Wagen zu erscheinen, der mit aller Bequemlichkeit auf der Bühne umlenken konnte!

Diese außerordentliche Begünstigung der Räumlichkeiten verstand später Director Carl, dessen Scharfblick selten etwas entging, woraus er Vortheil ziehen konnte, recht wohl auszunützen. Er cultivirte in der ersten Periode seiner Directionsführung, wo sein Personal noch vorwiegend Kräfte für das Schauspiel besaß, die Spectakelkomödie mit besonderer Vorliebe, und er war es auch, der das Wiener Publicum mit der Aufstellung eines „lebendigen Theaters" mit natürlichen Bäumen statt Coulissen überraschte. So brachte er z. B. bei sehr zahlreichem Besuch Schiller's „Räuber" zur Darstellung, später auch den „Graf Waltron, oder die Subordination."

Das Glück, welches Director Carl so zu sagen verfolgte, wußte selbst scheinbar traurige Ereignisse zu dessen Vortheil umschlagen zu machen. In der abgespielten Ritterkomödie „Agnes Bernauer" war es, wo in der Turnierscene der Heldenspieler Kunst, ein Mann von aufbrausendem Wesen, im Feuereifer aus Unvorsichtigkeit dem Pferde eines Cavalleristen die Lanze mit solcher Gewalt in die Brust stieß, daß das arme Thier sogleich auf der Bühne verendete und eine Blutlache den Boden röthete. Der Schmerz des armen Cavalleristen über den Verlust seines Pferdes war so groß, daß er sich, nicht achtend das Publicum, vor selbem auf den Boden setzte und in helle Thränen ausbrach. Das Volk aber, die große Masse des Publicums, sagte: „Was Carl jetzt in seinem Theater bietet, ist doch noch nicht dagewesen; da wird in einer Roßkomödie sogar ein Pferd todtgestochen; solche Stücke zu sehen, lohnt sich wohl der Mühe," — und das seit Jahren im Theaterarchiv fast begrabene Stück wurde für den überraschten Director ein Cassastück, das noch viele vollauf besuchte Wiederholungen erleben sollte; es schien, als glaubte dieses Publicum, es würde noch einmal ein Pferd todtgestochen werden, was für den Janhagel ein Gaudium gewesen wäre.

Zweier Pferde dürfte sich übrigens Carl aus seiner Directionsführung noch oft erinnert haben, nämlich jenes erstochenen Cavalleriepferdes, das für ihn so lucrativ werden sollte, ferner des schönen Reitpferdes, das er einige Jahre später seinem Heldenspieler, dem erwähnten Wilhelm Kunst, zum Geschenke machte, um diesen zu einer für Carl vortheilhaften Contractsverlängerung zu bewegen, und auf welchem Pferde der treulose Held einige Tage später zum so und so vielten Male durchbrennen sollte. Der eigene Director hatte ihm durch Schenkung des Pferdes noch zu diesem Geniestreiche verholfen. Es läßt sich denken, daß es hier an Spöttereien nicht fehlte, denn Carl zählte zu den öffentlichen Persönlichkeiten, denen man um so lieber gönnte, daß sie von Anderen überlistet wurden, weil sie selbst aus dem Ueberlisten ihrer Mitmenschen sich ein Geschäft gemacht zu haben schienen.

XXXIV.
Eine englische Pantomime in Wien.

Der große Ruf, dessen sich die englische Pantomime beim Publicum Londons, namentlich in den unteren Volksschichten, erfreute, ist nicht ganz ohne; davon überzeugte sich das Wiener Publicum vor etwa 40 Jahren. Zu Anfang der Zwanzigerjahre hatte sich Graf Palffy für sein damals schon sehr im Verfall befindliches Theater an der Wien eine echt englische Pantomimen-Gesellschaft aus London verschrieben, an der Spitze den quecksilbernen Pantomimenmeister und excellenten Darsteller des Harlequins, E. E. Lewin, ferner den tüchtigen Mimiker Simpson. Neben dem bewunderungswürdigen Lewin hielt keines seiner Mitglieder auch nur annäherungsweise einen Vergleich aus; Lewin war aber so vortrefflich, daß er allein das Glück der englischen Pantomime in Wien sichern konnte, die solches auch ganz gewiß gefunden hätte, würde jene Bühne damals nicht schon zu den Todten geworfen worden sein, und in ihren Leistungen von Seiten des Publicums nur ganz geringe Theilnahme gefunden haben.

Und auch Lewin's außerordentliche Kunstfertigkeit war eine beschränkte, er hatte so zu sagen nur zwei Piecen, die er aber auch mit maßlosem Beifall producirte; dahin gehörte die an's Unglaubliche grenzende Leichtigkeit und Sprungfertigkeit des kleinen gedrungenen Männchens.

Lewin's Sprung war aber ein ganz eigenthümlicher, katzenartiger, blitzschneller, unfehlbarer. — Das Theater stellte einen Salon vor, dessen Rückwand vollständig mit Gemälden bedeckt war. Eines dieser Gemälde, dessen Durchmesser kaum viel größer war, als Lewin brauchte, um seinen Leib durchzuschieben, war etwa anderthalb Klafter vom Erdboden entfernt. Harlequin wird verfolgt; er flüchtet in den Bildersaal, husch stürzt er sich mit der Behendigkeit einer Katze in das erwähnte Gemälde, und — verschwindet. Das Ganze war das Werk eines Augenblickes und mit einer solchen Exactheit ausgeführt, daß das Dings jedem Zuschauer unerklärlich blieb. Die Decoration bewegte sich nicht, man hörte kaum ein Rauschen, viel weniger einen Fall; natürlich, Lewin mußte in dem Moment, wo er sich durch das Bild stürzte, von bereits für ihn ausgebreiteten Armen aufgefangen werden, sonst würde er sich unfehlbar das Genick abgestoßen haben. Aber die Blitzesschnelligkeit, mit der er ohne irgendwo anzustoßen mit seinem vollen Körper durch das verhältnißmäßig sehr kleine Bild flog, blieb allein schon unerklärlich.

Das zweite von ihm executirte Schaustücklein war folgendes: Auf der Bühne wurde eine Kanone aufgestellt, in deren Rohr man den armen, zum Tod verurtheilten Harlequin schob — das Stuck wurde abgefeuert und Harlequin's Körper flog in etwa 40—50 Bruchtheilen aus dem Kanonenschlunde heraus. Nun ging Simpson an das Geschäft, diese Menschenbruchtheile sorgfältig zu sammeln, und selbe auf dem Boden derart an einander zu reihen, daß sie den ganzen Menschen bildeten. Simpson brachte dieses mit solcher Schnelligkeit vor sich, daß dazu kaum mehr als zwei Minuten erforderlich waren. Eins, zwei, drei — der Gedanke bleibt fast hinter der Action zurück — schnellte der wiederbelebte Harlequin pfeilschnell empor.

Der Mechanismus, welcher diesem Kunststücke zu Grunde lag, war ein so exacter, überraschender, daß sich das Publicum nur durch einen Aufschrei der Bewunderung Luft machen konnte.

Wie allezeit, war man auch schon damals mit dem Imitiren schnell bei der Hand. Der „lebendig-todte" Harlequin wurde von den Pantomimen-Gesellschaften „hüben und drüben", im Josefstädter- und Leopoldstädtertheater so gut es eben ging, nachgeahmt, und Ferdinand Occioni gebührt die Ehre, sein Vorbild mit Glück imitirt zu haben. Die Scene mit dem in Stücke zerschossenen und wieder belebten Harlequin, dann die Metamorphose eines Trinkbechers in eine vollständige Zeltdecoration bildeten die zwei Haupthebel, welche der Occioni'schen Pantomime:

„Die Zauberrose" im Josephstädtertheater seiner Zeit zu weit über 100 vollbesuchten Wiederholungen verhalfen.

Aber auch ein Spectakel-Schauspiel: „Der Schwarzbart" mit dem Heldenspieler Moriz Rott in der Rolle des Piraten Schwarzbart, brachte Lewin damals im Theater an der Wien zur Darstellung, welches als Schlußdecoration das In-die-Luft-fliegen eines vollständig armirten Kriegsschiffes den verwunderten Blicken des Publicums vorführte. Diese Scene gehörte zu dem Imposantesten und Ueberraschendsten, was eine Bühne je der Schaulust geboten hatte, und Lewin war hierin dem Berliner Balletmeister Paul Taglioni mit dessen Ballet, „Der Seeräuber," um fast 40 Jahre zuvorgekommen.

Jedenfalls war das Gastspiel Lewin's weit anziehender und interessanter, als das fast gleichzeitig im Theater an der Wien producirte Gaukelspiel des sogenannten „berühmten Indianers" mit seinen ungemein schwierigen und exact eingeübten Balancirkünften, mit dem Abschießen kleiner Vögel mittelst eines Pfeiles aus einem Blasrohr, ein Manöver, das gleichfalls mit unfehlbarer Sicherheit ausgeführt wurde, aber herzlich fad und langweilig zum Ansehen war.

Von jenem Wundermanne aus Indien datiren auch die schwarzen Krapfen, „Indianerkrapfen" geheißen, welche noch heut zu Tage auf allen Speistarifen in den Hotels und Gasthäusern figuriren, und die eine Hauptrolle unter den Delicatessen unserer Conditoreien bilden.

XXXV.
Schattenbilder aus dem Künstlerleben.

1. Wie man sich in der Kunst eines gefährlichen Nebenbuhlers entledigt.

Wir müssen hier schon etwas weit zurückgreifen, in die Zeit der ersten Zwanzigerjahre, als Graf Gallenberg sich um die Direction des Hofoperntheaters bewarb, und selbe auch erhielt. Wenzel Robert Graf von Gallenberg, bekanntlich der Protector der berühmten Tänzerin Fanny Elßler, war ein fein gebildeter Cavalier, der sich schon in seiner Jugend viel mit Componiren beschäftigte. Aber Graf Gallenberg componirte weder Opern noch Lieder, noch Messen oder überhaupt Kirchenmusik; ihn zog es an, ein ganz eigenes Genre der Composition, die Balletmusik, zu cultiviren; — er schrieb nur solche, hatte es darin aber zu einer Vollkommenheit gebracht, daß das Wiener Publicum im k. k. Hofoperntheater nur Ballete mit Musik vom Grafen Gallenberg wollte, dessen Com=

positionen sogar in Italien Eingang fanden. Gallenberg, den die Luft anwandelte, die Direction des k. k. Hofoperntheaters auf eigene Rechnung zu führen, besaß zu einem solchen Unternehmen weder die nöthigen Fonds, noch auch das Talent, und seine Entreprise, die mit Conradin Kreuzer's „Libussa" begann, konnte unmöglich von langer Dauer sein. Etwa 6 Monate, ehe er solche antrat, beauftragte er den Vater des Verfassers dieser „Rückschau" in Gesellschaft des dazumal hier engagirten Capellmeisters Herrn Franz Lachner, eine Rundreise durch Deutschland anzutreten, wegen Engagementsabschluß entsprechender Kräfte für die Wiener Hofoper. Und in der That gelang den Genannten auch die Anwerbung etlicher Künstler von Bedeutung, wie der damaligen Primadonna Fräulein Hardmayer, des Baritonisten Hauser, — in späteren Jahren des vorzüglichsten Wilhelm Tell, des interessanten Baßbariton August Fischer, der sich mit seinem Vampyr in der Lindpaintner'schen Oper gleichen Namens die Gunst des Wiener Publicums im Sturmschritt erworben hatte, des jugendlichen Tenoristen Holzmüller u. s. w., dann hervorragender Künstler für das Orchester, unter denen der Hornist Professor Lewy, dann der Clarinettist Professor Klein es zu großer Beliebtheit bringen sollten.

Holzmüller, damals ein junger Mann von blühender Schönheit, was die Zartheit seiner Züge und sein frisches Colorit betraf, an Carl Fichtner erinnernd, als dieser sich dem Theater widmete, besaß eine gewinnende

Persönlichkeit, eine schöne, bildungsfähige Stimme, kurz all' das Zeug, woraus man mit der Zeit einen großen Künstler machen konnte; Grund genug, den Neid seiner älteren Collegen aufzustacheln, die schon ahnten, dieser „schöne Jüngling" könnte ihnen einst unbequem werden. Aber welche teuflische List, welches Raffinement sollte angewendet werden, um Holzmüller ungefährlich zu machen. Der damals schon am Hofoperntheater engagirte Tenorist X, zunächst durch den gefährlichen jungen Mann bedroht, berieth sich mit seinem ältern Freunde und Collegen dem Sänger Y. „Nichts ist leichter," war des bekannten Lebemannes entschiedene Antwort, „als uns diesen Milchbart vom Halse zu schaffen, doch darfst du es dich nicht gereuen lassen, einige Hunderter in die Schanze zu schlagen." — „„Das soll kein Hinderniß sein.""

Die Sache war bald abgemacht, und man war übereingekommen, Holzmüller's falsche Freunde und Mäcene zu spielen, aus ihm einen Schlemmer und Säufer zu machen, ihn mit galanten Damen in Verbindung zu setzen, und siehe da, ehe noch ein Jahr verflossen, war die zarte Blume, der ein rauher Luftzug hätte gefährlich werden können, zum Verwelken gebracht worden. Holzmüller schadete Niemanden, er machte Rückschritte statt Fortschritte, und ging im Sumpfe der Gewöhnlichkeit unter.

Was soll man aber zu dem Benehmen seiner egoistischen und herzlosen Collegen sagen, die nicht Anstand nahmen, sich solcher Mittel zu bedienen? Die Feder sträubt sich, solche Leute Künstler zu nennen, weil dern Thun und Treiben darnach war, die Kunst herabzuwürdigen.

---

2. Eine in Erfüllung gegangene Prophezeiung.

Künstler sind bekanntlich ein gar leichtfertiges Völklein, aber einer der leichtfertigsten unter diesen war doch gewiß der seiner Zeit in Prag und Wien gefeierte Tenorist Sebastian Binder. Er war von Prag nach Wien gekommen, nachdem er in ersterer Stadt zu den beliebtesten Mitgliedern des ständischen Theaters gezählt und dort mit der berühmten Schauspielerin, der vor Jahren in Pension verstorbenen Frau Binder, vermält gewesen war, die, wie ihr Gemal, der beste Sänger des Masaniello, die vorzüglichste Darstellerin der Fenella in der „Stummen von Portici" gewesen.

Binder verlebte in Wien seine „schönsten Tage". Er sang über ein Jahr als Gast im k. k. Hofoperntheater, wo er später auch engagirt wurde, — und zwar zu einem Honorar, wie es damals noch zu den Seltenheiten gehörte. Er bezog nämlich für die Rolle hundert Gulden C. M., und trat meist als Fra Diavolo, dann als Georges in der „weißen Frau" auf. Nun war man aber eben wegen Binder's Gastspiel zum Einstudiren der „Stummen von Portici" gelangt, worin ihm die Rolle des Masaniello zufiel, und wofür er ausnahmsweise stets ein Honorar von 120 Gulden bezog. Freilich haben wir seither das Schlummerlied nicht mehr mit gleichem Schmelz vortragen hören, als durch Binder, sowie auch die Opernfreunde wohl nie wieder einem Freundespaar begegnen werden, wie damals Orest und Pylades in „Iphigenia" Wild und Binder gewesen!

Die „Stumme von Portici" wurde im ersten Jahre nicht weniger als 75 Male gegeben. Die erste Besetzung dieser Oper war folgende: Für die Fenella war die berühmte Mimi Dupuis aus. Paris verschrieben worden, die Prinzessin sang Fräulein Achten, den Prinzen Holzmüller, den Masaniello Binder — später Wild und Breiting, — den Pietro der versoffene Bassist Siebert (der einmal in seiner rosigen Weinlaune als Doctor Bartolo im „Barbier" einen Satz über das Souffleurhüttchen gemacht hatte), — später Staudigl (dem Siebert's Leidenschaft zum Trinken eben seine Künstlercarriere anbahnen ließ), — den Borello gab endlich Carl Fischer, — später der Gatte der Sängerin Achten.

Siebert endete, sowie die ihrer Zeit gleichfalls berühmte Sängerin Marianne Ernst, Wiens erste Norma, in der Schweiz als Bänkelsänger, der mit dem Teller in der Hand beim Publicum einsammeln ging.

Welches Honorar bezog demnach Binder in einer Zeit, wo noch das Geld seinen vollen Werth hatte, wo das Leben in Wien noch so billig war! Allein Binder lebte fortwährend in Saus und Braus, daß einer seiner aufrichtigsten Freunde mahnend zu ihm sprach: „Wastel, Wastel, wenn du es so fortmachst, wirst du noch auf dem Mist zu Grunde gehen!" Das waren aber Worte, die bei unserm Helden ungehört verhallten.

Einen kleinen Begriff von Binder's grenzenlosem Leichtsinn gibt schon der Umstand, daß er, der hier ein Garçonleben führte — Binder war schon seit Jahren von seiner Frau getrennt — durch länger als drei Jahre im Hotel wohnte, und zwar beim "Ochsen", der heutigen "Stadt Frankfurt", nächst dem Mehlmarkt, woselbst er drei Gulden täglich für's Zimmer zahlen mußte. Wie comfortabel hätte er sich, und um wie viel billiger eine eigene Wohnung miethen können, wodurch er auch noch dem Uebelstande enthoben worden wäre, seinen Freunden, oder besser gesagt Schmarotzern, die Gurgeln mit Champagner auswaschen zu müssen. Im Hotel ist dazu immer die verführerischeste Gelegenheit da, und bekam der Sänger, was häufig geschah, Besuch, durfte auch der perlende Champagner nie fehlen. War es da ein Wunder, daß er trotz seiner enormen Einnahmen nie Geld hatte, und daß ihn das Schlaraffenleben, das ihn allmälig zum Säufer machte, auch als Sänger vor der Zeit ruiniren mußte? Gar zu bald war der Zauber der süßflötenden Stimme verschwunden; Binder, der als Schauspieler immer hölzern war, mußte sich vom Theater zurückziehen und fristete, da er ans Sparen nie gedacht hatte, als Gesangslehrer ein elendes Leben in Pest; einsam und von all' den Freunden verlassen, die eben nur so lange zu ihm hielten, als er ihnen offene Tafel bieten konnte.

Mit der Kunde von Binder's Ableben in Pest erfuhr man auch die erschütternde Nachricht, daß dem einst so gefeierten Künstler nicht einmal mehr ein Bett geblieben war, in welchem er seinen Geist aushauchte; — er hatte auf einem elenden Strohlager auf dem Boden geendet, und sah somit jene düstere Prophezeiung, ach! nur zu genau in Erfüllung gehen!

Nach dem Erwähnten brauchten wir wohl nicht beizufügen, daß Binder ein äußerst angenehmer Gesellschafter war, das beste Herz von der Welt besaß, und unbedenklich den letzten Gulden willig hergab, handelte es sich darum, einem Bedürftigen, der ihn um eine Unterstützung ersuchte, zu helfen. So sind die Menschen von Binder's Schlag fast alle, waren immer so und werden immer so bleiben.

XXXVI.
Raimund's Nachahmer.

———

Große Ereignisse werfen ihre Schatten, große Künstler haben ihre Nachahmer, die ihnen wie die Schatten auf der Ferse folgen. Raimund machte keine Ausnahme davon. Die zwei hervorragendsten waren Plazer und Wallner, beide zu verschiedenen Epochen Mitglieder des Josephstädter Theaters.

Carl Plazer, eine lange, hagere, hektische Gestalt war Raimund wie aus dem Profil geschnitten; er besaß ein ungewöhnliches Imitationstalent, und als er das erste Mal als Copist Raimund's die Bühne betrat machte sich das überraschte Publicum, durch die frappante Aehnlichkeit in der ganzen Erscheinung, durch Gang Haltung und Gesten verblüfft, blos durch einen Ausdruck der Verwunderung Luft; das „wie er sich räuspert, und wie er spuckt," hatte ihm Plazer getreulichst abgeguckt

Aber Plazer war ein höchst einseitiger Komiker. Eine Probe davon gab sein farbloser Klapperl in der Meisl'schen Parodie: „Die schwarze Frau," wozu Adolph Müller eine so vorzügliche parodirende Musik componirt hatte. Plazer's Erfolge als Copist Raimund's veranlaßten nämlich die Direction, ihn in der „schwarzen Frau" mit der komischen Hauptfigur, dem urdummen Rathsdiener Klapperl, zu betheilen. Plazer wußte nicht, was er daraus machen sollte, bis später Scholz kam, der diese Rolle zu Ehren, die „schwarze Frau" aber zu mehr als hundert Vorstellungen brachte; Plazer erlag bald darauf einem Brustübel.

Auch Wallner leistete als Imitator Raimund's Bedeutendes, obwohl er schon damals mit einem bausbackigen Vollmondsgesicht und der Anlage zu der später noch mehr entwickelten Fettleibigkeit in der äußern Erscheinung wenig hatte, was ihm förderlich war, Raimund mit Glück zu imitiren. Aber die Eigenthümlichkeiten in Raimund's Spiel boten seinen Copisten willkommene Handhaben für ihre Arbeiten. Die Hast in Raimund's Sprechweise, sowie in seinen Bewegungen, der singende Ton seines durchaus nicht großen Organs u. s. w. erleichterten das Copiren seiner Spielweise, und Wallner machte auch später auf seinen Gastspielreisen gerade in Raimund'schen Rollen viel Glück. Wallner war ein echter Bühnen-Ahasverus, und er hatte in dieser Beziehung noch etwas vor Emil Devrient, Tichatschek, Dawison, Haase, der Seebach, Janauschek und

Otilie Genée, diesen unermüdlichen Gastspielreisenden, voraus. Es wird sehr wenige Provinzstädte in der österreichischen Monarchie geben, an deren Bühnen Wallner nicht gespielt hätte, ebenso auch in sehr vielen Städten des Auslandes; er hat wiederholt Paris und St. Petersburg besucht, und fast in aller Herren Länder gespielt.

Dabei hat er auch als Schriftsteller nicht Unbedeutendes geleistet. Seine Werke, worunter „Memoiren", in der neuesten Zeit seine „Rückblicke auf sein Theaterleben", athmen einen frischen, ursprünglichen Geist; Wallner schildert sehr lebhaft und getreu, und besitzt die große Kunst, nie langweilig zu werden; er hätte bei seiner Stylgewandtheit als Journalcorrespondent sich ganz gut eine Existenz begründen können, und hatte, was die Vielseitigkeit seines Talents betrifft, eine große Aehnlichkeit mit Heinrich Börnstein, nur daß unser Franz nie wie jener in den Befreiungskrieg gezogen ist; dazu war er ein viel zu jovialer, gutmüthiger, lebenslustiger Charakter, zu bequem und zu behäbig.

Jetzt ist Wallner königlich preußischer Commissionsrath und dick geworden, was ihm bei seiner sonst viel in Anspruch genommenen Berufsthätigkeit das Komödienspiel verleiden mochte. Aber Wallner hatte es indessen zu einem hübschen Vermögen gebracht, hat sich in Berlin ein eigenes Theater, das „Wallner-Theater", gegründet, das er mit wahrer Meisterschaft zu dirigiren versteht, und darin ein Ensemble hergestellt, das manche Hofbühne beschämen könnte. Unläugbar hat Wallner in der Carlschen Schule seine Studien gemacht, hat aber von Carl nur Tüchtiges und Practisches entlehnt, nie dessen Fehler angenommen. Unter Wallner's Direction geschah, was noch von keinem Privatunternehmer geschehen ist, daß er nämlich ein sehr verwendbares Mitglied seiner Bühne, den Komiker Helmerding, lebenslänglich engagirte. Das Glück möge auch ferner unserm Landsmann Wallner hold sein; er verdient es. Jetzt baut er ein großes neues Theater aus Stein und Eisen in Berlin, das schon der Vollendung nahe ist.

Nach dieser kleinen Abschweifung wenden wir uns wieder zu Raimund's Imitatoren. Darunter war nach Plazer und Wallner der glücklichste Eduard Weiß, der sich jedoch nur mehr an die äußeren Conturen hielt, wie später C. M. Rott, welch' letzterer noch heute Raimund= sche Rollen sehr zu Dank spielt, dabei aber bemüht ist, auf eigenen Füßen zu stehen. Der Erste, welcher selbst= schaffend das Raimund'sche Rollenfach im Leopoldstädter Theater vertrat, war die vieljährige Perle dieser Bühne, der Komiker und Regisseur J. B. Lang, ein reichbegab= ter, vielseitig gebildeter Künstler, der erst in spätern Jah= ren die juristische Laufbahn, der er sich widmen wollte, mit der Künstlerlaufbahn vertauschte. Ein hartnäckiges Augenleiden hat diesen Künstler, der sonst noch wirken könnte, dem Bühnenberufe entzogen.

Nachdem wir nun die Imitatoren Raimund's, so weit sich diese unserem Gedächtnisse eingeprägt, die Revue haben passiren lassen, sei noch erwähnt, daß der gegenwärtig bei Director Strampfer im Theater an der Wien engagirte tüchtige Komiker Carl Friese, was Gestalt, Haare und Gesichtszüge betrifft, eine auffallende Aehnlichkeit mit dem unglücklichen, uns unvergeßlichen Raimund verräth.

XXXVII.

Concertgeber von Einst und Jetzt.

Wien wurde seit einer Reihe von Jahren derart von Schwärmen reisender Virtuosen überschwemmt, daß eine förmliche Blasirtheit des Publicums für die Leistungen derselben entstanden ist. Es gehört schon seit Jahren zu den Gewohnheiten, daß Virtuosen, welche "in Concerten machen", sich glücklich schätzen, wenn sie in diesen Concerten aus den Kosten kommen, und nicht daraufzahlen müssen, und wie in Wien, ist das auch in andern Großstädten der Fall, namentlich in Paris, wo in Künstlerkreisen schon seit Jahren dieselben Klagen laut werden. Nur tritt in Paris für die Virtuosen noch der sehr erschwerende Umstand ein, daß man dort bedeutend größere Auslagen hat. So z. B. kostet der Saal Herz, in welchem in Paris die vorzüglichsten Künstlerconcerte stattfinden, für jede Production 800 Francs. Wenn trotz alledem das Concertgeben in Wien und Paris noch nicht aufhört, ist der

Grund für diese Beharrlichkeit der Virtuosen darin zu suchen, daß es — soll ihre Existenz nicht gar unmöglich werden — ein Gebot der Nothwendigkeit für sie ist, sich von Zeit zu Zeit vor dem, in Musiksachen competenten Publicum genannter Städte zu produciren, um, wir möchten sagen zeitweilig ein Lebenszeichen von sich zu geben, und dadurch zu verhüten, daß man sie vollends zu den Todten wirft.

Das war vor 40—50 Jahren in Wien nun freilich ganz anders. Die Virtuosen tauchten damals nicht schockweise auf, wie jetzt, dafür lebten sie aber in brillanten Verhältnissen und hatten es in ihrer Kunst zu erstaunlicher Vollendung gebracht.

Was haben z. B. in Wien die Sängerinnen Catalani und Borgondio; was haben die Virtuosen Hummel, Moscheles und Paganini für Summen verdient?

Zu damaliger Zeit war das Concertgeben in jeder Beziehung lohnender, denn es war nicht nur die Empfänglichkeit des Publicums eine weit größere, die Concertgeber viel seltener; sie hatten auch weit weniger Kosten zu tragen. Da genügte es an die Redactionen der „Wiener Zeitung," der „Theaterzeitung," des „Beobachters," „Wanderers," „Sammlers" und der „Wiener Moden-Zeitung" Karten zu senden; dann noch etliche officiöse Billets an die k. k. Polizeidirection zu schicken, und das war hinreichend, sich Annoncen und Besprechungen der Concerte zu sichern. — Heute langt ein Künstler kaum mit hundert Freikartenaus, um sich nur mit der sich nach so großen Dimensionen vermehrt habenden Journalistik abfinden zu können. Es kommt heute vor, daß sich eine ganz obscure Sängerin für die Mitwirkung bei einem Concerte 100, tage ein Hundert Freibilleten bedingt. Wo soll unter solchen Verhältnissen noch Milch und Honig für den Concertgeber fließen?

Aber betrachten wir uns einmal so ein Virtuosenconcert aus früherer Zeit, z. B. eines des berühmten Nizzaers Nicolo Paganini, deren derselbe in Wien in Pausen von acht zu acht Tagen mehrere gab. Ein Sperrsitz zu einem Paganini'schen Concert in dem riesengroßen k. k. Redoutensaale wurde damals mit fl. 5 Conv.-Münze bezahlt, gerade die Taxe, welche ein fescher Wiener Fiaker für eine Fahrt nach dem Prater zu begehren pflegte; daher denn auch diese kurz angebundenen und ob ihres schlagenden Witzes bekannten Wiener Rosselenker für eine Praterfahrt ein „Paganinerl" begehrten.

Der ganze Apparat, den Paganini, zur Veranstaltung eines seiner so einträglichen Concerte benöthigte, war ein wohlbesetztes Orchester und eine Sängerin für zwei Ausfüllnummern, welche letztere dieser unheimliche Virtuose, zur größeren Bequemlichkeit, auf seinen Reisen stets mit sich führte.

Und trotz der enormen Preise war der große Redoutensaal bei jedem Paganini'schen Concerte derart überfüllt, daß noch Hunderte in den an den Saal grenzenden Gängen und Vorhallen weilten, die gar nichts sehen konnten, sondern nur den wunderbaren Tönen lauschten, welche der italienische Hexenmeister seinem Instrumente entlockte. So erinnert sich Verfasser dieser „Rückschau", einmal bei einem Paganini'schen Concerte die große Mime Sophie Schröder, damals schon eine bejahrte Frau, die keinen Sperrsitz mehr erhalten, keinen Platz im Saale mehr finden konnte, auf den Stufen sitzen gesehen zu haben, welche zu dem Concertsaale führten. Das Reinerträgniß eines solchen Concertes belief sich freilich auf die Summe von fl. 3—4000 Conv.=Münze, eine Einnahme, welche schon die Mühe des Kunstreisens lohnte.

Von Paganini sprechend, können wir nicht umhin mit Wehmuth auch des leider in der Blüthe seines Lebens seinem ruhmvollen Künstlerwirken entrissenen Joseph Slawik zu gedenken. Slawik hatte von dem Erbgute der Czechen, „der Begabung für Musik," von der gütigen Natur einen Riesenantheil erhalten, und indem er sich auf das Violinspiel warf, brachte er dieses Talent zur überraschendsten Entfaltung. Wir wollen nicht sagen, Slawik hätte Paganini einmal erreicht, denn Genie's, wie jenes Paganini's war, gebiert die Welt nicht alle hundert Jahre; aber das behaupten wir, daß kein Violinspieler Paganini nähergekommen war als Slawik, der leider in seinen schönsten Jahren ein Opfer des Typhus fiel. Treichlinger's Vortrag von Paganini's „Hexentanz" war im Entgegenhalt von Slawik's markigen und diabolischen

Tönen, sowie von dessen genialer Auffassung reine Tändelei. Bei Slawik war's eben heiliger Ernst um die Kunst, und er hätte, würde ihm Gott ein längeres Leben geschenkt haben, gewiß Erstaunliches geleistet.

Mit bedeutendem materiellen Erfolge concertirten in Wien in späteren Jahren noch die einheimischen Virtuosen Mayseder und Merk, die jedoch des Jahres nur einmal ein Concert gaben, Liszt, Ernst, Molique, Ole Bull, Vieuxtemps, Joachim, die Schwestern Milanollo, die Schwestern Ferni (alle vier letzteren Violinspielerinnen), der Flötist Drouet, der Cellist Servais, die Pianisten Thalberg, Schulhoff, Dreyschock, Willmers, Leopold von Mayer, der Violinist Ferdinand Laub und der Guitarrevirtuose und Künstler auf dem Melophon E. Regondi. Tamino-Heindl, der Flötenvirtuose par excellence, war eben im besten Zuge eine ergiebige Geldernte zu halten, als ihn im Jahre 1848 die Wiener Revolution überraschte, welche seinen Concerten gleichzeitig mit den überraschend schönen Scheibenbildern der Gesellschaft des Tiroler Athleten Carl Rappo ein plötzliches Ende machte. Einer ferneren künstlerischen Entwicklung wurde Heindl, dieser zu den größten Hoffnungen berechtigende Künstler, durch einen jähen Tod entrissen. Die Virtuosenconcerte sind in Wien ein fast überwundener Standpunct geworden, und an ihre Stelle sind die Orchesterconcerte getreten, wobei jedenfalls für die Kunst ungleich mehr gewonnen ist.

Auch die „Vereine", welche sich nach dem Muster des von Dr. August Schmidt gegründeten, noch immer blühenden Männer-Gesangvereines so zahlreich vermehren wie die Kaninchen, treten alljährlich mit ihren eigenen Concerten vor die Oeffentlichkeit. Wie in Allem, hat die Mode auch hier ihr Recht behauptet.

XXXVIII.

Vom Ballet im k. k. Hofoperntheater, seinen Choreographen, ersten Tänzern und Tänzerinnen.

Bei dem Umstande, daß es der Direction des k. k. Hofoperntheaters zur Pflicht gemacht wurde, neben der Oper auch das Ballet zu cultiviren, ist es selbstverständlich, daß auf diesem kostspieligen und sterilen Boden, dessen Erzeugnisse stets an einer gewissen Monotonie leiden, frische Triebe und gesunde Früchte weit seltener entstehen, als auf dem viel fruchtbareren Acker für das Operngenre. Daraus erklärt sich auch der Umstand, daß Wien, seit einem halben Jahrhundert, was sowohl die Choreographen anbetrifft, als auch die ersten Tänzer und Tänzerinnen, das Vorzüglichste und Auserwählteste gesehen und bewundert hat; denn mit Gewöhnlichem und Mittelmäßigem hätte man das Publicum langweilen müssen.

Eine kleine Um- und Rückschau in dieser Beziehung dürfte nicht ohne Interesse sein.

Von Choreographen und Choreographinnen wirkten in Wien: Aumer, Armand Vestris, Corally, Astolfi, Galzerani, Casati, Hus, Friedrich Horschelt (als Gast), Henry, Albert, Antonio Guerra, Campilli, Saint Leon, Martin, Priora, Domenico Ronzani, Julius Perrot, Josephine Weiß (als Gast mit ihrem Kinderballet), Bournonville, Lucile Grahn, Golinelli, Louis Frappart, Pasquale Borri, Wilhelm Telle und Giuseppe Rota.

Von ersten Tänzern sahen wir Louis Duport, Paul Samengo, Bretél, Rozier, Antonio Guerra, Laville und Stoeckl — letztere zwei als National-Tänzer — Henry, Horschelt (Sohn), Campilli, Croce, Casati, Julius Perrot, D. Mattis, Crombé, Priora, Carrey, Pasquale Borri, Charles Müller (als Gast), Saint Leon, Alexander Fuchs, Lorenzoni, Chapuis, Vienna, Frappart, Price, Calori und Carron.

Von ersten Tänzerinnen hatten wir theils im Engagement, theils als Gäste die Millériere, Rozier, Bretél, und Brugnoli. Alle der französischen Schule angehörig.

Später:

Fanny Elsler — Ideal der Anmuth,
Therese Elsler — Tanzende Riesin,
Hermine Elsler — Interessante Schwärmerin,
Mimi Dupuis — Graziöse Cokette,
Helene Schlanzowsky — Stählerne Nerven,

Louise Pierson — Repräsentantin der Nationaltänze,
Fanny Cerrito — Bild der Anmuth,
Charlotte Grisi-Perrot — Voll Pikanterie,
Maria Taglioni d. ä. — Erhabene Ruhe und Plastik in
  höchster Vollendung,
Vaseg, Mutter — Die Schöngeformte, Ausdauernde,
Crombé — Anmuthiger Ernst,
Danse — Ruhige Grazie,
Hermine Blangy — Aetherisch,
Aimé Gauthier — Die Zierliche,
Sassi — Die Leichtbeschwingte,
Louise Groll — Graziöse Gewandtheit,
Maria Forti — Behäbig,
Amalie Scribani — Stelzentänzerin,
Marie Rozier — Ueppige Bajadere,
Carlotta Pochini-Borri — Die Neckische,
Leopoldine Brussi — Koboldartige Lebhaftigkeit,
Therese Just — Solide Kunstfertigkeit,
Caroline Leinsitt *) — Größe mit Kraft vereint,
Yella (Baronesse Sacken) — Poetisch-duftig,
Maria Taglioni d. j. (als Gast) — Robuste Schönheit,
Elise Albert-Bellon — Diabolisches Naturell,
Adelaide Plumkett — Elasticität und Geschmeidigkeit,
Amalia Ferraris — Schwebend,
Augusta Maywood — Seiltänzerin par terre,
Ernestine Crochat — Holde Sittigkeit,
Katharina Lanner — Wirbelnde Hast,
Fanny Scherzer — Prosaische Anmuth,
Isabella de Fleur — Verblühte Blume,
Olympia Priora — Odaliske,

---

*) Diese am Hoftheater zu Braunschweig so jämmerlich verbrannte talentvolle Wiener Tänzerin.

Elise Bournonville — Gazellenartig,
Lucile Grahn — Antike Größe,
Pauline Hasenhut — Correcte Prosa,
Caroline Dietrich — Die Ernste,
Baseg (Tochter) — Passionsblume,
Emilie Aranyvary — Leidenschaftliche Glut,
Virginie Legrain — Kautschukartige Elasticität,
Allegrini Levasseur — Südliches Feuer,
Josephine Sallaba — Weibliche Anmuth mit männlicher Kraft gepaart,
Eveline Roll — Grotesk,
Pia Ricci — Melancholisch,
Anna Millerschek — Großartige Sprungfertigkeit und Leichtigkeit,
Claudina Coucqu — Unübertroffene Bravour,
Katharina Friedberg (Gast) — Sinnliche Schönheit.

Im Ausbildungsproceß sind noch Frln. Lamare, — die Schwestern Cassani — und Frl. Jaksch begriffen, von denen sich eigenthümliche Charaktere nicht bestimmt angeben lassen.

Theater-Miscellen.
1. Kaiser Franz entscheidet über das Schicksal eines neuen Stückes.

Kaiser Franz war ein sehr großer Theaterfreund, doch besuchte er in der Regel nur das Burgtheater, in das Operntheater kam er seltener; sein Besuch in einem Vorstadttheater gehörte zu den Ausnahmsfällen, und wenn dieß geschah, pflegte der geschwätzige Theaterzettel immer an der Spitze mit großen Lettern zu sagen: „Auf Allerhöchsten Befehl!" Dann wußte das Publicum immer, daß der Kaiser das Theater besuchen werde, denn bei ähnlichen Wünschen eines kaiserl. Prinzen genügten die Worte: „Auf höchsten Befehl." Man sieht daraus, daß die Theaterdirectoren Wiens es in der guten alten Zeit schon verstanden haben, den Besuch Seiner Majestät des Kaisers als Reclame für sich zu benützen.

Wenn der Kaiser Franz in seiner Loge im Burgtheater saß, was, wie schon erwähnt, sehr häufig geschah, war es dem Publicum durch die Ehrfurcht vor Seiner Majestät geboten, sich strengstens jeder lauten Kundgebung des Beifalls oder Mißfallens zu enthalten. Da fügte sich einmal, daß Kaiser Franz bei der ersten Aufführung von Ludwig Halirsch' Schauspiel „Ein Morgen auf Capri" — einem total verfehlten Producte — gewahrte, wie seinen lieben Wienern der Zwang schon lästig wurde, indem selbe wegen der Anwesenheit des Kaisers mit ihrem Urtheil über das Stück zurückhalten mußten; der gütige Monarch dachte wohl, nachdem zwei Drittheile des unglücklichen Stückes abgespielt waren, sie mögen nun damit machen, was sie wollen, erhob sich und verließ die Loge mit all' seinen Gästen. Nun war aber auch über das Stück der Stab gebrochen; es fiel rettungslos und geräuschvoll durch, um nie wieder zu erscheinen.

2. Ein prophetischer Bühnenleiter.

Schreivogl (genannt West) war eigentlich nur Secretär und Dramaturg des k. k. Hofburgtheaters, im Grunde aber ohne Zweifel der intelligenteste, umsichtsvollste und gebildetste Director der genannten Hofbühne, bei der jedoch erst sein unmittelbarer Nachfolger, der k. k. Regierungsrath Johann Ludwig Deinhardstein, die Bewilligung erhalten hatte, den Titel eines artistischen Directori des Burgtheaters zu führen.

Unter Schreivogel's Direction oder richtiger gesagt Secretariat des k. k. Hofburgtheaters kam ein Kunstfreund aus der Provinz, aus Prag, hier an, der einer, jeder Beziehung ausgezeichneten Darstellung von Lessing's „Nathan der Weise" beiwohnte, aber sein Befremden nicht unterdrücken konnte, daß diese Musterdarstellung nur vor sehr spärlichen Besuchern stattgefunden. Ein Zufall brachte diesen Provinzler, der eben damals hier eine stabile Anstellung gefunden, und noch gegenwärtig mit seiner Familie hier domicilirt, mit Schreivogl in einer Gesellschaft in unmittelbare Berührung, und der Kunstfreund nahm nicht einen Augenblick Anstand, Schreivogl sein Befremden mitzutheilen, daß eine so classische Darstellung eines so classischen Stückes vor leeren Bänken stattfinden konnte. „In dieser Beziehung bin ich ganz unbesorgt," erwiederte Schreivogl mit seiner gewohnten Ruhe „ich wünschte nur, daß Sie unser Theater öfter besuchen, und ich nach etwa drei Jahren wieder das Glück haben sollte, Sie sprechen zu können; bis dahin wird „Nathan der Weise" schon sein recht zahlreiches Publicum gefunden haben; dafür lassen Sie mich sorgen." Und in der That, diese prophetisch gesprochenen Worte Schreivogl's fanden ihre volle Bestättigung: ehe drei Jahre um waren, wurde „Nathan der Weise" nur mehr bei gedrängt vollem Hause gegeben, und das Schicksal dieses classischen Stückes, sowie noch anderer, früher unbeachtet gebliebener gediegener Dichtungen war entschieden.

Damit ist der Beweis geliefert, daß es jederzeit nur an dem Bildungsgrade des leitenden Directors liegt, sich ein, für das wahrhaft Gute und Schöne empfängliches

Publicum zu schaffen, was wieder nur dadurch möglich wird,
daß man diesem Publicum mit Beharrlichkeit gediegene Auf=
führungen gediegener Kunstwerke liefert, und so dessen Sinn
allmälig für das wahrhaft Schöne empfänglich macht.
Daß Iffland und Kotzebue, und vielleicht mit Unrecht
auch Raupach mit seinen bessern Arbeiten heute ein
überwundener Standpunct sind, ist eben nur den jewei=
lig am Ruder stehenden Directoren zu danken, welche es
verstanden hatten, dem Geschmacke des Publicums eine
Richtung zu geben, die solches nach Bahnen lenkte, auf
denen es eine Unmöglichkeit wäre, Kotzebue und Iffland
fernerhin oft zu begegnen.

Das wollen die Leiter der Kunstinstitute bemerken,
daß ihr Wirkungskreis ein großer, ein schöner, ein edler sei,
wenn sie Kopf und Sinn haben, ihn auszubeuten, und auch
das Bißchen Muth besitzen, ohne welchen kein Reformwerk
ersprießlich und mit nachhaltigem Erfolg durchzuführen ist.
Aber Ernst muß es ihnen um die hehre, heilige Kunst sein,
sonst werden sie nichts erringen und auch nichts verdienen
als höchstens eine Maulschelle, welche ein Director des Hof=
burgtheaters einmal in einer zahlreichen Gesellschaft, bei
der Jubiläumstafel des k. k. Hofschauspielers I. Kober=
wein im Hotel „zum römischen Kaiser", also vor Zeugen,
von der Schauspielerin X. darum erhalten, und auch wirk=
lich verdient hatte, weil er sich in seinem maßlosen Cynis=
mus verleiten ließ, sie in jenen Theil des Körpers zu zwi=
cken, der bei dem schönen Geschlechte oft sehr stark ausge=
bildet ist und die Bestimmung hat, daß man darauf sitze.

Damals ist aber ein eclatanter Aufsitzer aus dem Attentat für den lüsternen artistischen Director geworden, und „das war gut", fügen wir mit Adam im „Dorfbarbier" bei.

―――

3. **Eine Schicksalsoper für das Gattenpaar Grünbaum**
war Mozart's „Titus". Grünbaum war in Prag als erster Tenor engagirt, und erfreute sich daselbst als gediegener Sänger der größten und verdientesten Beliebtheit. Sein Schauspielertalent war stets ein ganz geringes, und er verstand es nicht in dieser Beziehung auch nur ganz bescheidenen Wünschen nachzukommen. Wie nun allmälig der Schmelz der Stimme gewichen, war Grünbaum als Künstler zur Unbedeutendheit zusammengeschrumpft. Man ließ ihn dieses auch empfinden, und eine ungenügende Leistung als Titus wurde schonungslos ausgezischt. Es war dieß das erste Mal, daß ihm so etwas in seinem Leben passirt war; er führte es sich aber auch so sehr zu Gemüth, daß er bald darauf sein Wirken als Sänger aufgab, und nur mehr als Uebersetzer von Operntexten für die Bühne thätig war. Seine renommirtesten Opernübersetzungen sind aus früherer Zeit „Der Barbier von Sevilla" (eine schwächere Uebersetzung dieser Oper existirt auch noch von Kollmann in Graz), aus späterer „Die Musketiere der Königin".

Jahre waren verflossen, Grünbaum sammt Gattin waren nach Wien gereist, wo letztere eine Zierde der Oper bildete, und fürwahr auch den besten Sängerinnen an die Seite gestellt zu werden verdiente. Der Hauch des Schönen und Anmuthigen war über deren Leistungen ausgegossen, allein die Darstellung bildete auch die Schattenseite in den Schöpfungen der Frau Grünbaum. Da fügte es sich, daß, nachdem man die Mozart'sche Oper „Titus" von den Italienern in Wien oft und vielmal dargestellt gesehen hatte, dieselbe Oper wieder in das Repertoire der deutschen Opern aufgenommen wurde. Frau Grünbaum sang die Vitellia, die Altistin Waldmüller den Sextus. War es nun Indisposition, welche der Grünbaum an jenem Abend feindlich entgegentrat, war es der prachtvolle, echt dramatische Gesang der Waldmüller in der Partie des Sextus, der so deprimirend auf die Collegin wirkte, genug, wir haben als getreuer Chronist zu verzeichnen, daß in derselben Oper „Titus", welche viele Jahre vorher verderblich für den Gatten geworden, nun auch der Gattin die volle Bedeutung dessen, was man Schicksal nennt, kund werden sollte. Frau Grünbaum wurde auch das erste Mal in ihrem ganzen Leben förmlich ausgezischt, und zwar in derselben Oper, in welcher ihrem Gatten vor Jahren in Prag eine ganz gleiche Behandlung zu Theil geworden war. — Das war doch schon die höhere Tragik des Geschickes zu nennen, und man kann sich vorstellen, welchen Eindruck bei dem leidenschaftlichen Charakter der Frau Grünbaum eine so strenge Beurtheilung von Seiten des Publicums erzeugen mußte, die sich einmal in

Prag hatte hinreißen lassen, bei dem Gastspiele der Frau Waldmüller in der Oper „Tankred", wo sich beide Künstlerinnen zu umarmen hatten, aus Eifersucht über den kolossalen Erfolg der Letzteren, diese in das Ohr zu beißen! — Es geht doch nichts über weibliche Zärtlichkeit!

Eine Tochter der Grünbaum, Frln. Caroline Grünbaum, ein schönes Mädchen, war gleichfalls Sängerin und als solche am hiesigen k. k. Hofoperntheater engagirt und beliebt. Eine ihrer Forcerollen war Emmeline in der „Schweizerfamilie". Frln. Grünbaum war es, welche den guten alten Duport durch das immer wiederkehrende Abändern der angekündeten Vorstellung im Laufe des Tages aus purer Laune zu dem Entschluß brachte, jede Opernpartie zwei= und dreifach einstudieren zu lassen.

Bei dem nächsten Falle einer simulirten Unpäßlichkeit durch Frln. Grünbaum ließ Duport die Vorstellung nicht absagen, wohl aber Frln. Grünbaum einfach verständigen, er habe zur Kenntniß genommen, daß sie unpäßlichkeitshalber heute Abends nicht singen könnte und er werde die Oper, mit Frln. Henkel besetzt, aufführen lassen.

Das half; Frln. Grünbaum war schnell wieder gesund, sang Abends ihre Partie vielleicht schöner als je, und wurde sofort nicht mehr im Laufe des Tages krank. Wie schon gesagt, Duport war ein geschickter und glücklicher Arzt.

4. Künstler-Eigenthümlichkeiten.

Die Sängerin Clara Stöckl-Heinefetter konnte, wenn sie in der Oper beschäftigt war, kein Hemd am Leibe tragen. — Anna Zerr, die schwäbische Nachtigall, betrat nie die Bühne, ehe sie andächtig drei Kreuze geschlagen. — Regisseur Carl Just, ein geborner Berliner, also zum Witzereißen aufgelegt per se, erschrak immer gewaltig nach jedem Extempore, das er sich erlaubte, und doch konnte er es durchaus nicht lassen, von dieser verbotenen Frucht immer und immer zu naschen. Trotz seiner ungewöhnlichen Routine stotterte Just wie ein Schulknabe, der seine Lection nicht gelernt hatte, wurde leichenblaß und der Angstschweiß trat ihm auf die Stirne, wenn er als Regisseur dem Publicum nur mit einigen Worten eine plötzlich nöthig gewordene Abänderung mitzutheilen hatte. — Moriani, der unvergeßliche Edgardo in „Lucia", sang nie elegischer und schmelzender, als wenn er sich die Nase mit Schnupftabak vollgestopft hatte. — Die Tadolini sang nie entzückender, als wenn sie vorerst der Liqueurflasche tüchtig zugesprochen hatte. Merkwürdig war bei dieser Künstlerin, die in der Opera buffa gleich ausgezeichnet war, wie in der Opera seria, die völlige Theilnahmslosigkeit an dem darzustellenden Charakter. Sie konnte nach der erschütternden Sterbescene im „Othello" als Desdemona in die Coulissen treten und die frivolsten, ausgelassensten Worte im Munde führen, was sie gerne that. Beneidenswerthe Sängerin! Bei solchem Temperament ließ sich freilich die Stimme lange erhalten. — Giorgio Ronconi, der schmächtige Bariton mit der markerschütternden Stimme, die den Zuhörer so gewaltig ergreifen konnte, fand an jenen Abenden gewiß nicht jene packenden, zündenden Momente, wo sein leidenschaftlicher Gesang dem Brüllen des ergrimmten Löwen glich, wenn er zu Anfang der Vorstellung schon bei ganz geklärter Stimme war und nicht oft distonirte; je häufiger er anfangs distonirte, um so schönerer Stimmeneffecte konnte man im Verlaufe des Abends gewiß sein. — Während noch heut' zu Tage trotz der vorgeschrittenen Aufklärung Tausende eine gewisse Scheu haben, an Freitagen etwas zu unternehmen, waren die Freitage für Director Carl die eigentlichen Glückstage und die wichtigsten Unternehmungen entrirte er stets mit Erfolg an Freitagen; sein Collega im Hofoperntheater, Impresario Balochino, bewahrte wieder mit dem eisernen Starrsinn eines Greises eine heilige Scheu vor dem Freitage. — Scholz und Nestroy spielten nie mit rosigerem Humor, als wenn sie an Spiel-Abenden bis zur letzten Minute im Petter'schen Café an der Wien, oder bei Stierböck in der Leopoldstadt bei ihrem Tarrok-Tapper saßen. Der Inspicient wußte genau, wo er die beiden Komiker weit über die erlaubte Zeit (denn ein beschäftigtes Mitglied sollte sich doch mindestens um halb 7 Uhr in der Garderobe einfinden) zu suchen hätte, und daß sich diese noch einfinden würden. Aber welche Noth hatte der Garderobier dann mit ihnen, und wie mußte dann das Ankleiden, wie möchten sagen im Fluge vor sich gehen. Daher vielleicht manchmal die ungeheuren Kleckse, mit denen Scholz sich das Gesicht beschmierte. Das Publicum verlor aber nichts dabei, selbst wenn die Vorstellung wegen verspätetem Eintreffen unserer Helden um etliche Minuten im Beginnen verzögert wurde, es konnte gewiß sein, durch die gesteigerte Laune seiner Lieblinge für dieses Warten entschädigt zu werden. — Ignaz Stahl, dieser classische Hobelmann im „Lumpacivagabundus" und Mehlwurm im „Eulenspiegel", konnte durchaus seine Laune nicht finden, war er nicht vor der Vorstellung in der Garderobe von seinen Collegen recht tüchtig gehänselt worden. — Der bekannte Belgier Servais, einer der berühmtesten Violoncellisten, pflegte immer die Augen zu schließen, wenn er seinem Instrumente die wehmüthigsten, melancholischesten Töne entlockte.

---

5. Ein verschneites Gastspiel — Eine samaritanische Künstlerin.

Die Natur macht so gut ihre Revolutionen, als dieß die Menschen thun; wie ließen sich sonst die Abweichungen erklären, die wir in der Natur erleben mußten. Längst schon haben bei uns die vier Jahreszeiten ihre Eigenthümlichkeiten eingebüßt. Vor Jahren gab es in Wien noch einen Frühling, einen Sommer, einen Herbst und einen Winter, und wir hatten regelmäßig die Temperaturabſtufungen zwiſchen warm, heiß, kühl und kalt. Das hat längſt aufgehört, und die Jahreszeiten verſchwimmen unter einander, bleiben oft gar aus.

Wage es heut zu Tage Einer, wie dieß vor 30 bis 40 Jahren Tauſende gethan haben, an einem erſten Mai in weißem Beinkleid oder überhaupt in Sommertracht in den Prater zu gehen, ſich dort um 6 Uhr Morgens zum Frühſtück zu ſetzen u. ſ. w. Ein Stockſchnupfen zum Mindeſten wird ihm als Denk= zettel für das kühne Wagniß bleiben; — oder ſoll es Stu= wer heute verſuchen, das letzte Feuerwerk, wie es vor Jahren in Wien gebräuchlich war, im Prater am Thereſientage (15. October) zu geben, der dürfte ſein Publicum ſuchen. Es müſſen hier vollſtändige telluriſche Umwälzungen zu Grunde liegen, aber daß ſolche factiſch beſtehen, daran iſt nimmer zu zweifeln.

Ganz anders war es da noch im Jahre 1829. Der Winter 1829, das war noch ſo ein Capitalwinter, ein ganzer Kerl, der ſeinem Namen Ehre machte. Der erſte Schnee, der damals ſchon zu Allerheiligen gefallen, ver= rieth ſchon ſeinen feſten Charakter und blieb liegen, bis die Frühlingsſtrahlen von 1830 den eiſigen Gaſt auf eine nur zu heroiſche Weiſe zum Schmelzen bringen ſoll= ten und der Faſching, der brachte erſt den ergiebigen Schneefall, der ſich über ganz Wien wie ein weißes Bahr= tuch ausbreitete. Freilich hat Wien einen ſolchen Schneefall ſeit jener Zeit nicht wieder erlebt; er war ein Ereigniß!

Es war an einem Sonntag im Fasching 1830 und damals gerade das Gastspiel der Krones im Theater an der Wien im besten Zuge. Es sollte die „elegante Bräumeisterin" aufgeführt werden — und wird man es glauben — die Schneeverwehungen hatten gegen Abend in dem Grade zugenommen, daß die Krones für theures Geld keinen Wagen auftreiben konnte, der es gewagt hätte, sie in die Nachbarvorstadt zu führen. Wien war an diesem Abende unfahrbar und ungangbar geworden, und die lustigen Residenzler glichen aufs Haar jenen Schluchtenbewohnern im Gebirge, die im Winter oft Tage lang nicht aus ihren Hütten herauskommen, so lange nämlich, bis sie sich einen Fußsteig ausgeschaufelt haben.

Verfasser dieser „Rückschau" wohnte an jenem Abende mit seinem Vater im Operntheater einer Vorstellung der „Stummen von Portici" bei, und nach beendigter Vorstellung, wo kein Miethwagen zu finden war, der Tyrann der Fiaker, Hr. Pfanner, selbst eingeschneit oder verweht zu sein schien, gingen wir einander die Arme reichend, neun Mann hoch, längs der zwei Alleen nach unserer Wohnung im Jägerhause, dem ersten Hause der Wienstraße in der Vorstadt Laimgrube. Ein Einzelner durfte sich nicht auf einen Glacisweg wagen; er hatte zu fürchten im tiefen Schnee stecken zu bleiben. Und so legten wir, die ein gleiches Schicksal an einander gefügt hatte, schweißtriefend, erst nach einer halben Stunde, den Weg bis in die Vorstadt zurück. Und als diese Unmassen von Schnee nach plötzlich eingetretenem Thauwetter sich in Wassermassen auflösten, da war die

Ueberschwemmung Wiens eine traurige Thatsache geworden!

In jener Periode zeigte sich wieder das vortreffliche Herz der Therese Krones im schönsten Lichte. Die Krones bewohnte damals das schönste, eleganteste Haus in der Jägerzeile, Eigenthum des Claviermachers Mathias Müller, der die Fenster der beiden ersten Etagen durchaus mit Spiegelgläsern hatte einschneiden lassen. Die Krones hatte den zweiten, ihr College Ignaz Schuster den ersten Stock inne, und sie sagte in ihrem Uebermuthe scherzweise zu ihm, es freue sie, daß sie ihn mit Füßen treten könne.

Auf die erste Kunde von der großen Ueberschwemmung, die so viele Arme schwer betroffen, ließ die feinfühlende Krones große Massen von Lebensmitteln an Arme in der Leopoldstadt vertheilen, welche die Dachstübchen ihrer überschwemmten Wohnungen nicht verlassen konnten. Nachmittags aber miethete sie ein Pionnierboot, verproviantirte dieses reichlich mit Bier, Wein und Lebensmitteln, und fuhr damit in den nahen Prater, wo auch noch viele Unglückliche, von der Ueberschwemmung überrascht, in größter Noth hungerten und dursteten, dort ihre Liebesgaben eigenhändig vertheilend und reichlich Geld spendend.

Wer hätte dem gutmüthigen Mädchen nicht gerne dafür einige Ausschreitungen nachgesehen; wer konnte einer solchen Künstlerin gram sein? Die Wiener dachten, wer zur rechten Zeit und am rechten Orte großmüthigst so viel ausläßt (Provinzialismus für „spendet"), dem darf man es schon nachsehen, wenn er manchmal selbst ausgelassen ist.

Es lebe die Krone!

———

6. Ein Jeder sei sich „Mannes" genug lautete das Glaubensbekenntniß der Direction des alten Leopoldstädter Theaters hinsichtlich seiner zwei Komiker-Matadore Ignaz Schuster und Ferdinand Raimund und in Folge dessen wirkten die Genannten auch in der That durch Decennien als gute Freunde und werthe Collegen, ohne daß sie im Leben zusammen in Einem Stücke gespielt hätten.

Das war nicht Zufall oder Laune, das war Grundsatz, System, von der Direction vorgeschlagen, von den Künstlern gerne eingehalten, eine sehr weise Oeconomie, welche reichlich ihre Früchte trug. Jeder der zwei Genannten hatte seine Anhänger, sein Repertoire, sein exclusives Rollenfach, in welchem er sich nach jeder Richtung hin ausbilden konnte. Wo kam Director Carl hin mit der Hast, alle ersten komischen Kräfte zugleich in's Treffen zu führen. Da gab es fast keine neue Posse mehr, in welcher nicht Carl, Scholz, Nestroy, Treumann und Grois, also sämmtliche an dieser Bühne engagirten ersten komischen Kräfte, gleichzeitig beschäftigt gewesen wären, und das Ende vom Liede war, daß die Possendichter lazer wurden, indem sie wähnten, die Darsteller würden mit ihren Kräften schon ihr schwaches Geisteskindlein über dem Wasser halten, und daß diese Komiker allesammt fast gleichzeitig abgenützt erschienen, ein Mehrbieten seitens der Direction aber nicht mehr möglich war.

Streng an dem einmal eingeführten System haltend, wurden im alten Leopoldstädter Theater manchmal Versuche gewagt, die zwei Komiker-Matadore Schuster und Raimund in ihren Eliterollen alterniren zu lassen. Das gab dann einen merkwürdigen, höchst interessanten Wettstreit, denn es war ein Kampf mit fast gleichen Kräften, und das Resultat war fast immer dasselbe. Jeder der beiden Komiker hatte die Rolle in seinem Sinne aufgefaßt und mit Meisterschaft durchgeführt, und es handelte sich nur darum, welche Auffassung sich als die richtigere und glücklichere erwiesen. Das Resultat war eben wieder nur in dem Naturell dieser zwei Künstler begründet. Für Raimund — diese echte Künstlernatur — sprach die poetische Auffassung, für Schuster, — diesen gesunden, practischen und mit dem Wiener Volksleben auf das Innigste vertrauten und gewandten Darsteller — die dem Leben abgelauschte Natürlichkeit.

Ein specieller Fall wird hierüber den besten Commentar liefern. Greifen wir daher sogleich zu der, seiner Zeit der Casse so ersprießlich gewordenen Posse der Therese Krones: „Sylphide, das Seefräulein," welche weit über hundert Vorstellungen bei gedrängt vollen Häusern erlebte, und worin die beiden Komiker abwechselnd in der Rolle des blinden Harfenisten beschäftigt waren, welcher das Schicksal eines von Piraten entführten Liebchens in einem höchst gelungenen, charakteristischen Couplet schilderte. Die Endverse des Strophenliedes lauteten beiläufig:

„Wir fuhren bergauf und bergab auf dem Meer,
„Da kommt so a Schnipfer, a Seerauber her —
„Der Schnipfer, der Rauber, der grausliche Diab,
„Zerstört so die zärtliche, innige Liab.

„Der Schnipfer, der Rauber, der grausliche Diab,
„Zerstört so die zärtliche, innige Liab!"

Die Wiedergabe dieser packenden und zündenden Coupletstrophe, die stets einen Sturm von Beifall begleitete, war durch beide Komiker eine merkwürdig verschiedene.

Noch sehen wir den Harfner Raimund vor uns, ein Bild der Wehmuth und des Erbarmens, mit seinem bleichen, fahlen Gesicht und dem verglasten, stieren Blick der Blinden, ein Bild von ergreifender Wirkung, bei dessen Anblick uns stets ein Schauer überlief.

Und darauf Schuster, der es so trefflich verstanden hatte, den plärrenden, näselnden, schnarrenden Ton des Wiener Harfenisten in täuschender Wahrheit zu imitiren, eine Figur, die uns heiter stimmen mußte, die unmittelbar dem Wiener Volksleben in seinen untersten Schichten, mit seinem urwüchsigen, rosigen Humor entnommen war.

Raimund gab den Blinden mit daguerreotypischer Wahrheit, Schuster den Harfenisten, und jeder lieferte in seinem Genre ein Meisterwerk.

7. Wie man früher eine Primadonna heranbildete.

Wer erinnert sich, wenn er ihn nur einmal gehört haben sollte, nicht mehr des großen Sängers Tacchinardi, jenes Musters eines Tenors, dabei aber grundhäßlichen Mannes, den die Pariser, als er sich das erste Mal zeigte, nicht Anstand nahmen, laut zu verhöhnen. Aber Tacchinardi war nicht der Mann, der sich solches gefallen ließ. Der verlachte Künstler trat vor die Rampe und hatte den Muth dem Pariser Publicum in's Gesicht zu sagen, er sei gekommen, um sich hören, nicht aber um sich sehen zu lassen, und siehe da, das wirkte auf die ritterliche Nation. Tacchinardi wurde gehört, bewundert und ein donnernder Applaus erfüllte das Haus, gleichsam als wollte man den mit Unrecht gekränkten Künstler für die zugefügte Schmach schadlos halten.

Besagter Tacchinardi übernahm die künstlerische Ausbildung seines Töchterchens Fanny so zu sagen von Kindsbeinen an selbst, und begann mit dem Unterricht im Singen schon mit dem sechsten, sage sechsten Jahre, und beharrte darin allen Eifers durch volle sieben Jahre! Selbst Sänger, konnte Tacchinardi am besten beurtheilen, wenn sein Kind ermüdet sein mußte, und dann hatte auch die Lection ihr Ende. Unermüdlich wurde in diesen Uebungen fortgesetzt, welche nur den Zweck hatten, die Stimme recht geschmeidig zu machen. Tacchinardi beschränkte sich auf Rouladen, Triller, Läufe, Solfeggien. Von dem Vortrage eines

Ariettchens oder Liedchens durfte auch nicht im Entferntesten die Rede sein. Auf dieser Bahn schritt der besonnene Meister mit seinem Kinde durch volle sieben Jahre beharrlich fort, so viele Stunden als möglich des Tags dem Gesange widmend, bis die Zeit der Mutation — bei Fanny nach dem zurückgelegten 13. Jahre — eintrat. Nun durfte aber auch durch mehr denn zwei Jahre kein Sangeslaut über die Kehle der Tochter dringen. Mit 16 Jahren war Fanny in den vollen Besitz ihrer Stimme gekommen, den übrigen, die Sängerin vollendenden Apparat hatte sie sich schon als Kind angeschafft, war also eine fertige Primadonna in einem Alter, wo Andere erst anfangen, sich zu Sängerinnen heranzubilden.

Darin lag das Vielen wunderbare Geheimniß der außerordentlichen Frühreise dieser außerordentlichen Sängerin. Die Tacchinardi besaß nie, was man eine große Stimme nannte; hätte sie diese gehabt, würde nie eine Malibran zu der Ehre gekommen sein, für die größte Sängerin unseres Zeitalters gehalten zu werden, denn diese würde sicher die Tacchinardi gewesen sein. Allein sie war gewiß die erste, was den Geschmack, die Zierlichkeit, die Geschmeidigkeit, kurz die Virtuosität des Gesanges anbelangt, und hörte man eine Arie der Tacchinardi zehnmal, so hatte man sie gewiß zehnmal anders gehört, mit andern Fiorituren und Melismen, kurz in anderer Weise, und die Tacchinardi, welche so ungewöhnlich früh ihre Künstlerlaufbahn begonnen hatte, konnte dieselbe weit über das gewöhnliche Ziel der Sängerinnen ausdeh-

nen; sie war bis zu ihrem fünfzigsten Jahre die mit Recht
bewunderte primissima donna der italienischen Oper, ein
Schmuck, eine Zierde derselben, und das Singen war ihr
Bedürfniß, Erholung, kurz es war ihr eigentliches Leben
geworden. Sic itur ad astra! Das ist der Weg zum
Ruhme.

Die Tacchinardi vermälte sich später mit dem
Compositeur Persiani, mit dem sie viele Jahre in glücklicher Ehe lebte, der sie auf ihren Kunstreisen begleitete,
wohl auch manche brillante Arie für sie schrieb. In Wien
sang die Tacchinardi-Persiani auch die Hauptrolle in
ihres Gatten Oper: „Il Fantasma" (das Gespenst), und
gilt in Wien mit Recht für die vollendetste Lucia aus der
Legion der Lucia-Sängerinnen, welche man hier gehört
hatte. Gleich Lablache widmete auch die Tacchinardi
die letzten zwanzig Jahre ihrer Wirksamkeit abwechselnd
Wien, Paris, London und St. Petersburg. In Wien sang
sie in einigen Stagionen; ihre bedeutendsten Leistungen, geradezu unvergeßlich für Jene, die sie gehört hatten, waren
in den Opern: „Lucia," „Sonnambula" und „Puritani".

8. Ein früheres Komiker-Kleeblatt.

Die Vorgänger von Carl, Scholz und Nestroy
bildeten im Theater an der Wien die daselbst engagirten Komiker Hasenhut, Neubruck und Krasneck.
Von Hasenhut hat schon ein früheres Capitel der „Rück-

schau" ausführlich gesprochen; Neubruck's soll in einer später folgenden Miscelle nähere Erwähnung geschehen, von dem unglücklichen Krasneck hier nur so viel, daß dieser bedauernswerthe Komiker, ein würdiger College und Zeitgenosse des großen Reitzenberg, durch seine maßlosen Fusel-Libationen es so weit gebracht hatte, daß er, der etwa 30jährige Mann, am Morgen wie ein Greis zitterte, bis er sich durch den Genuß von mindestens eines Seitels Schnaps in den normalen Zustand versetzt hatte. Man kann sich denken, welche Inspiration dieser Künstler brauchte, um Abends zum Komödienspielen tauglich zu erscheinen. Im nüchternen Zustande wäre ihm das Spielen zur Unmöglichkeit geworden. Dieses nothwendige sich Begeistern durch den Genuß von Spirituosen hatte der ordinäre Krasneck mit dem berühmten Ludwig Devrient gemein, nur daß bei Letzterem diese Schwäche sich in weit gelinderem Grade offenbarte, und daß Devrient nichts als Rhum soff.

---

9. Reitzenberg bricht Löwe die Bahn.

Einer der merkwürdigsten Komödianten war der auch in Wien bekannte und wegen seines abenteuerlichen Lebenswandels berüchtigte Schauspieler Reitzenberg, ein verkommenes Universal-Genie, den bei all' seiner erstaunlichen künstlerischen Begabung die unglückliche Leidenschaft des Trinkens ein elendes Ende nehmen ließ. In Wien war die Komödiantenbörse, das sogenannte „Loch" in dem jüngst demolirten Jesuiterhofe hinter dem Theater an der Wien, Reitzenberg's Lieblingsaufenthalt, er dort ein Stammgast. — In Prag spielte dieser geniale Lump einmal den Carl Moor, und in der Scene, wo er sich an den Baum zu binden hat und jedem aus seiner Bande, der Lust hat, seinen Hauptmann zu verrathen, als wehrloses Opfer sich darstellen soll, vergaß er sich im volltrunkenen Zustande, in einer Weise, die näher zu bezeichnen der Anstand verbietet, daß er schnell in eine Coulisse hineingeschoben werden mußte, und der bis dahin nur in kleinen Rollen beschäftigte Ludwig Löwe, nunmehr durch fast 40 Jahre k. k. Hofschauspieler, sich erbot, an Reitzenberg's Stelle den Carl Moor zu Ende zu spielen. Er löste diese Aufgabe in so überraschender Weise, daß von jenem Moment an das große Talent desselben die gebührende Beachtung fand, und der Grundstein seines späteren Bühnenglückes gelegt war.

10. Italienische Knauserei.

Im Jahre 1823 war die damals weltberühmte Sängerin Fodor-Mainville von dem Impresario Barbaja als Primadonna für die italienische Oper in Wien gewonnen worden, und bezog als solche damals schon für eine nur ein paar monatliche Wirksamkeit das Honorar einiger zwanzigtausend Stücke k. k. Silberzwanziger.

Dazumal bildete eine Gattung Weißbier, „Hornerbier" genannt, das moussirte und sehr kühlend war, das Lieblingsgetränk der Wiener Gourmands und auch unsere Fodor hatte demselben so viel Geschmack abgewonnen, daß sie sich regelmäßig, wenn sie beschäftigt war, ein Plützerl Hornerbier aus dem benachbarten Komödienbierhaus holen ließ. Der damals als Theaterdiener fungirende kleine Martin Bauer, ein unverdrossen rühriges Männlein, der in seinem Berufe lief und lief, und so lange lief, bis er sich die Lungensucht an den Hals gelaufen hatte, derselbe kleine Martin Bauer nun hatte unsere durstende Primadonna allabendlich mit einem Plützerl Hornerbier zu versorgen.

Hier müssen wir bemerken, daß dieses nur während der heißen Jahreszeit getrunkene Bier ein Gebräu höchst heikklicher Natur war, das sich gerne brach und sauer wurde. Da es lediglich ein Luxusgetränk für Feinschmecker war, wurde es in Wien auch allgemein üblich, daß ein Wirth für dargereichtes Hornerbier nie die Verantwortlichkeit übernahm, noch die Kosten dafür trug. War das Bier in einem Plützerchen sauer geworden, erschien es selbstverständlich, daß der darnach lüsterne Gast auch das ungenießbare Getränk bezahlen mußte, das, wenn es nicht ganz koscher war, leicht Koliken erzeugte.

Einmal brachte der unermüdliche Bauer unserer Primadonna ein solches sauer gewordenes Bier, war aber nicht wenig erstaunt, als die überreich bezahlte Künstlerin dem armen Teufel, der bei einer Monatsgage von etlichen 20 fl. eine zahlreiche Familie zu ernähren hatte, die 14 Kreuzer — so viel kostete damals ein kleines Plützerl Hornerbier — welche er dafür ausgelegt, unerbittlich verweigerte. Wäre der Wirth im Komödienbierhause nicht barmherziger gewesen, hätte der arme Teufel in der That den Verlust zu tragen gehabt. Daß er aber von jenem Tage an der geizigen Künstlerin kein Hornerbier mehr brachte, versteht sich von selbst.

Ist's da ein Wunder, daß italienische Sänger und Sängerinnen in der Regel sehr reich sind?

───────

11. Ein gutmüthiger Blaubart,

der seine Weiber nicht dahinschlachtete, wie der berüchtigte Blaubart der Bühne, war Friedrich Artour, in den letzten Zwanzigerjahren Mitglied der Carl'schen Gesellschaft im Theater an der Wien, und eines der tüchtigsten, befähigtesten und fleißigsten Mitglieder dieser Bühne.

Die schönen, wahrhaft interessanten Blaubärte sterben allmälig aus, und so ein echter Blaubart gehört in Wien seit Jahren zu den Seltenheiten; diese Bartrace scheint fast verschwunden. Bei der Bühne haben wir zwei Prachtexemplare der schönsten, echten Blaubärte kennen gelernt, erwähnten Friedrich Artour, dann etliche Jahre früher den nicht minder interessanten Baß-Bariton August Fischer, k. k. Hofopernsänger, diesen köstlichen, unnachahmlichen, unheimlichen, wir möchten fast sagen geisterhaften „Vampyr" in Lindpaintner's gleichnamigen Oper.

Scheint es doch fast, die männliche Zierde eines Blaubartes gehöre zu den so seltenen Erscheinungen, daß die dadurch bevorzugten Menschenkinder schon darin allein eine Aufforderung finden, sich der Bühne zu widmen, um da die Gelegenheit zu haben, ihre Bartschönheit so recht den Blicken der Welt preiszugeben.

Artour, den eine einzige Rolle, dazu noch obendrein eine Episodenrolle, zum Künstler stempelte, der Falkenhändler Meister Antonio Bandini in Birch-Pfeiffer's „Pfefferrösel", fiel in Wien als eines der ersten Opfer der Cholera, eigentlich, um uns richtig auszudrücken, der Furcht vor der Cholera. Ihn hatte ein panischer Schreck vor dieser Geißel ergriffen, und da er vernommen, rother Glühwein sei ein probates Präservativ gegen diese furchtbare Krankheit, gab Artour, sich ganz und gar nicht unwohl fühlend, eines Abends im Gasthaus „zum Weinberg" in fast unmäßiger Weise, dem Genusse dieser gerühmten Panacee hin, und war in der folgenden Nacht ein Opfer der Cholera. Artour's jäher Tod erregte damals in Theaterkreisen allgemeine Bestürzung und war wohl mit Hauptursache, daß die damals so beliebte Localsängerin Thekla Kneisl, seine Collegin, einen höchst bedenklichen Choleraanfall bestehen mußte, der zum Glück noch gut verlief.

12. Ferdinand Raimund als Tyrann.

Raimund, der melancholische, tief in sich gekehrte Poet, der kein Hälmchen krümmte, konnte zum Tyrannen werden, und ward es auch, handelte es sich um das Ein-

studieren eines Stückes von ihm. In solchen Fällen wurde
der Dichter wahrhaft zur Geißel für die in seinem Stücke
Beschäftigten. Was wurde aber auch aus diesen? Es schie=
nen durchaus gediegene, erprobte, diplomirte Künstler. So
groß war der Einfluß, den Raimund als Dichter und Re=
gisseur auf oft ganz gewöhnliche Schauspieler übte. Bei
Raimund galt der oberste Grundsatz, seine Stücke müsse
er am besten kennen, über die Auffassung jeder einzelnen
Rolle darin müsse er den besten Aufschluß geben; er un=
terzog sich gerne der Mühe, jedem Schauspieler den nöthi=
gen Aufschluß zu geben, verlor da niemals die Geduld,
und schien es sich zum Wahlspruch gemacht zu haben:
per ardua ad astra (durch Ringen in die Sterne, durch
Kampf zum Sieg). Er forderte aber auch dann unbeding=
ten Gehorsam und jedes Mitglied hatte sich Raimund
sicher zum Feinde gemacht, welches seinen dießfälligen
Anordnungen nicht Folge leistete. Nur auf diese Weise
wurde es denn auch möglich, so prachtvolle Darstellungen
zu Wege zu bringen, wie z. B. im „Verschwender" den
Chevalier durch Hrn. Walter, das alte Weib durch Frau
Schmidt, Darstellungen, die heute noch durch k. k. Hof=
schauspieler unerreicht dastehen. Aber welche Mühe kostete
es öfter, bis solche Erfolge erzielt wurden. Ging endlich
Alles wie am Schnürchen, dann war aber auch Niemand
glücklicher als unser Dichter, dem am materiellen Erfolg
seiner Stücke ganz wenig oder gar nichts gelegen schien.
So war Raimund.

13. Ein Schütz, der trifft.

Ein ausgesprochenes Doppeltalent war das Mitglied der Palffy'schen Gesellschaft des Theaters an der Wien, J. Schütz, der Gemal der an derselben Bühne als Sängerin wirkenden nachmaligen k. k. Kammersängerin Amalia Schütz-Oldosi (italienisirt für Holdhaus). Sie war die Tochter des hiesigen Kartenmalers Holdhaus und die erste Deutsche, welche in den ersten Hauptstädten Italiens als Primadonna Glück machte. Erst durch ihr Beispiel aufgemuntert, wagten später ähnliche Unternehmungen mit Glück die Ungher, Löwe, Lutzer, Goldberg und Andere.

Schütz, ein Künstler nach zwei Richtungen, war in der Oper ein ganz tüchtiger Baritonist, im Schauspiel ein sehr routinirter Intriguant und im Leben ein rabiater Mensch. Was that er einmal bei der Generalprobe einer neuen Oper, worin er den Gottfried von Bouillon darzustellen hatte, und, wie es bei Generalproben üblich, im vollen Costüme erschien. Da waren Schütz und der Tenorist Jäger hart an einander gerathen, als der Streit dadurch ein plötzliches Ende erhielt, daß Schütz seinem Gegner mit dem blechernen Handschuh eine so gewaltige Maulschelle versetzte, daß diesem das Blut über die Wangen rann! Dieser Act von Rohheit brachte Schütz total aus der Gunst des Wiener Publicums, die er nie wieder gewinnen konnte.

Ein Zufall wollte es, daß in der Oper im Theater

an der Wien damals ein Schütz — ein Jäger —
und ein Wild Hauptrollen spielten.

---

14. Ein ganz origineller Trink-Virtuos

war Ludwig Schwarzböck, in den Zwanzigerjahren
Chordirector und Baßsänger im Theater an der Wien,
einer der größten Weinvertilger seiner Zeit. Aber
Schwarzböck war ein Trinker nach einem eigenen
Systeme. Ihn erfreute es nicht bei einem vollen Humpen
zu sitzen und zu schlemmen, bei ihm mußte Alles langsam,
aber beharrlich vor sich gehen; dann liebte er gar sehr die
kleinen, aber sehr häufigen Dosen, eingedenk, daß das
Weltmeer ja auch nur aus Tropfen zusammengesetzt sei.
Schwarzböck trank seinen Wein stets nur pfiffweise
("Pfiff" ein Wiener-Ausdruck für ein halbes Seitel), ja
Schwarzböck war ein Pfiffikus, und nur halbwegs
guter Laune, brachte es unser Virtuos auf einem Sitz auf
ein halbhundert Pfiffe. Das war aber noch nicht Alles, er
befolgte beim Trinken noch ein zweites System, denn auf
Systeme hielt er viel; er begann immer seine Libationen
mit leichtem Weine, mit einem Krätzer, in der Sorte stets
steigend, öfter, wenn es seine Casse erlaubte, mit dem
Vierguldenwein schließend.

Schwarzböck erhielt allmälig ein kupferiges, später ein blaurothes Aussehen, nicht unähnlich seinem
Namens-Halbbruder, dem k. k. Hofschauspieler Carl

Schwarz. Wir sagen geflissentlich Namens=Halbbruder, weil Schwarz die Hälfte von Schwarzböck ist, beide aber ein paar Capital=Trinkbrüderln waren, nur jeder nach seiner Manier. Schwarz, der während seiner langen theatralischen Laufbahn nur Eine Rolle von Bedeutung spielte, den Lorenz Stark im gleichnamigen Drama, war gewiß nicht schön, aber doch der Liebling der Schönen und dieses ob seiner schönen Theaterbälle, der sogenannten Schwarz'schen Bälle, zu denen Karten zu erhalten eine Art von Protection gehörte.

Schwarz und Schwarzböck hatten ähnliche Figuren, erfreuten sich einer ganz ähnlichen Kupferfarbe, und ein Witzbold meinte, eine Fliege, welche Schwarz's Nase belästige, sei eigentlich gar keine Fliege mehr, sondern ein Kupferstecher, und mochte in gewissem Sinne auch Recht haben. Schwarzböck erreichte trotz seiner Leidenschaft zum Trinken doch ein hohes Alter und hinterließ eine Tochter, Beatrix, seiner Zeit ein reizendes Rosenhütchen in der gleichnamigen Oper, und später die Gattin des Schauspielers Carl Fischer. Beatrix war ein hohes, schöngewachsenes Mädchen, von imposanter Gestalt und den einnehmendsten Zügen, ganz geschaffen, beim Theater Glück zu machen.

15. **Nur practisch! — oder die Kunst ein volles Concert zu erzielen.**

In der vormärzlichen Zeit, etwa um das Jahr 1845 oder 1846, debutirte die schon damals als gesuchte Gesangsmeisterin in weiteren Kreisen bekannte Sängerin Frln. X. als Concertgeberin. Für ihr im Musikvereinssaale abzuhaltendes Concert ward der 1. März bestimmt, ein glücklich gewählter Tag, da an demselben, als dem Todestag des höchstseligen Kaisers Franz I., die beiden k. k. Hoftheater geschlossen bleiben, daher der Concertgeber auf ein größeres Publicum rechnen kann.

Unsere Concertgeberin, ein üppiges Mädchen aus dem Stamme der Auserwählten, mit prachtvollen schwarzen Ringellocken und feurigen Augen, mit jenen schwellenden Formen, die man unter den Töchtern Israels so häufig antrifft, verfiel nun auf einen sehr practischen Gedanken, zu dessen Ausführung sofort geschritten wurde. Der 1. März fiel in jenem Jahre unmittelbar nach beendigtem Carneval; dieser Umstand schien unserer industriellen Künstlerin von Wichtigkeit. Der Plan war bald entworfen; die schon damals im Schwunge befindliche, überaus zahlreich besuchte Dienstag-Redoute wurde als Mittel zum Zwecke benützt.

Die nur skizzirten Andeutungen, welche wir über die Persönlichkeit der Concertgeberin gemacht haben, müssen Jedermann überzeugen, daß dieselbe ganz geschaffen war, im hellerleuchteten Ballsaale, in einer blendenden Garderobe viel Glück zu machen. Auch verstand sie sich comme il faut auf den tollen Maskenscherz, und hatte in der Elite des Wiener Publicums zahlreiche Bekanntschaften. Groß war daher die Zahl der Männer, welche von ihr in dieser Ballnacht angesprochen und auf's Korn genommen wurden, sie belief sich in etwa acht Stunden einer vielbewegten Ballnacht auf mehrere Hunderte, und als man zur Pointe jeglicher Masken-Conversation kam — zum Rendezvous — gab die schlaue Maske als solches den Concertsaal des Musikvereines am 1. März an, an welchem Abend die Sängerin Frl. X. ein Concert daselbst veranstaltete.

Welcher Mann widersteht wohl der Einladung einer reizenden Maske, zumal wenn diese mit solchem Raffinement wie im vorliegenden Falle gegeben wird?

Die Wiener wunderten sich, wie auf einmal Frln. X., die doch bis dahin ungeachtet ihres ausgesprochenen Talentes nur eine verhältnißmäßig geringe Beachtung gefunden hatte, dazu käme, ein so gedrängt volles Concert zu machen, bei welchem auffallenderweise die Männerwelt in hohem Grade vertreten war.

Frln. X. war darüber erfreut, aber durchaus nicht erstaunt; ihre List erzielte eben nur den gewünschten Erfolg; sie hatte es verstanden, sich ein zahlreiches Publicum zu gewinnen; war dieses einmal gewonnen, so war es ein Leichtes, es zu erhalten, und in der That, Frln. X. machte noch jahrelang vollbesuchte Concerte, denn ihr war es gelungen, dem „omne tulit punctum, qui miscuit utile dulci" der Lateiner eine practische Anwendung zu geben.

Und die getäuschte Männerwelt? — Ein Vernünftiger konnte dem klugen Mädchen nicht grollen.

— Wir wollen annehmen, daß die Mehrzahl der

Concertbesucher aus Vernünftigen bestanden habe, und somit waren Alle zufrieden, und das Ding hatte einen ganz glücklichen Ausgang, gerade so wie ein Kotzebue'sches Lustspiel.

16. Ein Gedächtnißheld.

Im Jahre 1823 lernte Verfasser in dem Curorte Baden den Schauspieler Carl Ludolf kennen, ein dünnes, schmächtiges Männlein, welchem damals in dem unter der Direction des alten Hoch stehenden Theater das Fach der Liebhaber im Lustspiele, Schauspiele und in der Posse zugefallen war. In Baden war es, wie in der Provinz überhaupt, wo nur ein kleines Publicum besteht und das Theater fast täglich von denselben Leuten besucht wird, Sitte, daß gar kein Stück im Laufe der Saison wiederholt werden durfte. Ward nun wie in Baden allabendlich gespielt, so konnte man sich denken, was so ein Schauspieler bei dem noch obendrein stets sehr beschränkten Personale zu lernen hatte, wollte er seiner Rolle nur halbwegs gerecht werden.

In dieser Beziehung stand Carl Ludolf als Muster, als Unicum da. Er spielte allabendlich eine andere, stets eine bedeutende Rolle, und hatte dieselbe immer, wie man zu sagen pflegt, bis auf's J-Tüpfelchen seinem Riesengedächtnisse eingeprägt. Ludolf kam später nach Wien, wo er im Josephstädter-Theater unter Fischer's Direction in dem Castelli'schen Monodram:

„Der Soldat allein" ganz allein eine kleine Komödie ohne Souffleur abspielte. Ludolf war auch im Leopoldstädter Theater engagirt, und spielte unter Raimund den Wolf im „Verschwender". Von hier reiste Ludolf nach Linz, wo er bis auf die neueste Zeit unter verschiedenen Directionen als Schauspieler thätig ist, gewiß ganz nahe seinem fünfzigjährigen Jubiläum. Bei diesem Schauspieler konnte man in der That bewahrheitet finden, daß das Gedächtniß durch die Uebung gestärkt wird, denn Ludolf's Gedächtniß leistete mit der Zeit das Erstaunlichste.

17. Ein unsichtbarer Theaterdirector.

Während heut zu Tage Theaterdirectoren stets eine Loge haben, in der sie sich allabendlich dem Publicum zeigen und in welcher sie mit Gönnermiene ihre Freunde empfangen, gab es einen Theaterdirector in Wien, welcher während der ganzen Dauer seines vieljährigen Wirkens auch nicht ein einziges Mal in seinem Theater gesehen wurde, und diese Rarität von einem Theaterdirector war der in mancherlei Hinsicht ganz originelle Director und zeitweilige Pächter des k. k. Hofoperntheaters, Louis Duport. Es lag in seinem System, jede Berührung mit dem Publicum, von dem er wohl wußte, daß es ihm nicht hold sei, zu vermeiden. Desto energischer und rastloser arbeitete er für eben dieses ihn so geringschätzende Publicum im Verborgenen. War und blieb Duport unsichtbar für das Theaterpublicum, so kam er dafür nur am so mehr und öfter mit den an seiner Bühne engagirten Mitgliedern in Berührung. Da war aber auch keines sicher, zu jeder Stunde des Tages während der Proben und Vorstellungen, gleichsam auf leisen Socken schleichend und einem Kobolde nicht unähnlich, den stets vigilanten Director im Nacken zu haben.

Aber auch das hatte sein Gutes. Duport sah und wußte Alles, was im Theater vorging. So gewahrte er eines Tages im entlegensten Winkel des Theaters, nämlich an einem Orte, den man nicht ohne besonderes Bedürfniß betritt, seinen auserkornen Liebling und Schüler, den Tänzer L., in vertraulichster Gesellschaft einer Dame. — „Saumagen!" herrschte ihn der entrüstete Theaterdirector an, „haben du keinen andern Ort zu solchen Dingen, als das kaiserliche Ostheater? Einmal noch soll ich so etwas sehen, und du sein augenblicklich entlassen sammt deiner Dame!" — Und wahrlich das war Duport's vollster Ernst, und er hätte sicher auch Wort gehalten. Die Drohung wirkte und man vernahm seit jenem Tage nichts mehr von einem ähnlichen Vorkommnisse auf dem Theater, wo eine so feine Spürnase, wie sie Duport besaß, herumschnupperte. Ein Umstand, dessen Werth nicht hoch genug tarirt werden konnte.

Einmal noch sollte sich Duport, nachdem er längst als Künstler von der Bühne sich zurückgezogen hatte, seinem Publicum zeigen, wenn auch in arger Vermummung. Es war in einem russischen Ballete; ein Künstler war plötzlich erkrankt; da erschien Duport, ohne daß Jemand irgend etwas davon erfahren hätte, von einem starken Kosakenbart — was im Charakter der Rolle lag — bis zur Unkenntniß entstellt, auf der Bühne. Ein paar Schritte nur und die Habitué's des Ballets hatten sofort ausgewittert, mit wem sie es trotz Vermummung und falschem Bart zu thun hatten, und ein Beifallsjubel erdröhnte im Hause. Canta dignoscitur ales, — man erkannte im ersten Moment den Vogel aus dem Gesang, denn Duport war ein so ausgezeichneter Tänzer, daß man von ihm nicht sagen konnte, er sprang, er hüpfte, nein, es war ein elastisches Emporschnellen des Körpers, wie durch eine unsichtbare Feder erzeugt.

In dieser Beziehung kam Julius Perrot in späteren Jahren Duport am nächsten, und wir erinnern hier nur an dessen unnachahmliche Scenen mit dem Spinnrocken in seinem Ballet: „Der Kobold," wo er auch, wie von unsichtbarer Macht gehalten, sich federleicht emporschnellte und auf dem sich drehenden Rade scheinbar Posto faßte. Perrot hatte die leichtesten, graziösesten Beine, die uns je an einem Tänzer seit Duport vorgekommen. Schade nur, daß ein kürbisartiger Kopf zu diesen zierlichen Beinen in größtem Mißverhältnisse stand, daß auch die Gesichtszüge dieses Tänzers Alles eher als freundliche, angenehme gewesen wären. All das hinderte aber nicht Perrot zu dem graziösesten, beliebtesten Tänzer seiner Zeit zu machen, wie er noch heut zu Tage einer der beliebtesten und geschicktesten Balletmeister ist, die Bühnen der Hauptstädte Paris, London und St. Petersburg mit den Erzeugnissen seiner unerschöpflichen Phantasie erfreuend.

18. Ein Statist als — Held.

Herr Hann, oder richtiger gesagt Herr von Hann, denn es rollte adelig Blut in seinen Adern, war zu Anfang der Zwanzigerjahre im Theater an der Wien in kaum höherer Sphäre denn als Statist angestellt, weil ihn ein Sprachfehler — er hatte eine schwere Zunge und stieß, wie man zu sagen pflegt, an — hinderte größere Rollen zu übernehmen. Aber Hann war demungeachtet ein großer Mann, mindestens 6 Schuh hoch, kolossal gebaut, das Muster eines athletischen Mannes. Der selige Graf von Hahn, dem seine Passion, Theater zu spielen, Hunderttausende kostete, würde unseren Hann, so groß dieser auch war, unfehlbar in eine goldene Rüstung gesteckt haben! Graf Palffy oder dessen Schauspielregisseur Friedrich Demmer anerkannten den hohen Werth von Hann's Persönlichkeit und ließen diesen stets à la tête bei großen Aufzügen erscheinen, machten ihn so zu sagen zum Comparsenanführer, zum Helden unter den Statisten. Trauriges Loos! Hann's bedeutendste Rolle war die stumme Rolle des gefangenen Riesen in Vogl's Schauerdrama: „Ein Uhr," und unter einem Hollah des Galleriepublicums warf Hann immer einige kräftige Männer, die den in Ketten geschlagenen Riesen führten, durch heftige Armbewegungen zu Boden. Hann hatte offenbar seinen Beruf verfehlt. Vielleicht hat den adelig Gebornen falscher Ehrgeiz auf die unrechte Fährte gebracht. Als Portier würde er die Zierde des Thores eines herzoglichen Palastes gebildet haben, auf der Bühne konnte er es nicht über die untergeordnete Stellung eines Statistenanführers bringen, und er verdiente kaum so viel, um als kräftiger, riesiger Mann, der er war, täglich seinen knurrenden Magen zu befriedigen. Mit dem Verfall des Theaters an der Wien ist auch Hann verschollen und verschwunden.

19. Unnatürliche Grausamkeit einer Mutter.

Vor mehr als einem Vierteljahrhundert spielte im k. k. Hofburgtheater Frl. X., ein Theaterkind, die Tochter eines sehr bekannten hiesigen Schauspielers, Kinderrollen mit so schönem Erfolge, daß sie so lange als möglich in diesem Genre beschäftiget wurde, aber doch einmal in ein anderes, reiferes Fach übertreten sollte. Das ist ja alles sehr natürlich, nur geschah es bei unserem Kinde etwas gar schnell, so über Nacht möchten wir sagen, denn das liebe Kind fühlte sich selbst Mutter, und der Uebertritt in ein anderes Rollenfach, in das Fach der Mütter, war nicht nur angebahnt, sondern erstürmt. Allen Ernstes, das Gesagte ist reine Wahrheit. Frl. X. befand sich im Zustande guter Hoffnung. Nun paßte es in den Kram der speculativen Mutter, diesen Zustand in das tiefste Geheimniß zu hüllen, was hier um so leichter geschehen konnte, als bei dem stillen, eingezogenen Lebenswandel der Genannten, bei deren schwächlichen, anscheinend kränklichen und zarten Constitution einen derlei Vorgang Niemand auch nur im Entferntesten ahnen konnte. Auch war die Mutter ein zu practisches, schlaues Weib, als daß es unter ihrer Anleitung nicht hätte geschehen sollen, daß in der That alle Collegen der Betroffenen über deren wahren Zustand in vollständiger Unkenntniß erhalten wurden, was damals noch vor der Erfindung der Crinoline ein weit schwieriger auszuführendes Experiment war, als es heut zu Tage, Dank der allseitig fortschreitenden Aufklärung, der Fall sein würde.

So näherte sich allmälig des Mädchens natürliche Katastrophe, und diese ging in der That vor sich, ohne daß Jemand, die nächste Umgebung der Betroffenen natürlich ausgenommen, von dem Geschehenen auch nur die leiseste Ahnung hatte. Was aber sollte jetzt geschehen? Nachdem alle Welt bis dahin in der Täuschung erhalten blieb, wollte die Mutter der X. ihrem Werke dadurch die Krone aufsetzen, daß ein Hauptschlag ausgeführt werden mußte, ganz geeignet, nie einen Verdacht Platz greifen zu lassen, und die Möglichkeit hierfür in der Wurzel zu ersticken. Und dieses Mittel? Das Weib eines Wilden, eine Rothhaut würde vor einer Handlung zurückgeschreckt sein, welche die Frau aus den gebildeten Ständen, die Gattin eines Künstlers, die Mutter einer Künstlerin, zu begehen nicht Anstand nahm. Frl. X. mußte nämlich, so lautete der entmenschten Mutter unwiderruflicher Befehl, am Tage nach der überstandenen Entbindung die Bühne betreten, und dießmal gewiß in des Wortes engſten Bedeutung — Komödie ſpielen. Und als ob ſich ein tückiſches Schickſal gegen die Aermſte verſchworen hätte, ſollte dieſes in der Rolle eines gefallenen Mädchens, in der Rolle der Schweſter Louis' in dem Luſtſpiele „der Pariſer Taugenichts" geſchehen. Das war in Betrachtnahme der ſchwachen Conſtitution der jungen Mutter jedenfalls ein Wagniß auf Leben und Tod, und daß es glücklich abgelaufen, iſt zunächſt dem Walten einer gütigen Vorſehung zuzuſchreiben.

Daß aber ſchließlich der hohe Einſatz eines Menſchenlebens für die Bewahrung eines Geheimniſſes ganz und gar überflüſſig war, beweiſet der Umſtand, daß dieſe Theatermiscelle in der „Rückſchau" im Druck erſcheinen kann, wenngleich mit der hier gebotenen Discretion der ſtrengſten Verſchwiegenheit der Namen der dabei betheiligten Perſönlichkeiten. Die Wahrheit brach ſich, wie überhaupt immer ſo auch hier die Bahn. Frl. X. und deren Mutter gehörten fortan in Wien zu den Verſchollenen.

20. Der Mann ſeiner Frau.

Es kann nichts Demüthigenderes geben, als wenn ein Mann, geſund und rüſtig, noch in der ganzen Vollkraft ſtehend, ſich total von ſeiner Frau erhalten läßt, dafür aber auch in dem ſclaviſcheſten Abhängigkeitsverhältniſſe lebt. Das heißt ſeine männliche Würde ganz vergeben, und ſich zum Handlanger, zum blinden Werkzeuge ſeiner Gattin machen laſſen. Und doch kommen ſolche Fälle häufig im Leben, am häufigſten im Künſtlerleben vor. So ein

„Primadonnen-Gemal", der nichts hat, und nichts ist, als eben nur der „Mann seiner Frau", spielt im Leben eine ganz erbärmliche Rolle, degradirt sich selbst zum Lakaien.

Ein solches Individuum war der sporadisch in Wien auftauchende Herr M..... Seine Gattin war die gefeierte Primadonna der italienischen Oper unter Balochino's Direction. Derselbe traf vor Anfang jeder Saison regelmäßig 8—10 Tage früher hier ein als die Gesellschaft, und zwar als Quartiermacher seiner Gattin, noch aber mit der speciellen vertraulichen Mission, dieser hier die Journale günstig gestimmt, die Recensenten ihr gewogen zu machen; also eine lebendige Reclame für die Gattin. Wie an Alles, gewöhnte man sich auch an dieses, nur an das Privatvergnügen des „Mannes seiner Frau" konnte man sich in den Straßen des volkreichen Wien nicht recht gewöhnen.

Es bestand nämlich das Privatvergnügen des Herrn M....., dessen Wirksamkeit mit dem Tage aufhörte, wo die Wirksamkeit seiner Gattin eben erst begann, im Selbstkutschieren. Einen Wagen anzuschaffen, erlaubten ihm nach Vollzug seiner knechtischen Arbeit die Mittel seiner Frau, und nun ging's lustig d'rum und d'ran; so geschah es, daß einmal Herr M..... an Einem Tage nicht weniger als fünf Personen in der inneren Stadt durch sein ungeschicktes Kutschieren beschädigte, die Glastafeln dreier Auslagkästen zertrümmerte. Dieser Umstand machte sein Privatvergnü=

gen nicht nur über die Maßen kostspielig, sondern sogar für die Bevölkerung Wiens lebensgefährlich, und brachte diese harmlose Natur, welche nichts war und nichts sein wollte, als der auf großem Fuße lebende „Mann seiner Frau", gar bald in argen Conflikt mit der Polizei, die so tollem Treiben nicht gleichgiltig zusehen konnte, und dem ungeschickten Roßlenker gar bald die Zügel ganz stramm anspannte. Herrn M..... wurde die fernere Ausübung seiner Lieblingspassion von der Polizei verboten, und die „Frau ihres Mannes" war darüber um so weniger ungehalten, als ihr wirklich diese Leidenschaft ihres Gatten schon ein schönes Stück Geld gekostet hatte.

21. Ein weißer Rabe.

Nachdem der aus Prag hiehergekommene Tenorist Binder bereits über ein Jahr mit Auszeichnung am hiesigen k. k. Hofopernteater gastirt hatte, war man bemüht, diesen Künstler als engagirtes Mitglied zu gewinnen. Schon war man geneigt, ihm die größte der damals bestehenden Gagen zu bewilligen, allein Binder pochte auf seine große Beliebtheit in Prag, wo noch obendrein für seine Zukunft durch die Bewilligung einer Pension gesorgt worden wäre; ferner auf den zu seinen Gunsten sprechenden Umstand, daß er eine Tenorstimme von seltener Höhe besaß, was für die Bühne von unverkennbarem Werthe ist, und bestand auf einer Gagenforderung, welche jene des als ersten Tenoristen seit Jahren in Wien engagirten und accreditirten Wild um einige hundert Gulden überstieg.

In Erwägung aller Umstände wäre die Direction nicht abgeneigt gewesen, Binder's Wunsch zu gewähren, nur fürchtete sie durch dieses Zugeständniß den Meistersänger Wild, der sich damals schon wesentliche Verdienste um die Wiener Oper erworben hatte, zu kränken, und fand es — Theaterdirectionen kannten damals noch zarte Rücksichten — für angemessen, ehe sie in dieser Sache einen endgiltigen Entschluß faßte, bei Wild anzufragen, ob er sich durch die Genehmigung von Binder's Forderung nicht als Künstler zurückgesetzt und gekränkt fühle. Wild's trockene Antwort lautete: "Meinetwegen gebt Binder die von ihm beanspruchte Gage, oder wenn es Euch gefällt, auch noch mehr; mir ist das ganz gleichgültig, ich bin mit dem, was ich beziehe, zufrieden."

Das waren Worte eines Biedermannes, wie solche kaum heute von einem Künstler mehr gesprochen werden, und was leistete Wild, diese unverwüstliche Natur, bis in sein hohes Alter? Schon ein Sechziger hatte Wild noch Tage, wo er durch den Vortrag eines Liedes einen geradezu unbeschreiblichen Eindruck hervorbrachte. — Wild's Othello, Sever, Orest, Licinius, Arnold, Zampa u. s. w. werden Allen, welche ihn gehört, Leistungen von dauernder Erinnerung bleiben. Aber auch in der komischen Oper war er groß; wir brauchen hier nur seines Joconde zu gedenken, und nicht minder vorzüglich war er später in der „Braut" und in vielen andern Opern leichteren Genres. Dieser große hier verstorbene Künstler ruht in Wien, und erhält nächstens durch Pietät ein seinem Ruhme entsprechendes schönes Grabmonument.

22. Groß als Künstler und als — Esser.

Wer von den älteren Theaterfreunden erinnert sich nicht noch des alten Eckard, genannt Koch, k. k. Hofschauspielers und Regisseurs, dieses Greises mit dem patriarchalischen Aussehen. Wer damals Koch in seinen letzten Lebensjahren auf der Straße begegnete, der imposanten Gestalt, die silberweißen Locken bis auf die Schulter fallend, gestützt auf ein dickes, spanisches Rohr mit einem großen Goldknopf, wer hätte in ihm den Schauspieler vermuthet? Koch's achtunggebietende Erscheinung, die hohe Stellung, die er als Künstler einnahm, waren auch Ursache, daß das Publicum seinen classischen Leistungen bis in sein höchstes Alter mit Entzücken lauschte, und man konnte, wenn Koch spielte (seine Aussprache war schon sehr undeutlich geworden), eine Uhr picken hören, eine solche Ruhe herrschte da im Theater. Aber wie hat auch Koch als hochbejahrter Greis den Kriegsrath Dallner gespielt? Einen seiner glühendsten Verehrer zählte Koch an Kaiser Franz, welcher diesem zu Liebe sich alle Jahre ein- oder zweimal die Aufführung von Ziegler's Lustspiel: „Liebhaber und Nebenbuhler in Einer Person" anbefehlen ließ. Auch der alte Friedeborn im „Käthchen von Heilbronn" gehörte zu den

Rollen, in denen Koch noch im höchsten Alter Bewunde=
rung erregte.

Alle Achtung vor dem Künstler, allein Koch war
ein so gewaltiger Esser, daß es nachgerade unappetitlich
war, sein Tischnachbar zu sein, denn Koch roffelte vor Fett=
leibigkeit und verschlang dennoch die Speisen wie ein
Raubthier. — Einer seiner Collegen, der pensionirte
k. k. Hofschauspieler Ludwig Wothe, hatte große An=
lage dem Meister Koch nachzustreben, er erreichte ihn aber
nicht, ob er gleich im Essen Erstaunliches leisten konnte.

Hier können wir den kleinen, rührigen, mit aller
Welt freundlichen Musikalienhändler Tobias Haslinger,
den Vater des noch lebenden k. k. Hof=Musikalienhändlers
und Compositeurs Carl Haslinger, nicht unerwähnt
lassen, der zwar kein Vielfraß war, jedoch in die=
ser Richtung eine exclusive Stellung behauptete. Tobias
Haslinger hatte es nämlich im Verzehren seines Lieblings=
gerichtes, eines echten steierischen Kapauns, zu solcher
Virtuosität gebracht, daß so ein gewichtiges Vogerl gar
nicht zu viel für ein Gabelfrühstück Haslinger's wurde.

23. Belende Pudel.

In dem Raimund'schen Stücke „Der Diamant des
Geisterkönigs" war ein ganzes Rudel von Hunden, durch=
aus weißen Pudeln, beschäftigt. Natürlich steckten in den
Pudelfellen kleine Knirpse, Buben von 6—10 Jahren,
die, wie alle Kinder dieses Alters, ausgelassen waren und

auf der Bühne stets allerlei Allotria trieben. Mit ihnen hatte der alte Prothke, der es im alten Leopoldstädter Theater nach 50jähriger Dienstzeit nicht über die untergeordnete Stelle eines Inspicienten bringen konnte, stets seine liebe Noth. Damit diese Rangen nicht zu viel Unordnung auf der kleinen Bühne machten, hatte Prothke die kluge Maßregel ergriffen, den gesammten Künstler-Nachwuchs im vollständigen Pudel-Costume auf einem Zimmerchen im Theatergebäude eingesperrt zu halten, und ihn erst etliche Minuten, ehe dessen Künstlerwirken beginnen sollte, in Freiheit zu setzen.

Da geschah es an einem schwülen Sommertage, daß ein sehr heftiges Gewitter losbrach, wobei einmal ganz in der Nähe des Theatergebäudes unter furchtbarem Gekrache der Blitz einschlug. Man denke sich den Schreck der eingesperrten Kinder. In ihrer Herzensangst vergaßen die erschreckten Kleinen ganz ihres pudelnärrischen Costums, knieten der Runde nach nieder, falteten ihre Händchen und beteten, der liebe Gott wolle sie vor Unglück bewahren, sie in dem Unwetter schützen. Indessen war die Zeit gekommen, wo die Kleinen im Theater zu thun hatten. Prothke kam sie zu erlösen, allein wer malt das Erstaunen des alten, mürrischen Mannes, als er diesen Kreis betender Pudel erblickte; fürwahr ein drastischer Anblick!

24. Alles wiederholt sich.

Theaterscandale mit Auspochen und Auszischen des Stückes, wohl gar mit einem förmlichen Protest des Publicums gegen das Zuendespielen verunglückter Komödien, eine Manie, welche in Wien im Theater an der Wien, besonders in den Dreißigerjahren, bedeutend eingerissen war, den Scholz'schen Beneficen jahrelang fast als ein integrirender Bestandtheil anhaftend, zählten während des Regimes des Grafen Palffy zu den Seltenheiten, kamen jedoch vor.

Ein solcher Ausnahmsfall ereignete sich einmal bei dem Benefice des Lieblingskomikers Neubruck mit der Posse: „Unsinn über Unsinn!" Ein herausfordernder, aber zugleich auch prophetischer Titel, der nur zu wörtlich halten sollte, was er versprochen hatte. Und doch war „Unsinn über Unsinn" — ein Stück, das bei seiner ersten und einzigen Darstellung nur ganz überstürzt zu Ende gelangen konnte — um kein Haar schlechter oder auf die Spitze getriebener als etwa 35 Jahre später Morländer's „Theatralischer Unsinn", welcher im Carltheater gewiß 50 Vorstellungen erlebte; so ändern sich die Zeiten und mit ihnen der Geschmack des Publicums. Carl Neubruck, dessen wirklicher Name von Zahlhans gewesen, war ein sehr drastischer Komiker, ganz geschaffen für niedrig komische Rollen, wie z. B. Crispin in der Holbein'schen Bearbeitung von Shakespeare's „Liebe kann Alles". In neuerer Zeit hat uns der mittlerweilen verstorbene Komiker Grün vom Theater an der Wien lebhaft an Neubruck erinnert. Neubruck wurde im besten Mannesalter durch einen Schlagfluß gelähmt und für immer dem Bühnenwirken entzogen. Er lebte in seinem krüppelhaften Zustande, ein Bild des Jammers, noch einige Jahre.

―――

25. Ein verdächtiges Mäcenatenthum.

Es ist eine schöne Sache den Kunstmäcen zu spielen, und der in glücklichen Verhältnissen Lebende kann wahrlich nichts Besseres thun, als durch seinen Ueberfluß hervorsprossende Talente für die Kunst, der sie sich geweiht, thatkräftig zu unterstützen, sie einer höheren, edleren Ausbildung zuzuführen. Allein betrachten wir diejenigen, die da gerne für Kunstmäcene gelten wollen, in ihrem Thun und Treiben etwas schärfer, so werden wir nur zu bald gewahren, daß in den meisten Fällen entweder persönliche Eitelkeit oder Genußsucht die Motive scheinbar edler Handlungen seien, denn nicht ein armer, hilfsbedürftiger Kunstjünger ist es, der den sogenannten Kunstmäcen für sich gewonnen, sondern eine Künstlerin, Schauspielerin, Sängerin, Tänzerin, wohl gar Kunstreiterin ist der Gegenstand großmüthiger Fürsorge des Kunstmäcens geworden, und wie ganz geringen Einfluß die eigentliche Kunst hierbei übe, kann man schon daran erkennen, daß solche verdächtige Kunstmäcene nicht einmal eine Balletratte, vulgo Figurantin, von dem Genusse ihrer gnädigen Protection ausschließen, wenn sie nur ein freundliches Lärvchen hat, hübsch gewachsen, empfindsam und nicht all zu spröder Natur ist. Wo ist da der edle Kunstsinn, der Eifer, zum Wohl und zur Förderung der Kunst sein

Scherflein beizutragen? Es ist Alles nur Heuchelei und der Kunstmäcen sinkt zur ganz ordinären Casanova-Natur herab, nur daß der berüchtigte venetianische Abenteurer noch ehrlicher war und nicht für Kunstsinn ausgab, was roher, zügelloser Naturtrieb war. Saubere Kunstmäcene das!

Doch reißen wir ihnen die Larve ganz von dem unverschämten Antlitz, so werden wir wohl noch mehr gewahren. So ein drei- bis vierfacher Millionär, der gerne den Kunstmäcen spielen möchte, schöne Künstlerinnen wie ihr Schatten verfolgt, Tausende hinauswirft, um seinen Lüsten zu fröhnen, der Auserwählten kostbare Seidenkleider gleich dutzendweise in Kisten in's Haus sendet, sammt offenem Credit für die Schneiderrechnungen, der wohl auch vor dem Zugeständnisse einer Jahresrente von etlichen tausend Gulden nicht zurückschreckt, was thut der in Fällen, wo es sich in der That handeln würde, den Kunstmäcen zu spielen? Vederemo:

Ein wirkliches Talent, ein junger Mann, der ein wissenschaftliches Werk vollendete, das Jahre der Mühe in Anspruch genommen, wendet sich vertrauensvoll an so einen herzlosen Geldsack, der Tausende für seine Liebespassionen verschwendet, ihm das Manuscript zur Einsicht sendend, mit der dringenden Bitte, ihn durch ein Darlehen (nicht Geschenk) in die Lage zu versetzen, sein Werk in den Druck legen zu können. Was thut der große Mann? Das Manuscript gelangt uneröffnet in die Portierloge im Hause des Millionärs, der Autor wird nicht einer Sylbe der Antwort gewürdigt, von einer Hilfe-

leistung kann selbstverständlich um so weniger die Rede
sein. Pfui der Schande über so elendes Treiben!

Leute von dem Schlage unseres Millionärs und sau=
beren Kunstmäcens machen sich übrigens im Leben häufig
so gründlich lächerlich, daß es überflüssig erscheint, noch
mit besonderem Nachdrucke über sie die Geißel zu schwin=
gen. Wenn sich dieselben vor dem großen Residenzpubli=
cum so recht dem Gespötte preisgegeben haben, pflegen
sie für wenige Wochen zu verschwinden, um im tollen
Treiben des Pariser Lebens ihre in Wien begangenen Al=
bernheiten vergessen zu machen. Solche Leute sind nicht klü=
ger als die Hirsche, welche glauben, sie machen sich ihren
Verfolgern unsichtbar, indem sie ihren Kopf in irgend ein
Dickicht stecken. O,die Kurzsichtigen!

Erhalte der Himmel Leute dieses Schlages; es muß
auch solche Käuze geben, die nur in Großstädten wachsen
und gedeihen können. Ein Büchlein, das, wie das vor=
liegende, ausschließlich der Kunst gewidmet ist, darf schon
ein paar Blätter auch den Kunstnarren, Kunstenthusiasten
oder falschen Kunstmäcenen widmen. Doch schnell wieder
ein anderes Bild! Die Sache wird eklich! Arrr!

---

26. „König Lear" um einen Gulden Wiener Währung.

Es war in den Dreißigerjahren, als der k. k. Hof=
schauspieler Anschütz sich im Juli nach Linz begab, dort
einen Theil seines Urlaubs einem natürlich mit dem größ=
ten Beifalle aufgenommenen Gastspiele widmend. Wie

staunte jedoch der Künstler, als ihm den Tag nach seinem Beneficé, wo Anschütz den Lear gespielt, diese bewunderungswürdigste Leistung des großen Mimen, der Cassier als Gesammtergebniß der halben Einnahme, nach Abzug der Kosten, Einen Gulden Wiener Währung oder Anticipationsschein, wie man damals jenes Geld geheißen, brachte. Ein Anschütz spielte den König Lear für Einen Gulden Wiener Währung! Dieser Witz ist zu kolossal, um nicht aufbewahrt und dem Vergessen entrissen zu werden; so dachte auch Anschütz, nahm den sauer verdienten Guldenzettel, ließ einen goldenen Rahmen machen und bewahrt seit dieser Zeit unter Glas sorgfältig verschlossen diesen Denkzettel an sein Linzer Gastspiel, hütete sich aber seither wohl, im Sommer wieder in der Provinz zu gastiren, und zieht die vielverdiente Ruhe einer so schlecht gelohnten Thätigkeit vor.

Die Einzelgastspiele haben auch später, wo durch die Eisenbahnen die Provinzstädte der Residenz näher gerückt wurden, und Wiens Theater von den Provinzbewohnern leichter besucht werden können, allmälig aufgehört; die Association machte auch hier ihr Uebergewicht geltend, man arrangirt jetzt Massengastspiele, hütet sich jedoch weislich, dafür Städte wie Linz oder Graz, wo die Natur ein lachender Garten, unwiderstehlich zu dem Genusse in's Freie einladet, zu wählen, sondern sucht dafür Berlin, Hamburg, Breslau oder Pest aus.

27. In der guten alten Zeit

war Vieles möglich, sogar das war möglich, daß ein Theater Wiens durch die Mitwirkung von vier gewöhnlichen steierischen Alpensängern durch mehr als einen Monat die brillantesten Einnahmen und die vollsten Häuser erzielte.

Es war im Josephstädter-Theater während der Direction des Schauspielers Mathias Fischer, dessen Entreprise einen so günstigen Anfang genommen und kurz darauf ein so schmachvolles Ende erreichte, daß sich aus Graz vier steierische Alpensänger hier einfanden, den Kraftjodler Carl Fischer an der Spitze, die sich dem Director zu einem Gastspiele anboten. Mathias Fischer, welcher ohnedieß nichts vorbereitet hatte, ging auf den Vorschlag ein, ein Quodlibet war bald zusammengestellt, es reihten sich Tänze auf Gesangseinlagen aus Possen und Declamationsstücken, und den Schluß einer jeden der beiden Abtheilungen bildete eine Production der steierischen Alpensänger, ganz am Schlusse mit der besonderen Zugabe von Variationen, mit wahrer Virtuosität mit dem bloßen Munde von Carl Fischer gepfiffen, und — sollte man es glauben — das erzielte damals durch volle vier Wochen ununterbrochen die vollsten Häuser.

Die Zeiten sind nun längst vorüber, wo Bertha spann! Als Pfeifvirtuose fand Carl Fischer, der, nebenbei gesagt, ein, wie es schien, ganz unverwüstlicher Säufer war in der genialen Localsängerin Thekla Kneisl, geb. Demmer, gar bald eine Meisterin. Diese Frau, der auch ein Theil von dem der Familie Demmer erbrechtlich verliehenen Bühnentalente zugefallen war, übertraf ihr Vorbild in einigen Wochen, indem sie dieselben Variationen noch schöner, reiner, ausdrucksvoller und schmelzender, freilich minder kraftvoll als dieser vorzutragen verstand.

28. Ein Jubiläum und ein Theaterball.

Es gehört immer zu den seltensten Ereignissen, wenn ein Theaterstück in ununterbrochener Reihe 100 Vorstellungen erlebt. Ein solches Glück wurde, Dank zum größten Theile der anmuthigen, reizenden und melodiösen Musik Titl's und der wunderschönen Wandeldecoration: Bilder aus den pittoresken Gebirgsgegenden Oesterreichs, dem „Zauberschleier", zu Theil. Dieses Glück und das Bedürfniß sich dem Verfasser dieses Stückes, seinem Gevatter Franz X. Told, dankbar zu bezeigen, veranlaßten Pokorny, bei dieser Gelegenheit im Sträußlsaale im Josephstädter-Theatergebäude einen sogenannten „Zauberschleier"-Ball zu arrangiren, zu welchem keine einzige Karte verkauft wurde, indem die Spitzen der Beamtenwelt, die ersten Künstler und Künstlerinnen aller hiesigen Theater, die sämmtlichen Redacteure und Mitarbeiter der Journale — damals im Vergleich zu jetzt noch ein ganz kleines

Häufchen — eingeladen wurden. Der „Zauberschleier"-Ball machte damals sehr viel von sich reden, und was geschah? Es sollten sich den 100 Aufführungen dieses Stückes noch abermals 100 anreihen; in Summe also zweihundert Wiederholungen ohne Unterbrechung und merkwürdig genug, Frln. Josephine Planer, nachmals verehelichte Koch, hatte die wunderbare Geduld und Ausdauer, 200mal en suite die Rolle der Fee Zelia zu spielen, ohne durch diese Robott im Geringsten verdrossen zu erscheinen, oder maschinenmäßig die ihr in den Mund gelegten Verse zu recitiren. Wahrhaftig, hiezu gehörte ein Opfermuth, eine Zähigkeit und Ausdauer, deren ein Mann nicht fähig ist.

Und was war es nach der zweihundertsten Vorstellung des „Zauberschleiers"? Director Pokorny hatte ganz und gar vergessen etwas Neues vorzubereiten. Es folgte das Gastspiel Kunst's in alten Stücken, und das war doch gewiß das Merkwürdigste in dieser merkwürdigen „Zauberschleier"-Periode.

29. Baden bei Wien eine Provinzialstadt.

Ehe noch die Eisenbahn bestand, welche Städte und Länder einander näher rückte, war noch gar Vieles anders in unserer lieben Heimat. Hatte Jemand Berufsgeschäfte in Wiener-Neustadt, da unternahm er schon eine Reise, denn es erforderte das Hinfahren mit den damaligen Landkutschern oder Stellwagen nicht weniger als einen ganzen

Tag. Ging doch schon der halbe Tag auf, um nach Baden, jetzt eine Vorstadt Wiens, zu gelangen. Man ließ sich ein paar Stunden im Sommer durch ein Staubmeer, im Winter durch ein Kothmeer nach Neudorf humpeln, wo im dortigen Bräuhause für ungefähr eine Stunde Rast gemacht wurde, zur Labung bei einem Glas frischen Bieres, bei dem unvermeidlichen Krenfleische oder ein paar Selchwürsteln, damals schon ein Lieblingsessen der Wiener. Neudorf ist jetzt für den Wiener so gut wie verschwunden, und höchstens noch von Fuhrleuten besucht.

Das Theater in Baden war im Jahre 1823 von Wiener Künstlern ersten Ranges regelmäßig besucht, und Raimund, dieser große Naturfreund, widmete Baden fast alljährlich einen ganzen Monat zu einem Gastspiele, was den dort weilenden Wienern Hochgenüsse gewährte. Raimund'sche Stücke gab es dazumal noch nicht; dieses Künstlers Repertoire bestand daher aus älteren, jetzt kaum mehr bekannten Stücken, wie z. B. "Ydor," "Berggeist," "Eheteufel auf Reisen" von Gleich, "Aline" von Bäuerle, "Fee aus Frankreich" und "Gespenst auf der Bastei" von Meisl, in denen Raimund in einer gar nicht zu verwerfenden Umgebung spielte. So begegneten wir dort schon im Jahre 1823 der neckischen Piccolini, späteren Rohrbeck, welche mit Recht diesen ersten Namen führte, denn sie war von jeher ein Knirps und nur ihr nachmaliger Adorateur war lang (der bekannte Komiker J. B. Lang). Der alte Sartory, damals der Senior des Leopoldstädter-Theaters, ein Schauspieler, der so roth im

Gesichte war, daß er der Schminke füglich entbehren konnte, war seit Jahren ein stetiger Curgast in Baden.

———

30. Eine erste Aufführung

kann bei einem Bühnenproducte schon aus dem Grunde nicht maßgebend sein, als allerlei Ursachen einen wesentlichen Einfluß auf die Stimmung des Publicums üben können, und je empfänglicher ein Publicum, um so größer die Einwirkung zufälliger Einflüsse auf dasselbe. Dieß gilt namentlich bei dem heißblütigen Publicum Italiens.

Wollen wir ein Beispiel für das Gesagte anführen. Maestro Paisiello erfreute sich als Compositeur einer überaus großen Beliebtheit. Nebst verschiedenen Opern hatte er auch einen „Barbier von Sevilla" geschrieben, als sich Rossini einfallen ließ, denselben Stoff für eine seiner Opern zu wählen. Dieses Inschrankentreten des jungen Rossini mit einem beliebten Nebenbuhler, einem ergrauten Maestro, schien den Italienern ein Crimen laesae majestatis, ein Majestätsverbrechen, zu sein, welches Züchtigung verdiente. Und sollte man es für möglich halten, sein „Barbiere di Siviglia", heute noch ein Juwel eines jeden Operntheaters, auf den Bühnen der ganzen Welt gegeben, noch immer von den ersten und berühmtesten Künstlern mit Vorliebe gesungen, fiel am

Abend der ersten Aufführung in Venedig total durch, um
an den folgenden Abenden von demselben Publicum bis
in die Wolken erhoben zu werden. Rossini, der seine
Landsleute recht gut kannte, lachte damals wohl über
das leidenschaftliche Urtheil, womit man sein Werk ver=
dammt hatte, und lächelt wohl heute noch in der Erinne=
rung an die erste Aufführung einer seiner Opern, die zu
seiner später errungenen Beliebtheit gewiß das Meiste bei=
getragen hatte.

Doch besehen wir uns ein anderes, ein minder auf=
geregtes und leidenschaftliches Publicum, als das südliche
Publicum Italiens, z. B. ein besonneneres deutsches Pu=
blicum, das Wiener Publicum, so werden wir finden, daß
sich dasselbe aus Hang zum Schlendrian vielleicht öfter
auf ähnlicher Fähr der Unbilligkeit ertappen läßt, wie
jenes aufgeregtere, unter dem heißeren Himmelsstrich.
Nestroy, der populärste und fruchtbarste, zugleich aber
auch mit Recht der beliebteste Possendichter Wiens, dessen
Stücke die Repertoires aller Bühnen Deutschlands und be=
deutende Hoftheater nicht ausgenommen, zieren, hatte eine
Epoche seiner Dichterthätigkeit, etwa zur Hälfte der Drei=
ßigerjahre, in der er, wie man zu sagen pflegte, "Pech"
hatte. Es fielen ein paar seiner Erzeugnisse total durch,
darunter obenan die Posse "Wohnungen zu vermiethen".

In eben dieser Zeit wurde die Parodie "Robert der
Teuxel" zum ersten Male gegeben, und es gefiel dem Pu=
blicum in seiner süßen Gewohnheit, auch dieses Stück un=
geprüft zu den Todten zu werfen. Hier war offenbar ein

Vorurtheil mit im Spiele, aber Director Carl war durchaus nicht der Mann, welcher sich durch den Mißerfolg einer ersten Aufführung, selbst dort nicht, wo selber wohlmotivirt war, hätte abschrecken lassen. Er gab „Robert den Teufel" mit Beharrlichkeit fort und dasselbe Publicum, welches dieses Stück am Abende der ersten Aufführung ausgezischt hatte, konnte später nicht genug über die grotesken, tollen Einfälle und Späße, über das Drastisch-Komische in Situationen und Scenen lachen, und „Robert der Teufel" wurde und blieb jahrelang ein sehr beliebtes Repertoirestück der unter Carl's Direction stehenden Bühnen.

Selbst jenes Stück, das Nestroy zum populärsten Possendichter machte, sein classischer „Lumpacivagabundus", hatte bei seiner ersten Aufführung im Theater an der Wien am 12. April 1832 nur einen halben Erfolg, und erst bei den Wiederholungen brach sich dieses Stück die Bahn, so zwar, daß es wie kein zweites desselben Verfassers volksthümlich wurde. Einen sehr wesentlichen Antheil daran hatten aber die darin wirkenden Komiker Scholz und Nestroy, dann noch Stahl, welche sich nach und nach darin so viele Extempore erlaubten, daß die Aufführungen des „Lumpacivagabundus" nicht selten jenen einer improvisirten Komödie glichen.

31. Was das kleine Josephstädter-Theater zu leisten vermochte.

Im Jahre 1826 war das Josephstädter-Theater das jüngste Theater Wiens, dem Range nach das unterste. Es stand dazumal unter der Direction des auch als Theaterdichter bekannten Carl Friedrich Hensler. Ein Zufall machte dessen Gesellschaft hoftheaterfähig. Das Kärnthnerthortheater blieb im Sommer dieses Jahres für einige Monate gesperrt, und Hensler fand Mittel und Wege, daß man ihm die Erlaubniß ertheilte, mit einem Theile der Gesellschaft interimistisch im Hoeoperntheater zu gastiren, und siehe da, das Unternehmen fiel über alle Erwartung glücklich aus. Der alte Schelm Hensler, der damals eine gute Possengesellschaft hatte, überraschte das Hoftheaterpublicum durch Vorführung recht vieler bildschöner junger Mädchen, und Stücke wie: „Menagerie und optische Zimmerreise in Krähwinkel,« „Arsena« und „Arsenius« u. s. w. machten volle Häuser und erlebten viele Wiederholungen. Hensler brauchte gar keine neuen Stücke zu geben, war doch sein ganzes altes Repertoire dem Stadtpublicum ganz unbekannt. Seine Komiker waren damals Hopp, Platzer und Thyam, die reizende Dunst seine Localsängerin. Auch Julie Walla, eine der schönsten, aber auch der leichtsinnigsten und liederlichsten Schauspielerinnen, die Wien gesehen, gehörte damals der Hensler'schen Gesellschaft an. Während nun Hensler's Possengesellschaft im Hofopernteater brillante Geschäfte machte, gab er in der Josephstadt Pantomimen, Lust- und Schauspiele, wohl auch Ritterstücke.

Am 26. Juli (Annatag) bewies Hensler dem Wiener Publicum, daß er mit seiner bescheidenen Gesellschaft zugleich an drei Wiener Bühnen spielen könne; er bewilligte seinem alten Freunde, dem Bühnenveteranen und engagementslosen Schauspieler Dupré ein Benefice und ließ bei dieser Gelegenheit in dem damals gleichzeitig gesperrten Theater an der Wien die Korntheuer'schen Lustspiele: „Alle sind verliebt" und „Alle sind verheiratet" aufführen. Das war in der That eine Kraftprobe für die Gesellschaft eines kleinen Privattheaters zu nennen, und sie wurde glücklich ausgeführt.

Aus dem Korntheuer'schen Lustspiele: „Alle sind verliebt" schälte sich nach Decennien „Ein gebildeter Hausknecht" (von Kalisch) heraus, eine Posse, welche in Berlin weit über hundert Aufführungen erlebte und auch in der Bearbeitung durch Nestroy für Wien noch ein Cassastück mit brillanten Rollen für die Komiker Ascher und Nestroy wurde. Das hätte sich der lange, pathetische Korntheuer nie träumen lassen.

32. Eine Vorstellung entfällt.

Was im Berliner königl. Opernhause, dessen Mitglieder, Alles in Allem gerechnet, nach Hunderten zählen, sich alle Jahre einige Male ereignet, daß nämlich eingeretener Hindernisse wegen keine Vorstellung stattfinden kann, kam in Wien im k. k. Hofoperntheater ein einziges Mal, im Herbst 1847 nämlich, vor, wo unter der Direction von Balochino und Merelli statt der angekündigten Oper: „Die Musketiere der Königin" gar keine Vorstellung stattfand, indem erst kurz vor Theaterbeginn die Nachricht bekannt wurde, der tapfere Capitän Roland (Carl Formes) habe Profosenarrest bekommen, und sei verhindert am eitlen Gaukelspiel! Einer seiner Gläubiger hatte nämlich den Personalarrest auf ihn erwirkt, versicherte sich seiner Person, und nur durch einen Formfehler in der gerichtlichen Procedur wurde die Direction zu spät von dem Geschehenen unterrichtet, als daß noch Zeit geblieben wäre, eine Abhilfe zu treffen. Es war schon Alles zur Aufführung der „Musketiere der Königin" vorbereitet und es lag in der That außer dem Bereiche der Möglichkeit, an diesem Abend noch eine andere Vorstellung zu arrangiren. Das k. k. Hofoperntheater mußte die Schande erleben, einen Abend unfreiwillig gesperrt zu bleiben.

Der Sänger Carl Formes, der nächste Veranlasser dieser Störung, ist eines Küsters Sohn aus Cöln, und der Vater des gegenwärtig im Carltheater engagirten Schauspielers Formes, eines Gliedes einer echten Künstlerfamilie, denn drei Brüder sind Opernsänger geworden; Theodor Formes, erster Tenor des Berliner Hoftheaters, trat anhaltender Kränklichkeit halber jüngst in den Pensionsstand, aber Carl Formes, einer der genialsten Künstler seiner Zeit, der auch als Schauspieler Bedeutendes leistet, wirkt noch, und hat namenlich den Falstaff in Nicolai's „Lustigen Weibern von Windsor" zu einer Bedeutung erhoben, von der man früher keine Ahnung hatte. Carl Formes erlebte glänzende Epochen und hat namentlich in London und Madrid als Künstler sehr viel Geld verdient, so zwar, daß Episoden in seinem Künstlerleben, wie die so eben mitgetheilte, für ihn wohl für immer ein überwundener Standpunct bleiben dürften. Der Künstler tröste sich damit, Aehnliches sei schon den bravsten Leuten passirt, oder die gütige Vorsehung habe ihn dieses kleine Abenteuer nur darum erleben lassen, damit er in einer späteren Glanzpartie, als Plumket in „Martha", mehr in den Geist seiner Rolle eindringe, wenn er im Duett mit Nancy zu singen hat:

„Und so sitz' ich ganz alleine,
„Abends bei des Lämpchens Scheine,
„Trüb ist das,
„Ja kein Spaß! —"

---

33. Mißverständniß.

„Wie eißen?" fragte Duport eines Tages einen jungen Mann, einen Tenoristen, der von Dresden angekommen war, im k. k. Hofoperntheater ein Gastspiel auf Engagement suchend und sich dem Director aus diesem Grunde vorgestellt hatte. „Drska,"" lautete die Antwort des Angeredeten. Duport trat einen Schritt zurück, machte eine artige Verbeugung und wiederholte nach einigen Au-

jenblicken, da der Fremde weiter nichts gesprochen, seine frü=
ere Frage: „Nu, wie eißen?" — „Drska," gab Jener
vieder zurück. Abermalige Verbeugung Duport's, wieder
nit einem Schritte zurück, und das kurze Zwiegespräch
jätte sich vielleicht noch etliche Male wiederholt, wäre nicht
er joviale Regisseur Gottdank als Dolmetsch zwischen
Beide getreten, dem guten Duport, dessen französischen
Ohren das harte Wort „Drska" gerade so klang, als
jätte Jener genießt, die Aufklärung gebend, der Fremde
jabe seinem Director über dessen Aufforderung nur seinen
Namen genannt. Da hätte sich der so artige Duport frei=
ich noch oft verbeugen können, denn der Angeredete würde
ihm jede solche Frage mit dem vermeintlichen „Nießer"
jaben beantworten müssen.

---

34. Ein tiefgesunkenes Theater.

Wien hatte bei seinen drei Privattheatern in den
Vorstädten (Theater an der Wien, in der Leopoldstadt
ind in der Josephstadt) in früherer Zeit schon so manches
Misere, so manche finanzielle Verlegenheit erlebt: Das
Theater an der Wien war unter des Grafen Palffy Di=
rection bankerott geworden (1825), und mußte mit bedeu=
enden Gagenrückständen geschlossen werden; dreißig
Jahre später ging das Unternehmen Pokorny's daselbst
n die Brüche, gleichfalls mit Gagenrückständen und mit einer
Schuldenlast von beinahe einer halben Million Gulden.

— Das alte Leopoldstädter-Theater war unter Franz Edler von Marinelli im Jahre 1845 arg in die Klemme gerathen und erlebte später unter Brauer und Lehmann ähnliche Calamitäten. — Beim Josephstädter-Theater ist Unregelmäßigkeit im Auszahlen der Gagen schon seit Jahren zu einem chronischen Uebel ausgeartet, an welchem es noch heut' zu Tage laborirt.

Aber daß eine Bühne in Wien so tief gesunken war wie das Josephstädter-Theater unter Mathias Fischer's Leitung, steht einzig und allein da. Der Jammer und das notorische Elend war so groß geworden, daß es in der That zu wundern war, wie die Behörde gutwillig einem solchen Gebaren zusehen konnte. War doch schon das Repertoire seit Monaten ein solches, wie selbes kein Provinztheater niedrigsten Ranges zu bieten sich erlauben durfte. Von einer Novität war da längst keine Rede mehr, und das Repertoire war fast lediglich auf alte Ritterkomödien à la Spieß, wie „Wendelin von Höllenstein," „Genofeva," „Räuber auf Maria Culm" u. s. w., beschränkt, worin der bankerotte Director Fischer und der bejammernswerthe Intriguant der Gesellschaft, der hochbejahrte Carl Seeligmann, sich abmühten. Die Noth war schon so weit eingerissen, daß im Winter an manchen Abenden kein Korb Holz mehr aufgetrieben werden konnte, um die Garderoben zu heizen, und daß der arme vor Frost klappernde Garderobier kein Auskunftsmittel mehr wußte, als in das dem Theater gegenüber gelegene Bäcker'sche Kaffee zu gehen, wo gewöhnlich einige alte Theaterliebhaber ihre Nachmittage zu verbringen pflegten, um dort ein Almosen zu erbetteln, mit welchem er beim Greißler etwas Holz einkaufte, damit er die Ankleidezimmer der Gesellschaft nur nothdürftig erwärmen konnte. So etwas konnte man in Wien vor circa 30 Jahren noch erleben, und ein solcher Zustand konnte Monate dauern! Von der alten Gesellschaft waren nur mehr ganz wenige Mitglieder geblieben und Mathias Fischer führte bis zur völligen Auflösung seiner armen Gesellschaft das Unternehmen mühselig durch Mitwirkung von Dilettanten fort. Wie athmete Alles wieder auf, da endlich Joh. Aug. Stöger mit einer completten Opern- und Schauspiel-Gesellschaft von Gratz nach Wien kam, wo dann an die Stelle der Anarchie und des Theaterproletariats wieder ein geordneter und geregelter Zustand eintrat, freilich nur für so lange, bis Stöger die Direction des Landestheaters in Prag übernahm.

35. Theater oder Spital?

Die verschiedenen Cholera-Epochen, welche Wien durchzumachen hatte, haben auch unerbittlich ihre Opfer bei den Theatern gefordert. Keine hat jedoch eine solche Störung hervorgebracht, als die im Jahre 1834 herrschende (Grippe, Influenza), welche im k. k. Hofoperntheater einmal zu gleicher Zeit so viele Mitglieder ergriffen hatte, daß ein Theaterzettel aus der erwähnten Zeit von den verschiedenen Branchen des k. k. Hofoperntheaterpersonals, Oper und Ballet, gleichzeitig nicht weniger als 27, sage siebenundzwanzig unpäßliche oder erkrankte Künstler namentlich anführte. Damals war dieses Hoftheater in der That mehr ein Spital als ein Theater und der arme Duport, der an der Spitze dieses Krankenhauses am Spitalplatze — dort steht nämlich das k. k. Hofoperntheater — stand, hatte seine liebe Noth, daß er täglich, wenn auch nur nothdürftig, eine mühsam zusammengestoppelte Vorstellung möglich machte, deren Bestandtheile freilich derart waren, daß man ihr den Ausnahmszustand, in welchem sich damals diese Bühne befand, nur zu deutlich abmerken konnte. Es kam zur selben Zeit wiederholt vor, daß die Vorstellung gegen alles Theaterreglement aus drei einactigen Operetten bestand, und was damals durch die bitterste Noth geboten wurde, ist heut zu Tage namentlich im Carltheater zur Mode geworden. So hat jede Zeit ihre Eigenthümlichkeiten.

In jener Drangperiode bewährten drei erste Mitglieder des k. k. Hofoperntheaters: Marianne Ernst, der Tenor Wild und der Bassist Staudigl, eine wahrhaft eiserne Natur, die allen klimatischen Einflüssen Widerstand leistete. Um diese Zeit wurde von den drei Genannten häufig die Oper „Norma" gegeben, und das Erkranken nur Eines dieser Mitglieder hätte wahrscheinlich die zeitweilige Sperrung des kaiserlichen Hofoperntheaters zur Folge gehabt. Aber Jene bewährten sich hartnäckig und wurden durch die herrschende Krankheit nicht influenzirt. Von den drei Genannten lebt nur mehr die nun freilich schon hochbejahrte Sängerin

Ernst, wenn man die Existenz einer einst mit Recht gefeierten Sängerin Leben nennen kann, die so weit herabgekommen ist, daß sie in der Schweiz als wandernde Sängerin ihre Tage nothdürftig dadurch fristet, daß sie nach Gesangsproductionen in Gasthäusern mit einem Teller das Almosen einsammeln geht. Marianna Ernst war, ehe sie nach Wien kam, eine Zierde der berühmten Prager Oper, und erfreute sich als Künstlerin eines seltenen, wohlverdienten Rufes. Sic transit gloria mundi!

36. Ein Theaterzettel wird zum Lügner.

Es war im Jahre 1824, und der berühmte Schauspieler und Komiker Wurm gastirte eben im Theater an der Wien, als man an dieser Bühne ein kleines Monodram mit dem vom Brünner Theater kürzlich angekommenen Schauspieler Thiel aufführte, mit dem Titel: „Nur er will sprechen." Es war Sommerszeit, also die Zeit der Gewitter, und ein solches entlud sich mit fürchterlichem Getöse gerade inmitten der Vorstellung. Das Theater an der Wien war damals mit einem Blitzableiter im Thürmchen, gerade ober dem Probesaale, versehen; in diesen fuhr der Blitz mit einem so furchtbaren Gekrache, daß dem erschrockenen Thiel die Worte auf den Lippen erstarrten, und mit dem Sprechen war es vorderhand aus. „Nur er will sprechen" war daher zur Unwahrheit geworden, die Vorstellung mußte unterbrochen werden, denn der mit aller Wucht auf das Theaterdach herabfallende Hagel mit

ungeheuer großen Schloßen würde den Sprecher ganz
unverständlich gemacht haben. Noch sehen wir im Geiste den
erschrockenen Sprecher vor uns, der plötzlich zum Schweigen
gebracht wurde. Das Stückchen wurde später, als das Gewitter
und der Hagel nachgelassen hatten, nicht mehr ausgespielt, denn
der sich zu vorlaut gerirt habende Sprecher war zu sehr
angegriffen; — Demmer, der überall half, war schnell
mit einem Ersatzstückchen bei der Hand.

Ueberhaupt war dieser Blitzstrahl auch das Letzte,
was bei diesem unglücklichen Theater eingeschlagen hatte.
Es ging nach etwas über Jahresfrist das schon längst
stark angefaulte Theaterunternehmen total in die Brüche,
so daß bald Niemand mehr von jener Bühne herab zu
einem Publicum sprach. Um einen solchen Schlag zu
verhüten, war noch kein Blitzableiter erfunden worden.
Bei „Nur er will sprechen" hat sich wieder das Sprichwort: „Nomen et omen" bewährt.

Hier wollen wir anknüpfen, daß das Theater an der
Wien jetzt noch öfter von Journalen und in Büchern fälschlich das Wiedner Theater genannt wird. Dieser Ausdruck ist darum unrichtig, weil sich auf der Wieden schon
nahezu an siebzig Jahre kein Theater mehr befindet,
und das hier genannte, von Zitterbarth erbaute, im
Jahre 1801 am 13. Juni mit der Oper „Alexander"
eröffnete Theater Schikaneder's sich in der früheren
Vorstadt Laimgrube an der Wien befindet, nachdem das
alte auf der Wieden im gräflich Starhemberg'schen

Freihause Nr. 1 im Hofe gegen die Schleifmühlgasse bestandene kleine Theater, in welchem Mozart's „Zauberflöte" entstanden, noch zu Ende des vorigen Jahrhundertes abgebrannt war.

---

37. Eine Assecuranz für ein langes Leben
scheint die Regisseursstelle am k. k. Hofburgtheater zu bilden, denn wir finden, daß die für solche Ehrenstellen auserwählten Künstler sich fast durchgängig eines langen Lebens zu erfreuen haben. Werfen wir unsern Blick auf das erste Decennium dieses Jahrhunderts, so begegnen wir dort dem bekannten vierfachen K (Koch, Koberwein, Korn und Krüger), welches damals Jahre lang die Regie dieser Hofbühne repräsentirte.

Es gehörte bekanntlich eine Reihe von Dienstjahren dazu, ehe man zur Ehrenstelle eines Regisseurs am Hofburgtheater gelangen konnte, und von den letztgenannten Künstlern erlebten zwei, also 50 Procent, die respectable Reihe vollständig durchgemachter 40 Dienstjahre und feierten ihr Jubiläum; das waren die Regisseure Koberwein und Korn, welchen Beiden ein gnädiger Gott noch gestattete, Jahre des verdienten Ruhestandes genießen zu können. Und was war Koberwein noch in seinem höchsten Alter für ein wackerer Bergsteiger und tapferer Esser! Auch Koch erreichte ein sehr hohes Greisenalter, brachte es aber nicht zum Jubiläum, da er erst in vorgerückten Jahren

dem k. k. Hofburgtheater-Personale einverleibt wurde;
nur Krüger starb noch im rüstigen Mannesalter.

Und ein Blick in die Gegenwart zeigt uns gar drei
würdige Kunstveteranen: Anschütz, Löwe und Fichtner,
welche an der äußersten Grenze ihres 40jährigen Künstlerjubiläums stehen. Das ist schön und freut uns von den
Wackern, und wir rufen mit Begeisterung: „Es lebe die
alte Garde des Hofburgtheaters, die sich nicht ergibt, die
aber auch durchaus nicht sterben will; sie lebe hoch!"

Wenn man erwägt, welch' aufreibender Beruf mit
dem Leben eines dramatischen Künstlers verbunden ist, so
kann man sich nur freuen, in diesem Fache so vielen bevorzugten Naturen, wie seit einem Halbjahrhundert unsere
Hofburgtheater-Regisseure sind, begegnen zu können, und
wir wollen uns diese Gelegenheit nicht entschlüpfen lassen,
dem merkwürdigen Künstler Carl Fichtner (dem dieses
Buch ein eigenes Capitel widmen zu müssen glaubte:
„Ein nie Alternder") unsere volle Anerkennung, ja Bewunderung ob seinem Entschlusse zu zollen, nach 40jähriger Dienstzeit, obschon er noch die Kraft und Befähigung
hat, auf der Bühne Treffliches zu leisten und das Alter
ihm durchaus noch keine sichtbaren Beschwerden verursacht, er auch heute noch sich das unbegreifliche Geheimniß der ewigen Jugend zu bewahren versteht, unabänderlich der Bühne Lebewohl zu sagen. Es wird und muß
ein schwerer Verlust für dieselbe sein, gewiß viele Jahre
ein unersetzlicher; allein wie groß steht Fichtner da, wenn
er jetzt scheidet, wo noch keine widrigen Einflüsse das volle

Maß des Schönen, was uns sein Talent bietet, verkümmern; indem Fichtner jetzt scheidet, haftet auch nicht der kleinste Schatten auf seinem Andenken und er scheidet bewundert und betrauert, wie vor Jahren die berühmten Tänzerinnen Maria Taglioni und Fanny Elsler geschieden sind.

Ein Beweis von Resignation, welche der so große Wild schon nicht besessen hatte, denn Wild sang zu lang für seinen Ruhm und ließ seinen Bewunderern die Stelle sehen, wo er verwundbar, wo er schwach sei; doch müssen wir unsern vielbewunderten Wild vor dem Verdachte schützen, er habe vielleicht aus Sucht, Geld zu verdienen, über die ihm zugemessene Zeit gesungen. Dieser Fall trat hier nicht ein, und wenn Wild länger gesungen, als es vom künstlerischen Standpunkte aus angezeigt war, so müssen wir ihn mit der unwiderlegbaren Wahrheit entschuldigen, er habe dieses aus „Sangesfreudigkeit" gethan. Und Wild hatte nach zurückgelegtem 60. Jahre noch Tage, wo das edle Metall seiner sonoren Stimme wie gediegen Gold sich der Kehle entwand. Bei solcher Disposition konnte der Künstler, fast schon ein Greis, durch den Vortrag eines Liedes seine Zuhörer entzücken, begeistern, entflammen. — Ehre darum und ungetrübter Ruhm seinem Augedenken!

38. Wo auch der Starke schwach wird.

Das starke Volk der Tiroler blickte mit Stolz auf seinen Landsmann, den nervigen und sehnigen Athleten

Rappo, der sich mit hundert Pfund schweren Kugeln spielte wie die Kinder mit Lederballen, dessen Hand jedoch zu schwach war, die Feder zu führen und dem es außerordentliche Beschwerden verursachte, seinen kurzen Namen auf das Papier zu kritzeln, daher er sich denn auch, wie es seiner Zeit der bekannte Serbenfürst Milosch Obrenovich gethan, einer Stampiglie zu seiner Namensfertigung bediente. Fürst Milosch hatte hiezu seine guten Gründe; er konnte nämlich ungeachtet seiner Millionen, Brillanten und Ducaten nicht schreiben, ein Fall, der bei unserm biedern Tiroler nicht eingetreten. Aber Rappo hatte sich so sehr daran gewöhnt, mit centnerschweren Gewichten zu spielen, daß seine Hand vollends die Geschicklichkeit verloren hatte, mit leichten Dingen umzugehen, bis das Schicksal es dahin lenkte, daß Rappo darauf angewiesen wurde, eben mit leichten Dingen, jedoch im anderen Sinne des Wortes, umzugehen, und sich und seiner Familie gerade durch diese den Lebensunterhalt zu schaffen. Wir spielen hier auf die herrlichen Scheibenbilder an, die uns Rappo zu Ende der Vierzigerjahre vorführte, und mit denen er, ganz Deutschland und Italien durchreisend, brillante Geschäfte machte. Zu diesen Scheibenbildern, Tableaux nach Meisterwerken brauchte Rappo vor Allem schöne, üppig geformte Mädchen, die sich unser Tiroler zumeist vom Hamburger Berge zu verschaffen wußte, und mit denen er dann die vornehmsten Städte Deutschlands und Italiens bereiste und überall Beifall und Bewunderung erntete, bis ein unglücklicher Fall einer schweren Kugel — denn Rappo betrieb das Gaukelspiel seiner Kraftleistungen auch noch neben den Productionen seiner Scheibenbilder — dem Leben dieses Kraftmenschen ein schnelles Ende machte.

Wir haben nur Einen Mann gekannt, der an Kraft den Tiroler Rappo noch übertroffen hatte, und das war der Franzose Lebesnier, ein kleiner, gedrungener, nicht ganz fünf Fuß hoher, aber außerordentlich muskulöser Mann von so riesiger Kraft, daß er mit dem Rücken eine Last von achtzehn Centnern emporheben konnte und dabei scheinbar noch wenig Anstrengung fühlte.

Mit Lebesnier hatte Castelli, dieser lustige Ruth Wiens, der bis in sein hohes Greisenalter ein arger Schelm blieb, und in dem gemüthlichen Wien eine hervorragende Rolle spielte, einmal einen Jux in die Scene gesetzt, den wir gegen den Schluß dieser Miscellen mittheilen wollen, indem wir die Prüden darauf aufmerksam machen, dieses Capitelchen, falls sie uns nicht die Concession machen wollen, auf einen im Grunde genommen harmlosen Scherz einzugehen, zu überspringen, um sich ein Aergerniß und uns einen Vorwurf zu ersparen.

Castelli war also mit Lebesnier dahin einig geworden, daß Letzterer sich im Ofenlochgäßchen, dem Standorte der Wiener Sesselträger groben Angedenkens, einen solchen Sessel miethete, mit dem Auftrage, ihn nach dem Opernteater zu tragen. Es war im Winter, irren wir nicht, des Jahres 1828, zu einer Zeit, wo sich in den

Straßen Wiens schon um 5 Uhr Abends das Dunkel lagert, ohne daß die Männer der Aufklärung, die Laternanzünder, noch an das humanistische Werk ihres Berufes herangeschritten wären. In dieser Zeit der Dunkelheit bestieg Lebesnier in dem finstern, engen Ofenlochgäßchen den Miethsessel, mit einem Radmantel angethan, und in jeder Hand unter den weiten Falten dieses Mantels, für Jedermann unsichtbar, ein 100 Pfund-Gewicht tragend, und commandirte den Trägern: „Vorwärts!" Es läßt sich denken, wie diese Aermsten unter der dreifachen Last eines schwerfälligen Tragsessels, eines corpulenten, knochigen Athleten und zweier 100 Pfund-Gewichte schwitzten und keuchten, und herzensfroh waren, als in dem Augenblicke, wo sie an der Ecke der Klostergasse angelangt waren, dort, wo ein Thor in den größten Hof des Bürgerspitals führt, und wo der Friseur E. sein Gewölb hat, aus dem Sessel heraus ein kräftiger Ruf „Halt!" ertönte. Man willfahrte dem Begehren augenblicklich; Lebesnier stieg aus, und flüchtete nach dem traulichen Winkelchen, welches dort das Palais Schwarzenberg und das kolossale Bürgerspital bilden, und das damals die etwas unflähige, für das Wiener Publicum, die Ambulanten, aber sehr bequeme Bestimmung hatte, als Pissoire zu dienen.

Lebesnier verrichtete scheinbar ein natürliches Bedürfniß, ließ dann, von der Dunkelheit begünstigt, ohne daß Jemand es bemerkte, die zwei Hundertpfund-Gewichte in dem Winkelchen auf dem Boden Platz finden, und kehrte nach dem Tragsessel zurück.

Die armen, einer neuen Herkulesarbeit gewärtigen Träger warfen sich bedeutungsvolle Blicke zu und bereiteten sich handwerksmäßig für ihre Kraftarbeit vor. Sie spieen sich in die innere Fläche der Hand, bückten sich und holten mit allem Kraftaufgebot zum Heben der schweren Last aus. Prrr! schnellte das Ding in die Höhe, daß Lebesnier beinahe mit dem Kopf an die Decke des Sessels geworfen wurde, und die frappirten Träger nicht wußten, woran sie seien.

„Herrgott, Franzl!" rief der hintere der überraschten Träger seinem Vordermanne zu, „hat Der sich ausgeleert!"

Lebesnier und dem im Dunkel lauschenden Schelm Castelli fiel es schwer, sich in diesem Augenblicke des hellen Lachens zu enthalten.

---

39. Eine Partie Piquet,

nicht aber jenes graziöse Lustspiel aus dem Französischen, das vor Jahren auch im k. k. Hofburgtheater mit großem Beifall aufgeführt wurde, sondern eine wirkliche Partie Piquet soll Gegenstand dieser flüchtigen Erwähnung sein.

Diese in ihrer Art ganz eigenthümliche und merkwürdige Partie Piquet wurde zur Mitte der Vierzigerjahre fast täglich in den Nachmittagsstunden im Café

Adami (Stadt, Regensburgerhof) von den k. k. Hofschau=
spielern Ludwig Löwe und Eduard Jerrmann gespielt.

Wenn sich Zwei zum Spieltisch setzen und die Kar=
ten zur Hand nehmen, sollte man wohl meinen, dieß ge=
schähe, um sich zu erheitern, zu unterhalten. Genannte zwei
ziemlich leidenschaftliche Spieler saßen sich keine fünf Mi=
nuten gegenüber, so ging auch schon das Schimpfen, das
Wehklagen, das Spectakelmachen an. Der liebenswürdige
Löwe mit seinem sanguinischen Temperament, ein echter
Ritter Heißsporn, war alsbald in der Höhe, verwünschte
die Karten, die ihm immer so verderblich fielen, und er=
müdete nicht sein fortwährendes Spielunglück den Umste=
henden in den grellsten Ausdrücken, in den bittersten Wor=
ten, im leidenschaftlichsten Tone zu schildern. Fiel ihm be=
harrlich schlechtes Blatt, dann wurden die Karten mit
Wuth auf den Tisch geworfen, und wohl auch mit der
Faust auf denselben geschlagen. Minder stürmisch, um so mehr
aber weheklagend oder wie der Wiener sich so bezeichnend aus=
drückt: „raunzend," benahm sich Jerrmann, dessen Stimme
Ton, wenn er, was man sagt, beharrlich Pech hatte, einen gar
wehmüthigen, kläglichen Ausdruck annahm.

Und wenn Zwei miteinander spielen, sollte man glauben,
es könne doch gleichzeitig nur immer Einer derselben vom Glücke
begünstigt oder vom Unglücke verfolgt sein? Unsere Zwei
aber, Löwe und Jerrmann, waren immer gleichzeitig un=
zufrieden, entrüstet, erzürnt, entflammt, und machten ihrem
gegenseitigen Unmuth durch ein wahres Pollerduett Luft.

Das war das Merkwürdige an ihrer Partie Piquet! Was Wunder, daß da immer eine Menge Gaffer den lauten Spieltisch der beiden Künstler umstand, die sich einige Zeit an deren Toben und Rasen, Flennen und Stöhnen ergötzte, dann aber dem nicht endenwollenden Gebelfer achselzuckend aus dem Wege ging, indem Keiner begreifen konnte, worin hier das Vergnügen der Spielenden liegen könne. In der That sah diese Partie Piquet einem gar absonderlichen Vergnügen gleich, und behielt dennoch täglich denselben Charakter. Und das nennen die Leute Unterhaltung, Vergnügen? Daran verschwenden sie ihre Zeit, wohl auch ihr Geld! Das ist Geschmackſache, — bleibt aber immerhin sehr schwer zu erklären.

Da war der bekannte „Humorist", welcher zeitweilig an dieser Partie Theil nahm, schon ein anderer Cumpan. M. G. Saphir spielte vielleicht, weil das Kartenspiel zum bon ton gehörte, vielleicht auch, um ein paar Stunden todt zu schlagen, aber er spielte herzlich schlecht, und war eben so wie Scholz Zeitlebens ein gräulicher Patzer (Stümper), aber er spielte ruhig, leidenschaftslos, zahlte schweigend seine Verluste, war aber voll der rosigsten Laune, wenn ihm einmal ein „Sechziger", wohl gar ein „Neunziger" oder ein „Matsch" gelang. Es lag eben in Saphir's Charakter, in welchem grenzenloser Leichtsinn den Grundzug bildete, über Spielverluste, selbst wenn sie ihn empfindlich trafen, leicht hinweg zu gehen. Ob morgen Geld in der Caſſe sei, um das zur Auflage des „Humoristen" nöthige Papier zu bestreiten, machte ihm nicht die geringste Sorge. Nur bei so bodenlosem Leichtsinn, bei so vollständiger Nichtachtnug des Geldes war es möglich, daß Saphir, — dessen Riesentalent, dessen notorisches Glück in allen Unternehmungen ihn unfehlbar hätten zum reichen Manne machen müssen, — in Armuth starb, und gezwungen war, von seinem Sterbelager aus noch Bettelbriefe an seine Gönner zu richten. Aber Saphir's Herz war das beste und theilnehmendste von der Welt, seine Liebe für Kinder eine fast lächerlich-zärtliche; in ihm lagen die größten Widersprüche friedlich vereint.

Ruhe der Asche des Verirrten, und ein freundliches Andenken dem genialen Manne mit den vielen Vorzügen, aber auch den zahlreichen Mängeln und Untugenden!

40. Scharfe und zahme Witze

wurden von Raimund losgelassen, je nachdem er bei Laune war. Wer hätte z. B. den harmlosen Raimund eines solchen Grades von Bosheit fähig gehalten, einen seiner besten und intimsten Freunde und Collegen dem Gelächter und dem Spotte preiszugeben, wie er dieß factisch dem beliebten Komiker Friedrich Korntheuer angethan hat.

Korntheuer war, was natürlich nur sehr Wenige wußten, ein Bettnässer. Es lag nun freilich etwas Grotesk-komisches darin, einen baumlangen Mann, wie Korn-

ger durch minutenlangen Beifall encouragirte, die, einmal der Aengstlichkeit enthoben, ihr Talent immer freier und freier entfaltete, und später das wurde, wofür der Wiener den bezeichnenden Ausdruck „fecker Zahn" hat.

Noch harmloser war folgender Wiß: Raimund sah eines Tages vom Fenster des ersten Stockes in seiner Wohnung in der Jägerzeile im Hensler'schen Hause heraus, als eben der Theaterfriseur mit Blitzesschnelle vorüberhuschte: „Jacques! Jacques!" rief ihm Raimund zu. — „„Euer Gnaden befehlen?"" lautete die devote Frage des Angeredeten. — „Haben Sie Zeit?" — „„Zu dienen, Euer Gnaden!"" — „Nun dann eilen Sie nicht gar so!"

theuer war, mit dem Gebrechen schwacher Kinder behaftet erscheinen zu lassen — Raimund konnte der Versuchung nicht widerstehen. Als Longimanus in seinem Feenmärchen „Der Diamant des Geisterkönigs" ließ Raimund seinen Freund Korntheuer in lauter nasse Wolken gehüllt erscheinen, was einen wahren Hollah bei jenen wenigen Zuschauern hervorrief, denen eben dieser Schwächezustand Korntheuer's kein Geheimniß war.

In jener Periode, da der alte Kaiser Franz so ungemein freigiebig mit dem Verleihen von Privilegien war, ließ sich Raimund einmal in einer Posse zu dem boshaften Witze verleiten, zu sagen, er werde nun auch bald um ein Privilegium einkommen und zwar auf viereckige „Knödel" (Klöſſe). Die Wiener hatten es gar bald herausgewittert, wohin dieser Witz zielte, und brachen in ein homerisches Gelächter aus; aber der Polizeiminister, Graf von Sedlnitzky, war nicht der Mann, solchen Frevel ungeahnt zu lassen: Raimund mußte sein scharfes, spitzes Züngerl mit mehrstündigem Hausarrest abbüßen.

Das machte seine Witze einige Zeit lang viel zahmer. So einen zahmen Witz ließ Raimund gelegentlich des ersten Debuts der Localsängerin Jäger los, welche in der Rolle der Jugend im „Mädchen aus der Feenwelt" von einer solchen Angst behaftet war, daß ihr das Singen fast unmöglich wurde. Da extemporirte er in dem Duette: „Brüderlein fein, Brüderlein fein, mußt nicht gar so furchtsam sein" statt traurig sein, ein Witz, welcher augenblicklich vom Publicum verstanden wurde, das die schüchterne Jä-

Berichtigung sinnstörender Druckfehler.

Seite 15, 2. Zeile von oben soll es heißen: „Mayerhofer" statt: „Maver".
„ 17, 1. „ „ „ „ „ „ „brachte" „ „kam".
„ 78, 13. „ „ unten „ „ „ „Leibschneiden" „ „Schneiden".
„ 78, 11. „ „ „ „ ist: „den Leib" wegzulassen.
„ 99, 2. „ „ oben soll es heißen: „Ueber ein" statt: „Ueberein".
„ 100, 2. „ „ unten ist: „der" wegzulassen.
„ 209, 2. „ „ „ soll es heißen: „zur" statt: „zum".
„ 249, 5. „ „ oben „ „ „ „sage" „ „tage".
„ 256, 8. „ „ unten „ „ „ „Couqui" statt „Coucan".

www.ingramcontent.com/pod-product-compliance
Lightning Source LLC
Chambersburg PA
CBHW032049220426
43664CB00008B/931